Antisemitismus in Deutschland
Zur Aktualität eines Vorurteils

Herausgegeben von Wolfgang Benz

W0109746

Deutscher
Taschenbuch
Verlag

Von Wolfgang Benz
sind im Deutschen Taschenbuch Verlag erschienen:
Potsdam 1945 (4522)
Die Gründung der Bundesrepublik (4523)

Von Wolfgang Benz herausgegeben:
Legenden, Lügen, Vorurteile.
Ein Wörterbuch zur Zeitgeschichte (3295)

Von Wolfgang Benz und Barbara Distel herausgegeben:
Die Dachauer Hefte
1: Die Befreiung (4606)
2: Sklavenarbeit im KZ (4607)
3: Frauen. Verfolgung und Widerstand (4608)
4: Medizin im NS-Staat. Täter, Opfer, Handlanger (4609)
5: Die vergessenen Lager (4634)
6: Erinnern oder Verweigern (4635)

Die Reihe wird fortgesetzt.

Originalausgabe
April 1995
© 1995 Deutscher Taschenbuch Verlag GmbH & Co. KG,
München
Umschlagtypographie: Celestino Piatti
Umschlagbild: Jüdischer Friedhof in Leipzig (dpa)
Satz: IBV Satz- und Datentechnik, Berlin
Druck und Bindung: C. H. Beck'sche Buchdruckerei,
Nördlingen
Printed in Germany · ISBN 3-423-04648-1

Das Buch

Die ständig wiederholte widerwärtige Behauptung von der »Auschwitz-Lüge«, neonazistische Aktivitäten aller Art von der Friedhofsschändung bis zum Computerspiel mit Judenhatz, revisionistische Geschichtsschreibung, die Frage an Ignatz Bubis, den Vorsitzenden des Zentralrats der Juden in Deutschland, ob seine Heimat nicht Israel sei – es gibt viele Indizien dafür, daß der Antisemitismus in Deutschland in den letzten Jahren in alten und neuen Formen wiederaufgelebt ist. Im vorliegenden Band wird er als Bestandteil des politischen Alltags und des öffentlichen Diskurses in Deutschland dargestellt. Ausgangspunkt ist die politisch-kulturelle Tradition der Judenfeindschaft. Der Schwerpunkt liegt jedoch auf der Zeit nach 1945 und der Gegenwart. Der Antisemitismus wird dabei nicht als isoliertes Problem betrachtet, sondern im Kontext sozialer Veränderungen und politischer Instrumentalisierung gesehen, in der alten Bundesrepublik, in der DDR wie auch vor dem Hintergrund der Veränderungen des öffentlichen Bewußtseins im Verlauf der Vereinigungskrise.

Herausgeber und Autoren

Wolfgang Benz, früher am Münchner Institut für Zeitgeschichte, ist heute Leiter des Zentrums für Antisemitismusforschung der TU Berlin, Hermann Graml war ebenfalls langjähriger Mitarbeiter am Institut für Zeitgeschichte und Chefredakteur der ›Vierteljahrshefte für Zeitgeschichte‹, Gertrud Hardtmann ist Psychoanalytikerin und hat einen Lehrstuhl für Sozialpädagogik/Sozialtherapie an der TU Berlin, Christhard Hoffmann, früher am Zentrum für Antisemitismusforschung, ist seit 1994 Dozent am History Department der University of California in Berkeley, Lothar Mertens lehrt an der Ruhr-Universität in Bochum, alle anderen Autorinnen und Autoren sind Mitarbeiter des Zentrums für Antisemitismusforschung und vertreten dort die Disziplinen Geschichte, Soziologie, Politologie und Ethnologie.

Inhalt

Der Vorschlag, Ignatz Bubis, den Vorsitzenden des Zentralrats der Juden in Deutschland, zum Bundespräsidenten zu wählen, war journalistisches Feuerwerk, veranstaltet von einer Wochenzeitung im Bemühen, sich beim Publikum durchzusetzen. Leser gingen mit großem Ernst und beträchtlicher Wut darauf ein. Manche versuchten sich in Ironie (»Es war jedesmal mit hohen Unkosten und Zahlungen verbunden, wenn führende Bonner Politiker zur Einholung von Direktiven nach Jerusalem reisen mußten«). Andere machten sich mit Schmähungen Luft (»Ein Volk, das auftragsgemäß die Juden fast vernichtete, soll nun sein Glück durch einen fetten Geld-Juden finden«).

Symptomatisch ist die Zuschrift, in der es heißt: »Er wird aber immer ein Fremder unter uns bleiben, und wenn Sie noch so wundersame Dinge über ihn erzählen, daß einem die Augen tränen.« In solch ausgrenzendem Vorurteil, das »den Juden« als »den Fremden« definieren will, kommt eine Grundeinstellung zum Ausdruck, die man als eine der letzten Propagandafrüchte des Nationalsozialismus verstehen kann – die Diskriminierung und Entrechtung begann ja mit der Definition, daß die deutschen Juden »Fremde« seien und deshalb mit einem minderen Rechtsstatus vorliebnehmen müßten –, die aber seit der Gründung des Staates Israel auch mit dem Hinweis auf das Heimatrecht aller Juden in diesem Land gerechtfertigt wird. Ignatz Bubis, seit seinem Amtsantritt als Vorsitzender des Zentralrats der Juden in Deutschland rasch als Sympathie stiftende Persönlichkeit anerkannt und beliebt, hat das selbst erfahren, als ihn in Rostock ein Stadtrat fragte, ob seine eigentliche Heimat nicht Israel sei. Der Vorfall, im offiziellen Raum in sensibilisierter Umgebung geschehen, sorgte für erhebliche Aufregung, die mit dem Amtsverzicht des plump-dreisten Fragers endete.

Öffentlicher Antisemitismus darf in der Bundesrepublik nicht stattfinden, das gehört zu den Gesetzen der politischen Kultur in Deutschland nach Auschwitz. Wer dieses Tabu bricht, verliert Amt und Ansehen, jedenfalls unmittelbar nach dem jeweiligen Vorkommnis. Ohne Sanktionen bleibt es jedoch in der Regel, wenn antisemitische oder fremdenfeindliche Vorurteile in weniger spektakulärem Rahmen, vor kleinerer Öffentlichkeit oder im

Umfeld von Vereinen, am Stammtisch, beim alltäglichen sozialen Kontakt, artikuliert werden.

Im Herbst 1992 hielt Pater Basilius Streithofen, ein weithin als wortgewaltig und streitbar bekannter Dominikaner aus dem Kloster Walberberg bei Bonn (dort leitet er das Institut für Gesellschaftswissenschaften) einen Vortrag, in dem er äußerte, Juden und Polen seien die größten Ausbeuter des deutschen Steuerzahlers. So und ähnlich hat sich gewiß schon seit Jahrzehnten eine beträchtliche Zahl von Deutschen, die Wiedergutmachungs- und Entschädigungsleistungen der Bundesrepublik kommentierend, vernehmen lassen. Gegen den Ordensgeistlichen wurde jedoch, weil die Äußerung öffentlich war, Anzeige erstattet wegen Volksverhetzung. Er rechtfertigte sich, auch gegen Kritik aus dem eigenen Orden, in Stammtischmanier und sagte, die inkriminierte Äußerung sei ihm »so rausgerutscht«, überdies sei das Zitat aus dem Zusammenhang gerissen und außerdem habe er bei dem Vortrag auch die schwere Schuld der Deutschen gegenüber den Juden und Polen betont. Aber es müsse »einmal Schluß mit der Vergangenheitsbewältigung sein« und es müsse sichergestellt sein, daß »die Urenkel nicht mehr für die in der NS-Zeit begangene Schuld haftbar gemacht werden können«. Und dann, damit die Absicht seiner Feindbildprojektion erläuternd, fügte er hinzu: »In diesem Zusammenhang stehe ich zu meiner Äußerung, daß die Juden die Deutschen ausbeuten.«

Das Gesagte ist hier nicht zu bewerten im Lichte der Gebote christlicher Weltanschauung, auch nicht zur Erörterung und Betrachtung politischen Taktgefühls oder gar im Hinblick auf den Realitätsgehalt der Behauptung. Es geht in unserem Zusammenhang ausschließlich um das öffentlich geäußerte Vorurteil, dem zufolge Juden und Polen »Ausbeuter« gegenüber den Deutschen sind, also etwas ihnen nicht Zustehendes erzwingen wollen oder tatsächlich erzwingen. Wenn man dem Pater nicht unterstellen will, daß er ein nationalistischer Demagoge ist (der das alte antisemitische Klischee vom nicht arbeitenden, andere ausbeutenden, also eine Schmarotzer-Existenz führenden Juden anwendet), dann kann die Erklärung für seinen Ausspruch nur lauten, daß ganz offensichtlich mit dem Stigma »Ausbeuter« ein vorhandener Schuld- und Leidensdruck gegenüber Juden und Polen gemildert werden soll.

Der Leidensdruck hat sehr reale historische Gründe, das macht ihn so schwer erträglich. Aus dem gleichen Grund wurde ja auch seinerzeit die angebliche Kriegserklärung der Juden gegen die Deutschen erfunden; damit sollte Auschwitz vorsorglich als »Notwehr« gerechtfertigt werden. Und der deutsche Überfall auf Polen im September 1939 war aus der Sicht der Apologeten Hitlers als Befreiungsschlag gegen einen bösen Nachbarn, den »Feind« im Osten, der Deutsche bedrängte und unterdrückte, inszeniert. Hier lassen sich die Kontinuitäten des Vorurteils besonders gut zeigen: Über die »polnische Wirtschaft«, über die »Polacken« war man sich auf deutscher Seite eigentlich immer einig: Seit dem Ende des 18. Jahrhunderts, dem damaligen Ende ihrer Staatlichkeit, galten die Polen als unfähig zu Ordnung, haushälterischem Wesen, Sauberkeit. Entsprechende Konnotationen waren ja auch nötig, um die Inbesitznahme ihres Territoriums zu rechtfertigen. Das hat sich 1939, mit der Errichtung des »Generalgouvernements« wiederholt, aber die Feindbilder haben, anscheinend mühelos, auch die folgenden Jahrzehnte überdauert.

Die Mobilisierung traditioneller Feindbilder und Vorurteile hält den alltäglichen Antisemitismus am Leben. Die Tendenz, solches öffentlich zu machen, ist in den letzten Jahren steigend, obwohl gleichzeitig Antisemitismus als individuelle Einstellung, als politisches, kulturelles, soziales Grundmuster in Deutschland nach den Erkenntnissen der empirischen Sozialforschung rückläufig ist. In Nürnberg tauchten im Frühjahr 1994 technisch geschickt gemachte »Deportationsbescheide« auf, die Bürgern jüdischen Glaubens und Ausländern zugestellt wurden. Mit Stempeln, Aktenzeichen, dem Bundesadler auf dem gefälschten Briefkopf des Bundesamts für Anerkennung ausländischer Flüchtlinge wurde die Erinnerung an die Deportationslisten der Gestapo als antisemitisches Manifest benützt. An ähnlichen Beispielen aus anderen Regionen herrscht kein Mangel.

Im Sommer 1994 kursierte ein »Appell der ehemaligen Rußlanddeutschen an sowjetische Juden, die nach Deutschland emigrieren«, in dem die Juden – in sehr mäßigem Deutsch – aufgefordert werden, Deutschland zu verlassen (»Ihr wolltet einfach wie Schaben aus der armen russischen Küche in die z. Zt. noch reiche Küchen anderer Nationen hinüberkriechen«). Die Absicht ist so klar wie die Assoziation, die geweckt werden soll: Juden als Fremde, Störenfriede, Schmarotzer, Nichtanpassungswillige. Die Stereotype sind so alt wie bekannt, aber wirkungsvoll. Die anonymen Rußlanddeutschen hoffen denn auch, mit ihrem Appell auf »gute Kontakte zu den örtlichen Deutschen, unseren Blutsverwandten und wir bemühen uns, ihre Augen zu öffnen. Sie kommen auch selbst nach der Vereinigung Deutschlands allmählich zu sich«.

Gegen den Dominikanerpater Streithofen war also Anzeige wegen Volksverhetzung erfolgt. Im Mai 1993 stellte der Osnabrücker Staatsanwalt das Verfahren ein. Er war zu dem Schluß gekommen, die Sentenzen Streithofens erfüllten den Tatbestand der Volksverhetzung nicht, da die Strafbestimmung nur den »inländischen Teil der Bevölkerung« betreffe. Nach Protesten des Landesverbandes der Jüdischen Gemeinden von Niedersachsen wurde das Verfahren wiederaufgenommen, und Pater Basilius zahlte schließlich eine Geldbuße für einen wohltätigen Zweck. Ein antisemitischer Skandal war beendet. Daß er von einem katholischen Ordensgeistlichen verursacht wurde, war Zufall. Der Fall Streithofen hat mit den älteren Traditionen des christlichen Antijudaismus nichts zu tun. Die wenigen Relikte von Judenfeindschaft aus christlicher Wurzel – theologisch begründet oder als Volksfrömmigkeit gelebt –, von denen man gelegentlich im Zusammenhang sektiererischer Wallfahrten, pejorativer Gnadenbilder oder antisemitischer Passionstexte hört, spielen im öffentlichen Diskurs der Gegenwart in Deutschland keine Rolle mehr.

Ein anderes, ebenso konkretes Beispiel zeigt, wie alte Stereotype in neuer Form, an aktuellen Diskussionskernen kristallisiert, erscheinen: Im Deutschlandfunk, einer Rundfunkanstalt des öffentlichen Rechts, wurde Anfang September 1992 ein Kommentar ausgestrahlt, der unter der Rubrik »Schalom – jüdisches Leben heute« eine Art Abrechnung mit »jüdischer Vergangenheitsbewältigung« versuchte. Auf jüdischer Seite, so war zu hören, finde man bei der Betrachtung und Wertung des Holocaust »oft, zu oft, grobe Verzerrungen der Sicht, vorschnelle Urteile der Einordnung von Tatsachen, Blindheit für Zusammenhänge«. Auch Nichtjuden hätten unter Hitler gelitten, seien gequält und ermordet worden, aber das kümmere jüdische Kommentatoren nicht, sie seien zu sehr auf ihre eigene Vergangenheit fixiert. Freimütig und die Selbstentblößung nicht scheuend, tat der Autor des Deutschlandfunks kund, womit sie sich wirklich beschäftigen sollten: »Wo bleibt die jüdische Auseinandersetzung mit dem Marxismus und mit den verheerenden Folgen der marxistisch-leninistischen Diktaturen? Spätestens jetzt, nach ihrem Zusammenbruch, wäre es an der Zeit, sich mit ihrer Brutalität und Menschenverachtung kritisch zu beschäftigen, auch selbstkritisch: Eine große Zahl von Juden waren Mittäter. Das Wohlverhalten jüdischer Gemeinden in dem Unrechtsstaat DDR wäre zum Beispiel einer genauen Analyse wert. Bezeichnend ist die milde Beurteilung der jüdischen Schriftsteller Stefan Heym und Anna Seghers, um nur zwei markante zu nennen. Beide sind bzw. waren treue Anhänger der DDR-Diktatur. Der eigene Ruhm war ihnen wichtiger als die Menschlichkeit.« Man wird diese Sätze als neue Spielart der Verdrängung, der Abwehr und Aufrechnung, wie wir sie längst kennen, als Manifestation von latentem Antisemitismus werten müssen.

Neben den bekannten und alten Traditionen des Antisemitismus gibt es neue. Antizionismus als junge Erscheinungsform von Judenfeindschaft war in der DDR Bestandteil der Staatsdoktrin, verbreitet in antiisraelischen Pamphleten und immer wieder beschworen in Solidaritätsbekundungen für Palästinenser und die arabischen Staaten; instrumentalisiert waren damit nicht nur politische Positionen auch gegenüber der Bundesrepublik, es sind traditionelle antijüdische Feindbilder dabei transportiert worden. Eine Definition des Ministeriums für Staatssicherheit der DDR zur »politisch-operativen Arbeit« beschreibt »Zionistische Organisationen« mit folgenden Worten: »Reaktionäre, nationalistische, rassistische, konterrevolutionäre, antisozialistische und antisowjetische politische Vereinigungen, die auf der Grundlage der zionistischen Ideologie, wie Chauvinismus, Rassismus und Expansion, von reaktionären imperialistischen Kreisen zur Verschärfung der internationalen Lage, zur Schürung des Antisowjetismus und des Antikommunismus und zum Kampf gegen die sozialistischen Staaten und die nationale Befreiungsbewegung genutzt werden. Das organisatorische Zentrum der internationalen und nationalen zionistischen Organisationen aus 67 Ländern ist die Zionistische Weltorganisation (WZO). Das oberste Organ der Zionistischen Weltorganisation ist der Zionistische Weltkongreß, der jedes 4. Jahr zusammentritt und den Zionistischen Generalrat sowie die Jüdische Agentur wählt. Die Jüdische Agentur ist das ständige Arbeitsorgan der Zionistischen Weltorganisation; sie hat jeweils einen Sitz in New York und in Jerusalem. In der Jüdischen Agentur gibt es 12 Abteilungen, wie die Abteilung Propaganda, die Abteilung Einwanderung und die Abteilung Spionage/Aufklärung. Es ist anzunehmen, daß ein Mißbrauch der zionistischen Organisationen durch den israelischen Geheimdienst erfolgt und eine enge Zusammenarbeit zwischen dem israelischen Geheimdienst und der Jüdischen Agentur erfolgt.«[1]

Daß ein solches Bild von Israel und internationalen jüdischen Organisationen, wie es jahrzehntelang propagiert wurde, langfristige Wirkungen hat, liegt auf der Hand. Daß dieses Feindbild vom »internationalen Judentum« verdächtig nahe an den älteren Stereotypen von der jüdischen Weltverschwörung liegt und an nationalsozialistische Feindbilder anknüpft, macht es nur noch wirkungsvoller.

Dieser Band verfolgt nicht die Absicht, das Phänomen Antisemitismus in theoretischen Begriffsdefinitionen oder abstrakten Ortsbestimmungen zu erhellen. Es soll vielmehr, aus empirischer Forschung gespeist, ein Beitrag geleistet werden zum Verständnis eines immer noch aktuellen gesellschaftlichen Problems, das, je nach verfolgter Absicht, tabuisiert, marginalisiert oder maximalisiert wird.

Die in diesem Band vereinigten Studien sind im Zentrum für Antisemitismusforschung der Technischen Universität Berlin bzw. in dessen engerem Umkreis entstanden. Entsprechend der interdisziplinären Arbeitsweise dieses Instituts wird Antisemitismus als in Deutschland aktuelles Vorurteil aus ganz verschiedenen Perspektiven – historisch und sozialwissenschaftlich, psychoanalytisch, ethnographisch und politikwissenschaftlich – dargestellt und analysiert.

Nach kultur- und ideengeschichtlichen Betrachtungen zur Herkunft und Tradition des judenfeindlichen Vorbehalts stehen gegenwärtige Erscheinungen von Antisemitismus in Deutschland im Mittelpunkt. Trends und Entwicklungen im öffentlichen Bewußtsein, der Verankerung von antisemitischen Vorbehalten in rechtsextremer Ideologie und ihrer politischen Instrumentalisierung sind Beiträge gewidmet, aber auch altneuen Stereotypen wie der vom Juden als Bolschewisten – ähnlich dem Bild vom Juden als Händler –, wie sie keineswegs nur im rechten politischen Spektrum verwendet werden.

Die zur verbalen und brachialen Aggression verdichtete Feindschaft hat in öffentlichen Beleidigungen und Friedhofschändungen eine lange Tradition. Ebenso wie den Äußerungen von Antisemitismus im politischen Skandal in viereinhalb Jahrzehnten bundesrepublikanischer Geschichte sind den Angriffen

---

[1] Das Wörterbuch der Staatssicherheit. Definitionen des MfS zur »politisch-operativen Arbeit«. Hrsg. vom Bundesbeauftragten für die Unterlagen des Staatssicherheitsdienstes der ehemaligen Deutschen Demokratischen Republik. Berlin 1993, S. 465.

auf Friedhöfe als Kultstätten Aufsätze gewidmet. Die Längsschnitte durch die jüngere deutsche Geschichte werden durch Studien zu kollektiven und individuellen Bewußtseinsstrukturen (Einstellungen zu Juden in einem thüringischen Dorf und ein Fallbeispiel aus psychotherapeutischer Praxis) ergänzt und vertieft. Schließlich sind Möglichkeiten und Formen der Abwehr von Antisemitismus durch die Gesellschaft thematisiert. Der Band als Ganzes versteht sich, in der Form rational argumentierender Wissenschaft, als Beitrag zur politischen Kultur des vereinigten Deutschland.

Wolfgang Benz

HERMANN GRAML
Zur politisch-kulturellen Tradition des Antisemitismus in Deutschland

Thomas Nipperdey hat seine dreibändige Geschichte der Deutschen im 19. Jahrhundert mit der lapidaren Behauptung begonnen: »Am Anfang war Napoleon.«[1] Dieser Satz ist natürlich höchst anfechtbar, da es in der Entwicklung von Staaten und Nationen derart eindeutig zu ortende Anfänge einzelner Epochen und Perioden nicht geben kann. In Wirklichkeit ist jedes noch so abgrenzbar und eigenständig erscheinende Zeitalter mit reichen Erbschaften aus der unmittelbaren und der ferneren Vergangenheit gesegnet oder geschlagen. Andererseits bringt Nipperdeys Bemerkung einen wichtigen Sachverhalt genau auf den Punkt. Wenn der einzelne Faktor genannt werden soll, der die deutsche Geschichte im 19. Jahrhundert am stärksten und am nachhaltigsten geprägt hat, so ist in der Tat die Herrschaft zu nennen, die Napoleon und seine Satrapen einige Zeit über praktisch alle deutschen Territorien ausgeübt haben. Der bürgerlichen Nationalbewegung in Deutschland ist damals eine Versehrung zugefügt worden, die noch zu den konstitutiven Elementen der Entstehung und der Erfolge des Hitlerschen Nationalsozialismus gehören sollte. Gerade auch die Wurzeln des Kerns nationalsozialistischer Lehre und Praxis, des Antisemitismus, reichen in die napoleonischen Jahre zurück.

In den letzten Jahrzehnten des 18. Jahrhunderts haben auf der einen Seite Berater und Beamte in den Kanzleien deutscher Fürsten, die unter dem Einfluß der Aufklärung standen, Erwägungen angestellt, ob nicht im Dienste der Menschlichkeit und im Interesse einer möglichst rationellen Ausnutzung auch der personellen Ressourcen ihrer Staaten damit begonnen werden sollte, die dort lebenden Juden aus den Ghettos herauszuführen und rechtlich wie wirtschaftlich und politisch zu emanzipieren; eindrucksvollstes Beispiel solcher Erwägungen ist die 1783 vorgelegte Schrift des Preußen Christian Wilhelm Dohm ›Über die bürgerliche Verbesserung der Juden‹[2]. Zwar sahen auch diese

---

[1] Thomas Nipperdey, Deutsche Geschichte 1800–1866. Bürgerwelt und starker Staat. München 1983, S. 11.
[2] Christian Wilhelm Dohm, Über die bürgerliche Verbesserung der Juden. Berlin 1783.

Staatsdiener, nicht anders als die übrige Bevölkerung, die in den deutschen Territorien existierenden Juden, wie sie sich im Moment darboten, als äußerst fremd an, ja als widerwärtig und moralisch nichtswürdig, doch unter dem Eindruck englischer und französischer Ideen waren sie über den Anti-Judaismus erhaben, der aus religiös begründeten mittelalterlichen Vorurteilen stammte, und von der Entwicklungsfähigkeit aller Menschen, eben auch der Juden, überzeugt. Zu den Hardenbergschen Reformen in Preußen gehörte dann 1812 tatsächlich ein Edikt, das die bürgerliche Gleichstellung der Juden gesetzlich festlegte. Auf der anderen Seite haben große Teile des quantitativ, wirtschaftlich und gesellschaftlich gewiß noch relativ schwachen deutschen Bürgertums die Prinzipien und die politischen Ziele, deretwegen die Franzosen sich gegen die absolutistische Monarchie und die Privilegien von Adel und Kirche erhoben hatten, anfänglich mit Enthusiasmus aufgenommen.

Wie, so darf wohl einmal gefragt werden, wäre die Entwicklung in den deutschen Staaten verlaufen, wenn Napoleon östlich des Rheins entweder gar nicht oder doch nur kurz erschienen wäre, als sozusagen makellos bleibender Exporteur von »Freiheit, Gleichheit, Brüderlichkeit« und streng beschränkt auf die Rolle des den Weg zur Modernisierung öffnenden Befreiers. Hätte sich dann die bürgerliche Bewegung in Deutschland nicht machtvoller und vor allem in unverletzter Treue zu den Ideen von 1789 entfalten können? Und wären Bürger, die zum gleichen Selbstverständnis wie der angloamerikanische »citizen« und der französische »citoyen« gefunden hätten, nicht zu einer Allianz mit den aufklärerischen Liberalen und den aufgeklärten Rationalisten in den Bürokratien der deutschen Staaten fähig gewesen? Und wäre bei einer derartigen Allianz die Emanzipation der in Deutschland lebenden Juden nicht eine bare Selbstverständlichkeit und ihr Eintritt in die deutsche Gesellschaft, ob nun mit dem Ziel der Assimilation oder unter Festhalten der religiösen und damit auch einer gewissen kulturellen Eigenständigkeit, nicht weniger problematisch gewesen? Und hätten sich christliche Judenfeindschaft und postchristlicher Antisemitismus nicht, wie in Frankreich, auf die hartnäckigsten Gegner jeder geistigen, politischen und wirtschaftlichen Liberalisierung und Demokratisierung zurückziehen müssen, also auf katholische Fundamentalisten, auf die grundbesitzenden und antikapitalistischen Teile des Adels, auf modernisierungsfeindliche Gruppen in der Armee?

Genug spekuliert. Die historische Wirklichkeit hat ganz anders ausgesehen. Napoleon, der schon die Botschaft der Revolution mit Waffengewalt über den Rhein trug, unterwarf die deutschen Staaten rücksichtslos der strikten Hegemonie Frankreichs und etablierte eine Besatzungsherrschaft, die schwer auf den besetzten oder kontrollierten Territorien lastete, zumal die Herrschaft zunehmend unter rein militärischen Gesichtspunkten und daher als brutale Ausbeutung der personellen und materiellen Ressourcen ausgeübt wurde. Es konnte nicht ausbleiben, daß die vielfach bis zum Haß gesteigerte Ablehnung französischer Besatzung und französischer Machtansprüche allmählich auch die so gewalttätig, verzerrt und lästig repräsentierten Werte und Prinzipien der zu Herren gewordenen Befreier in Frage stellte, und zwar nicht allein bei den Vertretern und Anhängern der alten Ordnung. Auch Wortführer und Deuter des bürgerlichen Nationalbewußtseins begannen in ihrer Auflehnung gegen die französische Fremdherrschaft alles Französische zu verdammen und folglich auch Liberalismus, Parlamentarismus, Demokratie als »undeutsch« zu empfinden.

Bei Geistern wie Johann Gottlieb Fichte, Ernst Moritz Arndt oder Friedrich Ludwig Jahn zeigte sich bald die Neigung, einen Ersatz zu suchen, und diesen Ersatz fanden sie, angesichts ihrer Gereiztheit gegenüber Fremdem nicht überraschend, in einer mystischen Überhöhung der nun entdeckten deutschen Abstammungs- und Blutgemeinschaft, die dabei, ob gewollt oder ungewollt, größere Bedeutung gewann als die politische Werte- und Gesinnungsgemeinschaft. Das Bekenntnis zu politischen Prinzipien trat als konstitutives Element zurück hinter die postulierte Teilhabe an einer überlegenen Sittlichkeit, die allein der deutschen Abstammungs- und Blutgemeinschaft innewohne. Als Aufgabe einer deutschen Nationalbewegung erschien nicht mehr in erster Linie die Reform oder die Revolutionierung der politisch-gesellschaftlichen Verhältnisse, sondern zunächst die Restaurierung und dann die ständige Übung von Tugenden wie Aufrichtigkeit, Redlichkeit, Treue, Großmut, Tapferkeit und auch noch Frömmigkeit und Nächstenliebe, die allesamt den Charakter spezifisch deutscher Eigenschaften zugesprochen erhielten. Ein deutscher Nationalstaat war in solchen Visionen fast kein politisches Phänomen mehr, sondern mehr das Gefäß und die Verkörperung eines den anderen Völkern übergeordneten Menschentums.

Es zeigte sich sofort, daß die Kehrseite einer derartigen Entpolitisierung des deutschen Nationalbewußtseins in der Mobilisierung einer Aggressivität bestand, die sich nicht nur gegen anders-nationale Nachbarn richtete, sondern ebenso zur diskriminierenden Ausgrenzung von Minderheiten im eigenen Lande tendierte, die den Nachweis der Zugehörigkeit zur Abstammungs- und Blutgemeinschaft nicht zu erbringen vermochten oder gar in jahrhundertelanger Isolierung von der christlich-deutschen Umwelt gelebt hatten. Fichte hat sich schon 1793 vehement gegen die Emanzipation der Juden ausgesprochen, in einer Schrift, die 1844 erneut publiziert wurde[3], und der »Turnvater« Jahn stellte die Juden 1810, in seinem Buch ›Deutsches Volkstum‹[4], auf eine Stufe mit den Zigeunern; beiden Gruppen sei deutsches Blut und deutscher Geist notwendigerweise fremd, beide hätten in der deutschen Nation nichts zu suchen.

Gewiß wäre es völlig verfehlt, den Antisemitismus Hitlers und der Nationalsozialisten einfach aus der Beschädigung herleiten zu wollen, die Napoleon der bürgerlichen Bewegung in Deutschland zugefügt hat. In den napoleonischen Jahren ist lediglich *der Anfang* mit *der* Tradition gemacht worden, die in jenen Teilen des deutschen Bürgertums, welche sich politisch auf der rechten und in der Mitte des Parteienspektrums organisierten, bis zum Zweiten Weltkrieg dominant blieb. Doch läßt sich immerhin sagen, daß ja auch die beiden Vorgänge, die nach Napoleons Einbruch in Deutschland für die weitere Entwicklung der deutschen Verhältnisse entscheidend wurden, nämlich das Scheitern der bürgerlichen Nationalbewegung 1848/49 und die von Bismarck bewerkstelligte endgültige Unterwerfung des deutschen Bürgertums unter eine feudalistisch-obrigkeitsstaatliche Ordnung, sicherlich so nicht möglich gewesen wären ohne die zuvor in der Reaktion auf Napoleon geschehene Schwächung und Verbiegung der deutschen Nationalbewegung, und beide Vorgänge wiederum bewirkten die Fortsetzung und Stabilisierung der am Anfang des Jahrhunderts entstandenen Judenfeindschaft. Je mehr der deutsche Nationalismus die Fähigkeit verlor, die alleine ihn rechtfertigte, nämlich als Vehikel liberalisierender und demokratisierender Reformen zu fungieren, desto fester schlug ja seine Neigung zu Aggressionen Wurzeln, nach außen wie nach innen, desto kräftiger und bösartiger entfaltete sich vor allem sein Antisemitismus, der allmählich zum wichtigsten ideologischen Ersatz für den Verlust der gesellschaftspolitischen Le-

---

[3] Johann Gottlieb Fichtes Beitrag zur Berichtigung der Urteile des Publikums über die Französische Revolution. Neuer Abdruck, Zürich 1844.

[4] Friedrich Ludwig Jahn, Deutsches Volkstum. Reclamausgabe, Leipzig o. J.

gitimation zu werden begann. Autoren wie Wilhelm Marr, Eugen Dühring, Paul de Lagarde und Houston Stewart Chamberlain[5] haben diesem Antisemitismus nach der Reichsgründung eine theoretische Fundierung geliefert und ihn überdies, indem sie ihn zum Herzstück einer rassistischen Welterklärung machten, in den Rang eines Produkts unanfechtbarer wissenschaftlicher Erkenntnis erhoben; das verlangte auch der Zeitgeist, zu dem eine blinde Wissenschaftsgläubigkeit gehörte und der daher jede politische Ideologie und Heilslehre, die ernstgenommen werden wollte, dazu zwang, den Mantel der Wissenschaftlichkeit anzulegen.

Das Grundmuster blieb indes immer gleich: Auf der einen Seite die quasi-religiöse Glorifizierung einer hoch über dem Wesen aller anderen Völker stehenden »Deutschheit« und der solchem Wahn gemäße Anspruch auf absolute politische Privilegierung der deutschen Nation, auf der anderen Seite die ebenfalls quasi-religiöse Verteufelung eines von Grund auf und unveränderlich bösen jüdischen Geistes und die solchem Haß gemäße Forderung nach beständigem Kampf gegen die in Reichweite lebenden Juden. Es versteht sich, daß derartigem Antisemitismus die vom Beginn des Jahrhunderts bis 1871 erfolgende Emanzipation der Juden als der Kardinalfehler, ja als die Kardinalsünde der deutschen Politik erschien und daß er darüber hinaus, ob Lagarde schrieb, ob Dühring oder Chamberlain, über die Rücknahme der Emanzipation hinaus das irgendwie zu erreichende Verschwinden der Juden verlangte.

Nicht anders war der nationalsozialistische Antisemitismus beschaffen, und es gibt keinen einsehbaren Grund dafür, Lehre und Praxis der nationalsozialistischen Judenfeindschaft von der antisemitischen Tradition der bürgerlichen Rechten und Mitte im Deutschland des Deutschen Bundes und des Wilhelminischen Reiches abzuschneiden, wie das gelegentlich versucht wird, zumal ja die Stafette von den Theoretikern des 19. zu den Tätern des 20. Jahrhunderts deutlich zu sehen ist. Hat der junge Hitler nicht den Antisemitismus des Georg v. Schönerer aufgenommen, der wiederum ein Schüler Eugen Dührings war, und

[5] Wilhelm Marr, Der Sieg des Judentums über das Germanentum. Vom nichtconfessionellen Standpunkt aus betrachtet. Berlin 1873; Eugen Dühring, Die Judenfrage als Racen-, Sitten- und Culturfrage. Mit einer weltgeschichtlichen Antwort. Karlsruhe, Leipzig 1881; Paul de Lagarde, Juden und Indogermanen. Eine Studie nach dem Leben. Göttingen 1887; Houston Stewart Chamberlain, Die Grundlagen des 19. Jahrhunderts. München 1899.

hat der Parteiführer Hitler nicht verehrungsvoll zu Füßen von Houston Stewart Chamberlain gesessen?[6]

Die volle Gefährlichkeit des Antisemitismus der Rechten und der Mitte ergab sich allerdings erst daraus, daß ihm ein Widerlager bei den linksliberalen und sozialistischen Strömungen im Deutschland des 19. Jahrhunderts fehlte. Paul Lawrence Rose hat in seiner Studie ›Revolutionary Antisemitism in Germany. From Kant to Wagner‹[7] gewissermaßen mit Entsetzen konstatiert, daß auch die bedeutendsten Geister der Nation und die Apostel radikaler politischer Veränderungen, von Kant und den Junghegelianern über Autoren des Jungen Deutschland wie Karl Gutzkow und Heinrich Laube bis hin zu Karl Marx, eine »Judenfrage« sehen zu müssen meinten und für die deutsche Gesellschaft der Zukunft eine Lösung dieser Judenfrage im Auge hatten, die nicht den kleinsten Raum für ein religiöses oder kulturelles jüdisches Eigendasein lassen wollte und von den Juden eine totale Entjudung forderte.[8] Selbst wenn man Rose nicht immer zustimmen will, wenn er in einem Essay oder Roman Antisemitismus aufspüren zu dürfen glaubt, muß doch anerkannt werden, daß sein Entsetzen wohlbegründet ist. Auch hier kommen die napoleonischen Jahre ins Spiel.

Die Schwächung der bürgerlichen Bewegung, die sich aus der Reaktion gegen Napoleon, französische Herrschaft und westliche Ideen ergab, hatte es den führenden deutschen Staaten ermöglicht, demokratische und liberale Reformwünsche weitestgehend zu ignorieren und die Armeen Napoleons nach lediglich behutsamen, von oben verordneten Reformen nach Frankreich zurückzutreiben. So behielten und festigten sie sogar ihre ständestaatlich-obrigkeitsstaatliche Struktur, und ihre Eliten und bürokratischen Organe vermochten nahezu allen Staaten des Deutschen Bundes extrem illiberale und extrem undemokratische Systeme zu oktroyieren. Den mit liberalen und demokratischen Ideen erfüllten Repräsentanten des deutschen Nationalbewußtseins hat dies auf Jahrzehnte hinaus jede politische Entfaltungs- und Gestaltungschance genommen. Die ursprünglichen Ideale und Ziele rückten in eine nicht mehr erreichbare Ferne.

[6] Vgl. Hermann Graml, Reichskristallnacht. Antisemitismus und Judenverfolgung im Dritten Reich. München 1988, S. 83 f., 91 ff.

[7] Paul Lawrence Rose, Revolutionary Antisemitism in Germany. From Kant to Wagner. Princeton 1990; ders., Wagner. Race and Revolution. London, Boston 1992.

[8] Wolfgang Benz, Endlösung. Zur Geschichte des Begriffs. In: Tribüne 132/33 Jg. (1994), S. 96–109.

Die in unserem Zusammenhang wichtigste Konsequenz dieser Entwicklung bestand darin, daß sich der unbefriedigte Wille zur Veränderung, nun realer Verantwortung enthoben, ungehemmt in theoretischen Entwürfen zu radikalisieren begann, und zwar auf eine Weise und in einem Maße, daß die Radikalisierung allmählich auf Entpolitisierung hinauslief. Da konkrete politische Ziele, etwa eine Verfassung, aus dem Visier gerieten, drängte sich das Verlangen nach einer totalen Umwälzung der bestehenden Verhältnisse in den Vordergrund, die zur Errichtung eines irdischen Paradieses führen sollte, in dem die Deutschen, die Europäer, die Menschheit von allen Übeln der Erde, nicht zuletzt von den eigenen moralischen Gebrechen, geheilt seien. An die Stelle von politischer Freiheit rückte mithin eine Art säkularisierter Erlösung des Menschen. Auch auf der Linken kam es also zum Ausweichen ins Quasi-Religiöse.

So unverbindlich derartige Träume notwendigerweise noch waren, die Einstellung der Träumer zu den deutschen Juden wurde sofort tief beeinflußt. Einerseits neigten sie mehr und mehr dazu, alle Mängel menschlicher Existenz und alle Ungerechtigkeiten menschlichen Zusammenlebens auf den Egoismus zurückzuführen, und als reinstes Produkt einer nur vom Egoismus geprägten Gesellschaftsordnung erschien ihnen die Gesellschaft ihrer Tage, die sie als eine vom Geld bestimmte bürgerliche Gesellschaft begriffen. Im Geld sahen sie das Symbol und das Lebenselixier dieser Gesellschaft. Andererseits besaßen sie – das gilt selbst für Autoren jüdischer Herkunft wie Börne, Marx und lange Zeit auch Heine – nur verschwommene Vorstellungen von jüdischer Religion, Kultur und Geschichte, so daß sie an den Vorurteilen gegen jüdisches Wesen, wie sie in der übrigen Bevölkerung herrschten, in vollem Umfange teilhatten. Auch sie verstanden die Religion der Juden als eine Religion der Liebesleere, ja als religiös aufgeputzte Anleitung zur schrankenlosen Betätigung jenes Egoismus, den sie fortwährend als die Essenz der radikal verneinten bürgerlichen Gesellschaft entlarvten. Konsequenterweise schrieben sie den Juden, in absurder Reduzierung der deutschen und europäischen Judenheit auf ein paar Bankiersfamilien wie die Rothschilds, ein besonderes Verhältnis zum hassenswerten Stoff des Egoismus, zum Geld, zu; der wahre Gott ihrer Religion sei der Mammon.

So lag es für sie auf der Hand, daß der unkontrollierte Eintritt der Juden in die deutsche Nation zu einer umsturzverhindernden Kräftigung der bürgerlichen Gesellschaft und zur Potenzierung ihrer Übel führen mußte. Anders als die Fichte, Dühring oder Böckel waren die Jungdeutschen Gutzkow und Laube oder der Junghegelianer Bauer gewiß nicht gegen die Emanzipation der Juden, doch hielten sie es für notwendig, die Emanzipation an die Bedingung zu knüpfen, daß die Juden all ihre schlimmen jüdischen Eigenschaften ablegen müßten: Beim Eintritt in die deutsche Gesellschaft habe, wie Gutzkow sich ausdrückte, eine »Selbstvernichtung« der Juden stattzufinden.[9] Wenn nun aber jungdeutsche Autoren, wie z. B. Heinrich Laube, die Juden vor die Alternative stellten, sich schleunigst und total zu assimilieren oder eines Tages ausgetrieben zu werden, wenn sie zugleich, trotz des ermutigenden Beispiels eines Börne, die Assimilierungsfähigkeit der Masse der deutschen Juden sehr skeptisch einschätzten, so machten sie den Juden ein nur wenig besseres Angebot als Heinrich v. Treitschke[10] oder Paul de Lagarde[11]. Und schon gar nicht taugte die Argumentation der Propheten des Umsturzes zur Entkräftung und zur Eindämmung des rassistischen Antisemitismus der Rechten.

Nun ist nicht zu bestreiten, daß die sozialistische Bewegung in Deutschland die judenfeindlichen Elemente, die ihr in der ersten Hälfte des Jahrhunderts noch anhafteten, im weiteren Verlauf ihrer Entwicklung nahezu gänzlich verlor. Besser gesagt: es war die sozialistische Arbeiterbewegung, die diesen Reinigungsprozeß durchlief. Sie wurde mehr und mehr von der Auseinandersetzung mit tatsächlichen und konkreten Gegnern absorbiert und verlor jeden Bedarf an Jagden auf chimärische Feinde. Unter den Kapitaleignern an Rhein und Ruhr, in Sachsen, Thüringen oder Oberschlesien waren ebensowenig Juden in nennenswerter Anzahl zu bemerken wie in den Führungsgruppen Preußens und in der jungen Reichsverwaltung. Gerade dieser Prozeß aber brachte einen Teil jener Revolutionäre, die zu einer Repolitisierung nicht mehr bereit oder fähig waren und am unpolitischen Revolutionismus der dreißiger und vierziger Jahre festhielten, dazu, ihre Abneigung gegen vermeintlich jüdisches Wesen zu ausgewachsenem Antisemitismus zu steigern, in diesem Antise-

---

[9] Karl Gutzkow, Vermischte Schriften, Bd. II. Leipzig 1842, S. 164 f.

[10] Heinrich v. Treitschke, Unsere Aussichten. In: Preußische Jahrbücher, November 1879, abgedruckt in: Walter Boehlich (Hrsg.), Der Berliner Antisemitismusstreit. Frankfurt 1965.

[11] Paul de Lagarde, Deutsche Schriften, letzte Gesamtausgabe 1886, neue Ausgabe München 1924; ders., Juden und Indogermanen.

mitismus ihren Revolutionismus aufgehen zu lassen und ins rechte Lager zu wechseln.

Das kann mit der Entwicklung Wilhelm Marrs illustriert werden. Ursprünglich revolutionärer Kommunist, wandelte er sich zu einem der rührigsten Agitatoren und Organisatoren des rassistischen Antisemitismus. 1873 legte der Mann, der einmal Heinrich Heines Beitrag zum Reifeprozeß seines politischen Bewußtseins gerühmt hatte, die Schrift vor ›Der Sieg des Judentums über das Germanentum‹, was viele Historiker als die Geburtsstunde des modernen Antisemitismus ansehen.[12] Aber das klassische Beispiel ist Richard Wagner, über dessen Einfluß auf die deutsche Kultur im 19. und 20. Jahrhundert kein Wort verloren werden muß. Der aktivistische Revolutionär von 1849 gab sich einerseits als eigentumsfeindlicher und nach sozialer Gerechtigkeit dürstender Kommunist; oft wirkt er wie ein schlichterer und leidenschaftlicherer Bruder von Karl Marx. Andererseits äußerte er sich nicht selten so radikal anarchistisch wie sein Freund Bakunin und wollte die Europa erneuernde Revolution mit dem Niederbrennen von Paris beginnen.

Betrachtet man seine politischen Bemerkungen genauer, stellt man jedoch fest, daß Wagner ein Repräsentant genau jenes quasireligiösen Revolutionismus war, dem es mehr um Erlösung ging als um politische Veränderung. Die dazu gehörige Zurückweisung jüdischen Wesens glich denn auch einige Zeit dem Antijudaismus, wie ihn die Junghegelianer und das Junge Deutschland predigten. Mählich verschärfte aber Wagner die Kritik am Jüdischen zur Verdammung der Juden und zu einer eindeutigen Ablehnung ihrer Emanzipation. Wenn sein Biograph Martin Gregor-Dellin[13] zu der Schrift ›Das Judentum in der Musik‹[14] entschuldigend bemerkt, Wagner habe eben eine Portion Antisemitismus gebraucht, weil er nur mit ihrer Hilfe die zeitgenössische Musik habe verächtlich machen können, so verdient das einen Kommentar: Erstens ist die Entschuldigung falsch; Wagner standen auch gegen Meyerbeer und Mendelssohn genügend Argumente zur Verfügung, die nichts damit zu tun hatten, daß beide jüdischer Herkunft waren. Zweitens ist ohnehin nicht einzusehen, warum Antisemitismus dann harmloser und sogar ir-

[12] Vgl. Peter G.J. Pulzer, Die Entstehung des politischen Antisemitismus in Deutschland und Österreich 1867–1914. Gütersloh 1966.
[13] Martin Gregor-Dellin, Richard Wagner. Sein Leben, sein Werk, sein Jahrhundert. München, Zürich 1980, S. 766 ff.
[14] Richard Wagner, Das Judentum in der Musik (1850). München 1975.

gendwie weniger antisemitisch sein soll, wenn ein Antisemit seinen Antisemitismus auch einmal funktionalisiert und instrumentalisiert. Drittens hat Wagner seine Einreihung in die Front der Rassisten und Antisemiten ja auch in der Botschaft seiner Werke kundgetan, von der Stoffwahl über die Kontrastierung seiner positiven und negativen Helden bis zur Sprache.

Sowohl der rechte wie der linke Antisemitismus waren Bestandteil einer radikalen Ablehnung der bürgerlichen Gesellschaft, und so ist die Durchdringung der deutschen Nation mit Antisemitismus, wie sie zwischen der ersten Hälfte des 19. Jahrhunderts und dem Zweiten Weltkrieg stattgefunden hat, nicht zuletzt damit zu erklären, daß gerade eine Mehrheit des Bürgertums selbst Elemente antibürgerlicher Gesinnung und schließlich mit dem Nationalsozialismus eine radikal antibürgerliche Ideologie aufnahm. Umgekehrt war es nicht einfach die totale Niederlage des nationalsozialistischen Deutschland, sondern die ihr folgende Versöhnung der Deutschen mit den geistig-politischen Werten und der Realität einer bürgerlichen Gesellschaft, die seit 1945 die Antisemiten in Deutschland bis auf kleine Restgruppen aussterben ließ.

So schien es wenigstens. Inzwischen gibt es freilich Anzeichen dafür, daß antisemitische Traditionen überdauert haben. Es begann damit, daß Repräsentanten der intellektuellen und kulturellen Elite plötzlich verrieten, wie lebendig in ihnen jenes Zerrbild von Juden und Judentum geblieben ist, das vor 150 Jahren Gustav Freytag im Veitel Itzig seines Romans ›Soll und Haben‹ gezeichnet hat, um die Emanzipation der Juden zu bekämpfen. Fassbinder hat in seinem Stück ›Der Müll, die Stadt und der Tod‹ der negativen Figur des bösen und egoistischen Reichen, der den Mammon als seinen Gott anbetet, mit erschreckender Selbstverständlichkeit die Gestalt eines Juden gegeben, und Hans Jürgen Syberberg[15] faselt in einem erst 1990 erschienenen Buch gar von jüdischer Herrschaft über die deutsche Kultur. In letzter Zeit konnte man außerdem beobachten, daß Politiker und staatliche Organe schwerfällig und schwach auf Ausbrüche von Fremdenhaß reagierten. Die Frage, ob wir in Deutschland rassistischen und antisemitischen Traditionen vielleicht etwas voreilig den Totenschein ausgestellt haben, ist mithin nicht mehr abzuweisen.

---

[15] Hans Jürgen Syberberg, Vom Unglück und Glück der Kunst in Deutschland nach dem letzten Kriege. München 1990.

CHRISTHARD HOFFMANN
Das Judentum als Antithese
Zur Tradition eines kulturellen Wertungsmusters

Antisemitismus und judenfeindliches Denken in der Gegenwart
können ohne Rekurs auf die Vergangenheit des antisemitischen
Stereotyps kaum angemessen untersucht werden. Erst eine um-
fassende Analyse der traditionellen Judenfeindschaft eröffnet die
Möglichkeit, Kontinuitäten und Diskontinuitäten zu erkennen
und so die spezifischen Merkmale eines Antisemitismus *nach*
dem Holocaust herauszuarbeiten. Die Aufdeckung der Wurzeln
des vergangenen Antisemitismus kann zudem dazu beitragen,
mögliche Ursachen eines neuen Judenhasses auszumachen und
zu beobachten. Die folgende ideengeschichtliche Skizze behandelt in diesem Zusammenhang einen Teilaspekt: Sie beschäftigt
sich nicht direkt mit dem Antisemitismus, seiner Ideologie und
Verbreitung, sondern fragt allgemeiner nach *Vorstellungen,*
Deutungen und *Bildern* von Juden und Judentum, die in der
deutschen kulturellen Tradition wirksam waren. Wie haben Philosophen, Theologen, Historiker, Literaten und Publizisten das
Judentum in einer Zeit (ca. 1780–1880) beurteilt, in der die Vor-
herrschaft des christlichen Weltbildes gebrochen wurde, die öffentliche Diskussion um die Emanzipation der Juden besonders
virulent war und die ganz allgemein als Epoche des Umbruchs
und der beginnenden Modernisierung charakterisiert ist? Meine
These ist, daß die Wahrnehmung und Bewertung des Judentums
häufig von einem *dualen Schematismus* bestimmt wurde, daß das
Judentum durchweg als *Gegenbild* oder *Antithese* zum eigenen
Ideal und Selbstverständnis figurierte und – ungeachtet der jeweiligen inhaltlichen »Füllung« des jüdischen bzw. des eigenen
»Wesens« – immer den negativen Pol bildete. Im folgenden
werde ich 1. drei wichtige Ausprägungen dieses dualen Wertungsmusters in idealtypischer Verdichtung herausarbeiten und
erläutern, 2. die Frage nach den Funktionen dieses kulturellen
Denkmusters und seinen Verbindungen zum Antisemitismus
beantworten und 3. überlegen, inwieweit es eine Kontinuität dieses Schematismus bis in die bundesdeutsche Gegenwart gibt.

1. Die Tradition des dualen Wertungsmusters

Die Ursprünge dieses Schematismus liegen in der *christlichen Theologie* und deren Bild von Juden und Judentum.[1] Charakteristisch für die Bewertung des Judentums im christlichen Welt- und Geschichtsbild ist eine Ambivalenz zwischen identifizierender Nähe und polemischer Distanz. Einerseits sind die Juden aus der Zeit vor Christus in christlicher Sicht Träger der göttlichen Heilsgeschichte und als solche gegenüber den »Heiden« das »auserwählte Volk«, auf der anderen Seite gelten sie wegen der Ablehnung und Tötung des »Messias« als verworfen, aus dem göttlichen Heilsplan entfernt und durch die Kirche als dem »wahren Israel« abgelöst. Gegenüber der radikalen Kritik an der jüdischen Bibel, wie sie von gnostisch beeinflußten Theologen (Markion) vorgebracht wurde, hat die Kirche am Offenbarungscharakter der hebräischen Bibel festgehalten; die dabei deutlich werdende Identifizierung mit dem antiken Judentum schloß allerdings antijudaistische Polemik nicht aus, eher im Gegenteil: Die »Gemeinsamkeit« der Vergangenheit machte die Notwendigkeit zur Abgrenzung und Selbstdefinition um so dringender, zumal »judaisierende« Einflüsse im frühen Christentum stark blieben. Diese Konkurrenzsituation führte in der Tradition der Adversus-Judaeos-Schriften zur Ausbildung einer regelrechten antijüdischen Schmähtopik, die bei Bedarf aktiviert werden konnte. Besonders wirkungsmächtig wurde die Tatsache, daß das Christentum viele dogmatische Grundanschauungen im Hinblick und in polemischer Abgrenzung zum Judentum bestimmte. Der Antijudaismus wurde damit zu einem essentiellen Bestandteil des christlichen Selbstverständnisses. Die Ideologie des Antijudaismus bildete sich im Christentum in den ersten drei Jahrhunderten aus. Im Rückgriff auf die Schriften der Apostel, insbesondere des Paulus, entstanden dabei u. a. folgende duale Wertungsmuster, die das Judentum jeweils als Antithese zum christlichen Selbstbild definierten:

---

[1] Auch in der vorchristlichen Antike gab es bereits negative Klischees von Juden und Judentum. Diese sind jedoch im Zusammenhang lokal begrenzter machtpolitischer Konflikte zwischen Juden und Umwelt (z. B. in Alexandria) entstanden (vgl. Isaak Heinemann, Art. »Antisemitismus«, in: Paulys Realencyclopädie der Classischen Altertumswissenschaft. Supplementband 5, Stuttgart 1931, S. 38 f.) und bilden nicht eine unabhängige Ideologie des Antijudaismus wie im Christentum.

- *Gesetz vs. Glaube.* Die jüdische Thorafrömmigkeit wird als »Gesetzesreligion« verunglimpft, ihr wird der zeremonialgesetzlich ungebundene »Glaube« als die wahre Gottesverehrung gegenübergestellt. Die Tradition des »wahren Glaubens« wird bereits auf die Erzväter zurückgeführt (Abraham als Vater aller Gläubigen: Röm. 4; Hebr. 11, 8 ff.), so daß das jüdische »Gesetz« als Irrweg bzw. bloße Übergangsstufe erscheint. Eusebios unterscheidet entsprechend zwischen guten und vor Gott gerechtfertigten »Hebräern« (als »Christen vor Christi Geburt«) und den schlechten, abtrünnigen und sündigen »Juden«.

- *Buchstabe vs. Geist.* Die Übertragung dieser Antithese aus der hellenistisch-jüdischen Literatur (Philon) auf den Gegensatz zwischen Judentum und Christentum durch Paulus (Röm. 2, 27–29; Röm. 7, 6; 2. Kor. 3, 6 ff.) wirkt ebenso diskriminierend: Das Judentum erscheint als das Äußerliche, Heuchlerische, als Schatten (Antizipation) und bloßer Schein, das Christentum dagegen als das Innere und Echte, als die Vollendung und das wahre Sein.

- *Partikularismus vs. Universalismus.* Das Christentum versteht sich als Überwindung des jüdischen »Partikularismus«, weil es die nationale und lokale Bindung der Gottesverehrung aufhebt und auch den »Heiden« das Evangelium predigt.

- *Gott der Rache vs. Gott der Liebe.* Die paulinische Antithese zwischen Gesetz und Glaube wird bei Markion bis zur Annahme einer völligen Unverträglichkeit von Thora und Evangelium, ja bis zur Annahme verschiedener Gottheiten im Alten und Neuen Testament gesteigert. Der biblische Schöpfergott (Demiurg), der das Gesetz gegeben und den Juden einen irdischen, kriegerischen Messias verheißen hat, habe nichts mit dem »fremden« Gott der Liebe zu tun, der in Jesus Christus offenbar geworden ist. Markion ist von der Kirche zwar als Irrlehrer bekämpft worden, die Kirchengeschichte zeigt jedoch, daß seine Gedanken – v. a. die strikte Unterscheidung zwischen einem alttestamentlichen Gott der Rache und Gewalt und dem neutestamentlichen Gott der Liebe und Gnade – bis in die Gegenwart hinein einflußreich geblieben sind.

Diese dualistischen Denkmuster sind mit einer Zeitperspektive verbunden: Das Christentum ist das Neue und sich lebendig

27

Entwickelnde, das Judentum dagegen das Alte, Überlebte, Tote. Der religiöse Gegensatz wird in einem zeitlichen Schematismus ausgedrückt und verschärft, dem Judentum damit – nach dem Kommen des »Messias« – die Existenzberechtigung abgesprochen. Die Tatsache, daß es nach der »Verwerfung« überhaupt noch eine jüdische Gruppe gab, der gegenüber sich christliche Missionsversuche als erfolglos erwiesen, war denn auch immer eine Quelle der Verunsicherung und bedurfte in besonderem Maße der Deutung. Die antithetische Abgrenzung vom »Judentum« war nicht nur eine Frage der Glaubenslehre, sie konnte für den einzelnen Christen auch eine persönliche Dimension besitzen. Zentral war die Vorstellung, daß Juden und Judentum – als Gegenpol – eine orientierende Funktion für die Christen ausüben können:

»Das Judentum ist seit Golgatha im besten Falle eine antiquierte Erscheinung und hat überall nur durch den *Gegensatz* eine historische Bedeutung für das Leben.«[2]

Am Judentum und seiner Geschichte konnte der Christ in beispielhafter Verdichtung den Weg des »Bösen« erkennen, von dem er sich fernhalten mußte. Das Judentum galt als Paradigma für »Sünde« und »Abfall«, für »Verderben« und »Heilsverlust«, also für Gefahren, die auch sein eigenes geistliches Leben bedrohten. Als Negativfolie wurde das »Judentum« also auch zur Beurteilung der christlichen Verhältnisse herangezogen, kirchliche Mißstände wurden entsprechend als »jüdisch« identifiziert. Dies wird in der Reformation besonders deutlich. In Luthers Sicht fungieren die Juden »als prototypischer ›Meßkanon‹, um die Einbruchstelle des Teufels in die zeitgenössische Kirche zu sondieren«[3], sie haben für ihn eine »beispielhafte, diagnostische und abschreckende Funktion«. Dieses theologische Verständnis des Judentums zielte in erster Linie auf die *eigene* Sündenerkenntnis und die Bewahrung des christlichen Heilsweges, gleichwohl wurde damit in langen Jahrhunderten ein Denkmuster eingeschliffen, in welchem das »Judentum« vorrangig als Gegenbild und Bedrohung figurierte und das auch die Wahrnehmung der zeitgenössischen jüdischen Minderheit ideologisch prädisponierte.[4]

[2] Evangelische Kirchenzeitung 76 (1865), S. 946.
[3] Heiko A. Obermann, Die Juden in Luthers Sicht. In: Heinz Kremers et al. (Hrsg.), Die Juden und Martin Luther. Martin Luther und die Juden. 2. Aufl. Neukirchen 1987, S. 144 f.
[4] Zum Weiterleben dieses Deutungsmusters auch nach der Säkularisation vgl. z. B.

Der kritische Impuls der *Aufklärung* führte gegenüber dem Judentum nicht automatisch zu einer differenzierteren Bewertung, eher im Gegenteil: Wegen seiner bedeutenden Stellung im christlichen Welt- und Geschichtsbild wurde das Judentum jetzt häufig zu einem zentralen Objekt religionskritischer und antiklerikaler Polemik. Die säkulare Neuorientierung der Moderne führte zur Identifizierung mit anderen Völkern und Kulturen, so z. B. mit den »aufgeklärten« Chinesen und den »humanen« Griechen der Antike. Das antike Judentum verlor seine identitätsstiftende Bedeutung, die es in der christlichen Heilsgeschichte immer auch eingenommen hatte. Das neue Ideal, das sich in der Aufklärungszeit herauszubilden begann, war u. a. bestimmt durch die Leitwerte »Vernunft«, »Staat«, »säkulare Kultur«, »Nation« und »Fortschritt«. Das »Judentum« wurde dabei häufig als das Übel angesehen, von dem man sich gerade befreien wollte:

– *Aberglaube vs. Vernunft.* Die deistische und rationalistische Kritik an der jüdischen Religion akzentuierte die »Unvernünftigkeit« und »Unmoral« der religiösen Bestimmungen. Vor dem Maßstab der »natürlichen Religion« und der »Vernunft« galten die Vorschriften und Einrichtungen des mosaischen Gesetzes als absurd, abergläubisch, unmoralisch, roh, barbarisch; sie sind Ausdruck priesterlicher Habgier (»Priestertrug«) und führen zu Fanatismus, Intoleranz und einem arroganten Auserwähltheitsanspruch.

– *Kirche/Theokratie vs. Staat.* Die europäische Erfahrung des religiösen Bürgerkrieges im 17. Jahrhundert hatte die Notwendigkeit einer Trennung von Kirche und Staat deutlich gemacht. Es gehörte zu den Grundüberzeugungen der modernen Welt, daß nur der weltanschaulich neutrale, über den religiösen Parteien stehende Staat inneren Frieden und Toleranz garantieren könne. Die Ausbildung unabhängiger politischer Organe wurde daher als Entwicklung zur Freiheit verstanden. Vor diesem Maßstab konnte die Bewertung des Judentums nur negativ sein. Das jüdische Volk ist – so Herder – »nie zur

Heinrich Leo, Vorlesungen über die Geschichte des jüdischen Staats. Berlin 1828, S. 4f.: »Wenn der Satiriker die Eigenschaften irgend eines seiner Charaktere zeichnen will, so übertreibt er sie, um sie um so schlagender vor Augen zu führen – nicht bloß um sie ihnen zu zeigen, sondern zugleich um sie davor zu warnen, und so scheint es allerdings auch beinahe die Absicht des Weltgeistes gewesen zu seyn, an dem Jüdischen Volke zu zeigen, wie ein Volk nicht leben soll.«

Reife einer politischen Kultur auf eigenem Boden« gekommen. Es konnte darüber hinaus geradezu als Ursprung und Beispiel einer Fehlentwicklung gelten, die in dem Primat des Religiösen über das Staatlich-Politische lag. Die Geschichte des antiken Judentums diente einer solchen Interpretation als Argument. An ihr wurde demonstriert, daß religiöser Fanatismus, geistige Unfreiheit, Priesterherrschaft, Parteienstreit und religiöser Bürgerkrieg unausweichliche Folgen einer durch staatliche Organe nicht »gebändigten« Religiosität darstellen.

– *Priesterherrschaft vs. säkulare Kultur.* Diese Antithese berührt sich eng mit der vorigen. Weil das Judentum keine Formen staatlich-politischer Kultur entwickelt, gibt es auch für das Individuum keine Freiheit des Denkens und des geistigen Lebens. Prägend sind vielmehr Gewissenszwang, klerikale Bevormundung und Unmündigkeit. Auf dieser Grundlage kann es autonome Kunst und Wissenschaft nicht geben.

– *Diaspora vs. Nation.* Auch der nationale Aspekt spielte für die säkulare Beurteilung des Judentums eine entscheidende Rolle. Er hängt mit dem religiösen zusammen: Weil das Judentum die nationale Identität ausschließlich in religiösen Formen definiert, das Volkstum also in eine »Kirche« umwandelt, entwickelt es eine übernationale Struktur, deren Ausdruck die Diaspora ist. Das Judentum stand damit in deutlichem Widerspruch zu dem Ideal einer Einheit von Volk, Land und Staat, welches in dem Prozeß der deutschen Nationalstaatsbildung unumstritten war. Der Nationalstaat sollte die lokalen, regionalen und religiösen Partikularismen überwinden und ein einheitliches Staatsvolk schaffen. Vor diesem Ideal nationaler Homogenität erschien das Judentum – sofern es den Erwartungen einer raschen und vollständigen Assimilation nicht nachkam – häufig als Prototyp für mangelnde Integrationsbereitschaft, für Partikularismus und »Sonderexistenz«.

– *Rückständigkeit/Geschichtslosigkeit vs. Fortschritt/Geschichte.* In der Aufklärungszeit wurden »Fortschritt« und »Geschichte« zu (letzten) Instanzen, in deren Namen Werturteile gefällt wurden. Gegenüber der neuen Erfahrung von menschlich-selbstbestimmter Geschichte, von Veränderung und Bewegung konnte gerade das (orthodoxe) Judentum, welches den Geschichtslauf seit der Antike scheinbar unverändert »überlebt« hatte, als Inbegriff für das Beharren auf dem Vergangenen, für Unbeweglichkeit, Starrsinn und Geschichtslosigkeit gelten.

Die polemische Zielrichtung dieser Antithesen wendete sich in erster Linie gegen das Judentum als »Idee«, als Paradigma einer ausschließlich religiös geprägten Lebensform, als Wurzel von Mißständen in der Gegenwart. Das eigentliche Objekt der Kritik lag denn auch in der christlichen Kirche und ihrem Einfluß, in der Ständegesellschaft, in den verkrusteten Strukturen der vormodernen Gesellschaft. Der Antijudaismus der Aufklärungszeit war also weitgehend Mittel zum Zweck, er war für das eigene Selbstverständnis – anders als im Christentum – nicht wirklich konstitutiv. Nur ganz vereinzelt wurde denn auch die zeitgenössische jüdische Minderheit zum Gegenstand des Spottes (z. B. bei Voltaire). Die mindere rechtliche und soziale Stellung der Juden wurde im allgemeinen als direkte Folge christlicher Diskriminierung erkannt und als Unrecht angeprangert, der Forderung nach Emanzipation damit der Boden bereitet. Den Juden wurde als »Menschen« die Gleichberechtigung und die Teilhabe am »Reich der Vernunft« prinzipiell zugestanden. Damit wurde die christliche Festlegung des jüdischen Schicksals auf »Unheilsgeschichte« aufgebrochen. Die Geschichte der Juden war jetzt auf die Zukunft hin offen und eingebunden in den allgemeinen Fortschrittsglauben der Zeit. »Es wird eine Zeit kommen, da man in Europa nicht mehr fragen wird, wer Jude oder Christ sei: denn auch der Jude wird nach Europäischen Gesetzen leben und zum Besten des Staates beitragen.«[5] Die Gleichzeitigkeit zwischen der aufklärerischen Polemik gegen das Judentum als Religion einerseits und der aufklärerischen Forderung nach rechtlicher und sozialer Gleichstellung der Juden als »Menschen« und »Bürger« andererseits führte aber zu der Forderung, daß die Befreiung der Juden auch eine Befreiung vom »Judentum« bedeuten müsse, führte zur Aufstellung von Erziehungsforderungen als Voraussetzung für die Emanzipation und zur Erwartung der baldigen Auflösung des Judentums, der völligen Assimilation.

Diese Argumentationslinie, die sich in der Aufklärungszeit herausbildete, ist im 19. Jahrhundert dann vor allem vom Liberalismus vertreten worden, sie wurde darüber hinaus von der radi-

[5] Johann Gottfried Herder, Sämtliche Werke. Hrsg. von B. Suphan, 33 Bde. Berlin 1877–1913, ND Hildesheim 1967/68, Bd. XIII, S. 284.

kalen Religionskritik der Junghegelianer (Daumer, Feuerbach, Strauß, Bauer) und der sozialistischen Gesellschaftskritik aufgegriffen und verschärft. Marx z. B. identifizierte das Judentum nicht mehr als Religion, sondern sah in ihm den Prototyp des auf »Egoismus«, »Geld« und »Schacher« gegründeten bürgerlich-kapitalistischen Wirtschaftssystems. Aufgrund dieser Zuordnung konnte Marx seine zentrale These betont widersprüchlich formulieren: »Die *gesellschaftliche* Emanzipation des Juden ist die *Emanzipation der Gesellschaft vom Judentum*«, d. h. erst mit und nach einer Überwindung der bürgerlichen Wirtschafts- und Gesellschaftsordnung (»Judentum«) ist eine Befreiung der Juden möglich. Auch in der sozialistischen Kritik konnte das »Judentum« so als Paradigma einer zu überwindenden negativen Gegenwart verstanden werden. Dieser Antijudaismus ist aber für die sozialistische Theorie nicht konstitutiv geworden, er stellt im Grunde eine Vorform der Kritik dar.[6] In Marx' späteren grundlegenden gesellschaftskritischen Werken spielt er denn auch keine Rolle mehr.[7]

Von dem Argumentationstypus der Aufklärung ist nun ein *gegenaufklärerischer* und *antimoderner* zu unterscheiden. Als Reaktion auf die Französische Revolution und die napoleonische Hegemonie in Europa entwickelte und verstärkte sich in Deutschland eine konservative Geistesrichtung, die sich gegen die Aufklärung, das Fortschrittsdenken und die Moderne überhaupt wandte und ihr Ideal in der versunkenen Welt des Mittelalters, im christlichen Ständestaat fand. Hatte die Aufklärung im Naturrecht die Gleichheit aller Menschen propagiert, alle Verhältnisse aufgrund eines universell geltenden Normensystems beurteilt und universale Zielrichtungen vertreten, so akzentuierte das Denken der Restauration dagegen gerade den Eigenwert des Individuellen und historisch Gewordenen, des Partikularen

---

[6] Damit soll nicht unterschlagen werden, daß es gerade im Frühsozialismus eine starke antijüdische Komponente gegeben hat (vgl. Edmund Silberner, Sozialisten zur Judenfrage. Ein Beitrag zur Geschichte des Sozialismus vom Anfang des 19. Jahrhunderts bis 1914. Berlin 1962, S. 12 ff.). Aber nachdem die sozialistische Theorie zur Analyse des kapitalistischen Wirtschaftssystems fortgeschritten war, hat dieser Antijudaismus für das theoretische Selbstverständnis des Sozialismus keine Rolle mehr gespielt. Grundlegend zur Marxschen Auseinandersetzung mit der »Judenfrage«: Detlev Claussen, Grenzen der Aufklärung. Zur gesellschaftlichen Geschichte des modernen Antisemitismus. Frankfurt a. M. 1987, S. 58 ff.

[7] Vgl. Reinhard Rürup, Emanzipation und Antisemitismus. Studien zur »Judenfrage« der bürgerlichen Gesellschaft. Göttingen 1975, S. 117.

und substantiell Gegebenen. Gegen den Nationalismus und seine egalitären und integrierenden Tendenzen rechtfertigte man die religiösen, regionalen, sozialen und kulturellen Unterschiede und Partikularismen. Entsprechend wurden Emanzipation und Assimilation der Juden von den Konservativen strikt abgelehnt. Die Judenemanzipation führe zu einer Vermischung und damit zu einer Auflösung der deutschen und jüdischen »Eigentümlichkeit«. Jedem Volk sei aber die Aufgabe gestellt, die eigene »Volksseele«, die eigene »Art« zu erhalten: »Das sind Güter, deren jeweiliger Verwalter du bist; die du zu erhalten hast – die zu mischen, zu verwahrlosen, zu verschleudern, zu verschenken, zu veräußern ein Diebstahl ist an heiligen Dingen. (...) Die Frage von der Zulässigkeit des Selbstmordes und die von der Emancipation der Juden dreht sich auf den selben Angeln.«[8]

Diese Grundhaltung führte in Umkehrung der aufklärerischen Beurteilung zu einem positiven Bild des orthodoxen und zur Abwertung des assimilationswilligen Juden. Der orthodoxe Jude, der seine »Volksseele« hoch hält, ist gerade in seiner »fremdartigen Erscheinung« mit »ehrfürchtiger Scheu« zu betrachten. Derjenige (moderne) Jude aber, der versucht, »der Gemeinschaft mit dem Schicksale seines Volkes zu entfliehen«, der »im Kaffeehause schwatzt von Allem, nur nicht von dem was die Ehre seines Hauses ist«, gilt als »lächerlicher Mann«. Er legt sich zwar »die gewandteste gesellschaftliche Tournure wie eine Maske an«, vergißt aber dabei, daß »die Vorderseite des Mannes mag reden, welche Sprache sie will, die Hinterseite immerdar Hebräischer Grundtext bleibt«[9]. Nach dieser Auffassung wird eine Differenz zwischen Deutschen und Juden immer erhalten bleiben, weil sie letztlich auf unwandelbaren Gegebenheiten beruht und sich z. B. nicht nur in der Sprache, sondern auch im Körperlich-Biologischen – in einer spezifischen Physiognomie und typischen Gebärden – ausdrückt.[10] Die Behauptung des blo-

[8] Heinrich Leo, Rezension zu Marcard. In: Evangelische Kirchenzeitung 33 (1843), S. 483.

[9] Ebenda, S. 482.

[10] Bereits vor dem Entstehen des eigentlichen Rassismus gab es Vorstellungen, die die »Fremdheit« des Juden von der biologischen Abstammung und vom Körperbild her begründeten (vgl. Eleonore Sterling, Judenhaß. Die Anfänge des politischen Antisemitismus in Deutschland (1815–1850). Frankfurt a. M. 1969, S. 125 ff.; zu Heinrich Leo: Christhard Hoffmann, Juden und Judentum im Werk deutscher Althistoriker des 19. und 20. Jahrhunderts. Leiden 1988, S. 67 ff.; allgemein zur Entstehung der Rassenideologien: Patrik von Zur Mühlen, Rassenideologien. Geschichte und Hintergründe. Bonn-Bad Godesberg 1977).

ßen Unterschiedes zwischen den Volkscharakteren konnte dabei leicht in die These eines völkischen *Gegensatzes* übergehen:

- *Jude vs. Deutscher.* Die antithetische Gegenüberstellung von »Judentum« und »Deutschtum« ist im Zusammenhang der konservativen Polemik gegen die Judenemanzipation entstanden. Unter Berufung auf den christlichen und germanischen Charakter des deutschen »Volksgeistes« wurden die »Fremdheit« und »Andersartigkeit« der Juden akzentuiert und eine Integration der Juden in die deutsche Gesellschaft abgelehnt. Bei den Vertretern eines »christlichen Staates« war der Gegensatz durch die Taufe der Juden noch aufhebbar, bei denen, die das Germanische im Deutschtum akzentuierten, war dies kaum mehr möglich, und in der später von der Rassenlehre geprägten Antithese *Semit vs. Arier* war jede Veränderung ausgeschlossen, die Differenz zwischen Juden und Deutschen *unauflösbar.* Die Antithese wurde zunächst vor allem im politischen Meinungsstreit instrumentalisiert. Die konservative Polemik bekämpfte den politischen Gegner, z. B. die demokratische Opposition im Vormärz, indem sie ihn als »undeutsch« und »jüdisch« ausgrenzte[11], auch im kulturellen Leben ließ sich dieser polemische Schachzug gegenüber Konkurrenten anwenden, so z. B. in Wagners diffamierender Unterscheidung von »jüdischer« und »deutscher« Musik[12]. Darüber hinaus prägte dieses duale Wertungsmuster die Wahrnehmung und Darstellung des Judentums auf vielen Gebieten der deutschen Kultur, z. B. in der Literatur, wo etwa in Freytags ›Soll und Haben‹ oder in Raabes ›Hungerpastor‹ das Schema der parallelen Lebensläufe durch die »Antithese eines deutsch-›arischen‹ und jüdischen Daseins« gestaltet wurde.[13] Besonders wirkungsmächtig wurde die konservative und kulturpessimistische Sehweise, die das »Judentum« mit der Moderne und ihren vermeintlich negativen Erscheinungsformen identifizierte und es als Ursache für die Bedrohung der traditionellen politischen, wirtschaftlichen, religiösen und kulturellen »deutschen« Werte verstand. Entsprechend stellte man gegenüber: *(jüdischer) Liberalismus und »Demokratismus« vs. christlicher Ständestaat, (jüdischer) Kapitalismus vs. traditionelle (deutsche) Wirtschaftsordnung, (jüdischer) Materialismus*

---

[11] Vgl. Eleonore Sterling, Judenhaß, S. 151.
[12] Richard Wagner, Das Judentum in der Musik (1850). München 1975, S. 64 ff.
[13] Hans Mayer, Außenseiter. Frankfurt/M. 1981, S. 385.

vs. (deutscher) Idealismus, (jüdische) Intellektualität und »Nervosität« vs. (deutsches) »Gemüt«, (jüdischer) Kommunismus/Revolution vs. (deutsche) Ordnung, (jüdischer) Internationalismus vs. (deutsche) Nation etc.

Die ideologische Gegenüberstellung zwischen »Judentum« und »Deutschtum« wurde in der Restaurationszeit noch überwiegend religiös und kulturell begründet, später kamen nationalistische (wobei die »objektiven« Grundlagen der Nation: gemeinsame Abstammung, Sprache, Kultur akzentuiert wurden)[14] und gegen Ende des 19. Jahrhunderts auch rassistische Argumente hinzu. Die Übergänge sind ausgesprochen fließend, häufig wurden religiöse, kulturelle und völkisch-rassische Begründungen parallel verwendet; entscheidend war die *antithetische* Struktur des Denkmusters.

»Das jüdische Wesen ist eben dem deutschen völlig entgegengesetzt. (...) deutsche Innigkeit, deutsches Gemütsleben, deutscher Glaube, deutscher Idealismus können mit jüdischem Sarkasmus, jüdischem Spotte, jüdischem Skeptizismus, jüdischem Materialismus keinen Bund eingehen. Christentum und Judentum sind in gleichem Maße Gegenpole, wie Deutschtum und Judentum. Die moderne jüdische Weltanschauung verlegt den Schwerpunkt des Daseins ins Diesseits, das Christentum ins Jenseits. An dieser grundverschiedenen Gegensätzlichkeit scheitern alle Annäherungs- und Assimilierungsversuche großen Stils.«[15]

Diese Antithesen zielten direkt auf die zeitgenössische jüdische Gruppe und ihren vermeintlich negativen Einfluß. Dabei rückte das moderne und assimilierte »Reformjudentum« in das Zentrum der Kritik. Diesem »entwurzelten« Judentum warf man vor, durch sein »Anderssein« zu »zersetzen«. Aus dieser Schädigungserwartung resultierte die Notwendigkeit zur Bekämpfung des Judentums und seiner »Übermacht«, d. h. die Verhinderung der Emanzipation bzw. später die Forderung nach ihrer Aufhebung. Der moderne Antisemitismus, der dadurch charakterisiert ist, daß er »den Juden die Fähigkeit zur nationalen und kulturellen Strukturzugehörigkeit abspricht, ihre kulturelle, soziale, religiöse und moralische Minderwertigkeit behauptet und dabei im Wirken des Judentums eine Schädigung nationaler

---

[14] Vgl. Bernd Estel, Nationale Identität und Antisemitismus in Deutschland. In: Bergmann/Erb, Antisemitismus, S. 66 f.
[15] Hans Rost, Gedanken und Wahrheiten zur Judenfrage. Eine soziale und politische Studie. Trier 1907, S. 66.

und ethnischer Strukturen erblickt, woraus sich die Bekämpfung des Judentums ableitet«[16], entstammte in seinen wesentlichen ideologischen Zügen dem konservativ-reaktionären Versuch, den Modernisierungsprozeß aufzuhalten und möglichst rückgängig zu machen. Dieser Kampf war von vornherein illusorisch, rückwärts gerichtet, defensiv und von pessimistischen Zukunftserwartungen (»Dekadenz«) geprägt. Die bewegenden Faktoren der modernen Entwicklung waren für viele undurchschaubar und unerklärlich, die jüdische Mehrheit dagegen war leicht zu identifizieren und z. T. sichtbar mit dem Veränderungsprozeß (z. B. im kapitalistischen Wirtschaftssystem, im Kulturleben, in der Revolution von 1918) verknüpft. Der Antisemitismus bot so einen Ersatz für Gesellschaftskritik. Das Argument verselbständigte sich. Im antisemitischen Denken wurde »der Jude« – in manichäischer Zuspitzung – zum bösen Prinzip schlechthin; durch sein Wirken ließen sich alle Übelstände erklären; der Kampf gegen ihn wurde zum Hauptinhalt einer säkularen Weltanschauung.

2. Die Funktion des dualen Wertungsmusters

Der Überblick über die Tradition macht deutlich, daß es in der Beurteilung von Juden und Judentum Wertungsmuster gab, die relativ unabhängig von ideologischen Grundpositionen existierten. Konservative und Liberale, orthodoxe Christen und radikale Religionskritiker, völkisch argumentierende Nationalisten und Frühsozialisten – alle verstanden und benutzten (wenngleich aus z. T. völlig verschiedenen Gründen) das »Judentum« als Antithese und grenzten sich polemisch von ihm ab. Die universelle Verwendung führt zur Frage nach der *Funktion* des dualen Schematismus. Hier muß man differenzieren. Auf der *kognitiven Ebene* bedeutet die Bildung von Antithesen zunächst einfach einen *Orientierungsgewinn*. Durch die Zuordnungsmöglichkeit zum einen oder anderen Pol wird die Wahrnehmung strukturiert und komplexe Wirklichkeit reduziert. Bezeichnet der Schematismus dabei den Unterschied zwischen Eigenem und Fremdem, dient er auch der Selbstdefinition. Durch die Negation kann die eigene »Leerstelle« undefiniert bleiben, und man

---

[16] Alphons Silbermann, Zur Soziologie des Antisemitismus. In: Psyche 16 (1962), S. 152f.

gewinnt doch eine identitätsstiftende Orientierung. Was »christlicher Glaube«, »säkulare Kultur« oder »Deutschtum« letztlich bedeuten, ist positiv viel schwerer zu bestimmen als in der antithetischen Abgrenzung vom »jüdischen Gesetz«, der »jüdischen Theokratie« oder dem »jüdischen Wesen« überhaupt. Daß historisch gesehen gerade das »Judentum« immer wieder zur Abgrenzung herangezogen wurde und der Antijudaismus als Argument und Beglaubigungsmittel besonders suggestiv war, dürfte in erster Linie mit der langen christlichen Tradition zusammenhängen. Es kommt hinzu, daß die einschneidenden ideologisch-religiösen, wirtschaftlich-sozialen und politischen Umbrüche, die die beschleunigte Modernisierungsentwicklung seit dem Ende des 18. Jahrhunderts begleiteten, offenbar zu einem verstärkten Selbstvergewisserungs- und Orientierungsbedarf geführt haben. Die Polarisierung hatte in dieser Zeit auch sonst Konjunktur.[17]

Mit der kognitiven verbunden ist die *affektive Ebene*. Gerade Fremd- und Eigenbezeichnungen sind nicht neutral, sondern meistens emotional wertend. Die Abwertung des Fremden ist mit einer Aufwertung des Eigenen verbunden (extremes Beispiel: die nationalsozialistische Unterscheidung von »Herrenmensch« und »Untermensch«) und dient der *emotionalen Stabilisierung* der Identität. Die *konative (verhaltenssteuernde) Funktion* des Schematismus ist schließlich immer dann besonders gegeben, wenn die antithetische Gegenüberstellung von Eigenem und Fremdem mit Bedrohungs- und Schädigungsvorstellungen verbunden wird. Die Erwartung, vom Fremden übermächtigt und zerstört zu werden, führt zur Bildung von Aggressionen und übt einen starken Handlungsimpuls aus. Der Schematismus dient hier als antithetisches Kampfbild und hat die Aufgabe der *Aggressionserzeugung und -lenkung*.

Diese Unterscheidung zwischen einer kognitiven, affektiven und konativen Funktionsebene macht deutlich, daß die Benutzung des dualen Wertungsmusters durchaus verschiedene Tendenzen aufweisen konnte. Die antithetische Abgrenzung vom

---

[17] Zur Polarisierung und Ideologisierung der politischen, literarischen und religiösen öffentlichen Auseinandersetzungen im deutschen Vormärz vgl. Reinhard Rürup, Deutschland im 19. Jahrhundert 1815–1871. Göttingen 1984, S. 152 f.; zur Polarisierung der »Geschlechtscharaktere« vgl. Karin Hausen, Die Polarisierung der »Geschlechtscharaktere« – Eine Spiegelung der Dissoziation von Erwerbs- und Familienleben. In: Werner Conze (Hrsg.), Sozialgeschichte der Familie in der Neuzeit Europas. Stuttgart 1976, S. 363–393.

»Judentum« konnte eher orientierenden oder eher diffamierenden Charakter tragen. Sie konnte sich gegen das »Judentum« in eher metaphorischem Sinne als Paradigma einer bestimmten (zeitlosen) Lebensform oder Verhaltensweise wenden und so auch zur Selbstkritik dienen (z. B. in der christlichen Sündenerkenntnis oder der aufklärerischen Religionskritik); sie konnte aber auch direkt gegen die zeitgenössische jüdische Gruppe zielen und diese als »fremd« ausgrenzen bzw. als »schädlich« und »gefährlich« zum Objekt von Aggressionen machen (wie in der antisemitischen Agitation). Ein Unterschied wird auch in der Zukunftsperspektive deutlich: Der christliche, liberale oder sozialistische »Triumphalismus« schloß die Erwartung einer Auflösung der jüdisch-nichtjüdischen Differenz ein. Die Juden haben danach am Fortschritt und am Aufbau einer »neuen Welt« teil. In dem von Dekadenz- und Schädigungserwartungen geprägten Zukunftsbild eines völkisch argumentierenden Antimodernismus war der Unterschied von Juden und Nichtjuden aber *unaufhebbar*; gerade die Vermischung der »Volkseigentümlichkeiten« wurde als Ursache für den Niedergang und die Zerstörung der eigenen Kultur angesehen; in dieser Sicht löste sich das Problem nicht mit fortlaufender Zeit von allein auf, sondern wurde im Gegenteil – wegen der zunehmenden »Schädigung« – immer größer. Die Dynamik der pessimistischen Zukunftserwartung führte so zur Freisetzung aggressiver Energien. In dieser Gedankenwelt liegen die Wurzeln des modernen Antisemitismus, und es ist irreführend, wenn man dem völkischen Antisemitismus einen quasi gleichbedeutenden »liberalen Antisemitismus« oder »sozialistischen Antisemitismus« an die Seite stellt, oder wenn man alle Formen der Judenfeindschaft in dem Konstrukt eines »ewigen Antisemitismus« einebnet.[18]

Allerdings ist zu fragen, ob dem dualen Schematismus als solchem nicht bereits eine Tendenz zur Emotionalisierung und Diskriminierung anhaftet. Die binäre Struktur führt gerade auf der Ebene politischer Auseinandersetzungen zur Entdifferenzierung, Moralisierung und Emotionalisierung von Konflikten; Ambivalenzen und Zwischentöne werden dabei negiert. Traditionell vorgestanzte duale Wertungsmuster konnten so eine unbefangene und realistische Wahrnehmung von Juden und Juden-

---

[18] Kritisch zum Konzept eines »ewigen Antisemitismus«, das zuletzt von Henryk M. Broder, Der ewige Antisemit. Über Sinn und Funktion eines beständigen Gefühls. Frankfurt a. M. 1986, vertreten worden ist: Rürup, Emanzipation, S. 122; Claussen, Grenzen, S. 23 ff.

tum unmöglich machen und zur Polarisierung bestehender Konflikte beitragen.

Ideologiegeschichtlich gesehen, hat der moderne Antisemitismus sich der früheren Denkmuster bedient und diese für seine Zwecke instrumentalisiert. Die durchgängig negative Prägung des Judentumsbildes in der deutschen kulturellen Tradition hat diese Aneignung erleichtert. Deutungsmuster, die aus ganz anderen Kontexten stammten, wurden jetzt in antisemitischem Sinne gefüllt. Dazu ein Beispiel: Die antithetische Gegenüberstellung von *Judentum* und *Griechentum (Hellenismus)* stammte bereits aus der Antike und war eine ideologische Rationalisierung der weitgehend machtpolitischen Auseinandersetzungen zwischen Juden und Seleukiden im 2. vorchristlichen Jahrhundert. Ihre Prägung ging zuerst von den Juden aus und diente im wesentlichen der jüdischen Selbstbehauptung angesichts der »verlockenden« hellenistischen Kultur und der Religionsverfolgung des Antiochos Epiphanes. Im Christentum konnte die Antithese dann nur in Ansätzen eine eigene Dynamik entwickeln, da das Christentum sowohl jüdischen als auch griechischen Wurzeln verpflichtet war. Anders dagegen in der Aufklärung und im Klassizismus: Hier kam es zu einer vollständigen Identifikation mit dem Griechentum und einer deutlichen Abgrenzung vom Judentum, z. B. beim jungen Hegel.[19] Man benutzte die traditionelle Antithese zur Religions- und Kulturkritik.[20] »Grie-

---

[19] Vgl. Hans Liebeschütz, Das Judentum im deutschen Geschichtsbild von Hegel bis Max Weber. Tübingen 1967, S. 24 ff.; Hans-Joachim Schoeps, Die außerchristlichen Religionen bei Hegel. In: Zeitschrift für Religions- und Geistesgeschichte 7 (1955), S. 27 ff.
[20] Vgl. z. B. Ludwig Feuerbach, Das Wesen des Christentums (1841). In: ders., Werke in sechs Bänden, Bd. 5. Frankfurt a. M. 1976, S. 136: »Dem Griechen war die Natur ein Diamant. Er konnte sich nicht satt sehen an seinem wundervollen Farbenspiel (...), an seiner himmlischen Klarheit (...); er erblickte in ihm seinen reinen, von keinem praktischen Egoismus getrübten Geist im Spiegel; er erkannte Vernunft, Geist in der Natur; er blickte in ihre Tiefe – darum war ihm die Natur *ewig*. Kurz, der Grieche betrachtete die Natur mit den Augen des enthusiastischen *Mineralogen*, der Jude mit den Augen des seinen Vorteil berechnenden *Mineralienhändlers*.« Georg Friedrich Daumer, Die Stimme der Wahrheit in den religiösen und confessionellen Kämpfen der Gegenwart. Nürnberg 1845, S. 21 f.: »Die reale Welt, zu der und in die der Mensch gehört, war (im klassischen Altertum) nicht verworfen und unter den Fluch gethan; der Mensch, der in ihr zu Hause war, durfte dieser sein, war dazu berechtigt und getrieben von seiner Religion, sündigte nicht, wenn er seinen Trieben folgte und die ihm von der Natur bestimmten und bereiteten Freuden des Lebens genoß; denn die Natur war göttlich und in jenen Trieben und Freuden wurde der Wille, die Wirkung und das Dasein großer, guter, anbetungswürdiger Mächte anerkannt. Gegen diese schöne, süße, selige Einheit der classisch heidnischen Culturwelt setzte sich das aus feindlichen jüdischen Grundlagen hervortreibende Christentum, als reactionäre restauratorische Tendenz und Macht, ver-

chenland« wurde zur Chiffre für eine (politisch) freie, aufge-
klärte und humane Kultur, während man im »Judentum« alles
das symbolisiert fand, was an religiösen Zwang, Gewissen und
Priestereinfluß erinnerte. Im Laufe des 19. Jahrhunderts wurde
diese kulturelle Interpretation dann von einer ethnozentrischen
und schließlich rassistischen verdrängt. Die Differenzierung
zwischen Judentum und Hellenismus wurde jetzt auf völkische
Gegebenheiten zurückgeführt, die Identifizierung zwischen
Deutschen und (antiken) Griechen auf die »Blutsverwandt-
schaft« gestützt. »Unser Standort ist bei Griechen und Römern,
solange und soweit sie uns nicht durch Rassenmischung entfrem-
det sind.«[21] Bei dem Gegensatz zwischen Griechen und Juden
handelt es sich entsprechend »um den Zusammenstoß einer uns
gemäßen und verständlichen Weltanschauung und Lebenswirk-
lichkeit mit einem fremden Volk (...), das als Volk mit bewußter
Folgerichtigkeit seine Wirklichkeit behauptete«.

In ähnlicher Weise wurden andere traditionelle Deutungsmuster, wie z. B. die Orient-Okzident-Antithese, der Arier-Semi-
ten-Gegensatz oder die religiöse Abgrenzung zwischen Judentum und Christentum rassisch uminterpretiert und in antisemitischer Richtung akzentuiert. Der Antisemitismus beruhte so auf
kulturellen Traditionen, er benutzte eingeschliffene und sugge-
stive Wertungsmuster und deutete diese in seinem Sinne um. Dabei wurden die traditionellen Antithesen ihres Inhalts weitgehend entleert, die Polarisierung wurde so sehr gesteigert, daß das
Judentum *nur* noch durch seine Negativität charakterisiert war:
Es wurde zum »Prinzip der Negation«[22], zum »Feind der
Welt«[23], zur »Gegenrasse«[24].

nichtete jenes harmonische Sein und verwandelte es in die schreiendste Dissonanz, die je
in der Weltgeschichte zum Vorschein gekommen.«

[21] Hans Bogner, Die Judenfrage in der griechisch-römischen Welt. In: Forschungen
zur Judenfrage, Bd. 1. Hamburg 1937, S. 83.

[22] Walter Frank, Die Erforschung der Judenfrage. Rückblick und Ausblick. In: Forschungen zur Judenfrage, Bd. 5. Hamburg 1941, S. 11.

[23] Joseph Goebbels, Rede über »Deutschland und die Spanienfrage«. In: F. A. Six,
Dokumente der Deutschen Politik, Band 5. Berlin 1942, S. 158.

[24] Arno Schickedanz, Sozialparasitismus im Völkerleben. Leipzig 1927, S. 79.

3. Traditionsbruch oder Kontinuität?

Angesichts der tiefen Verwurzelung antijüdischer Denkmuster in der abendländisch-christlichen und speziell der deutschen kulturellen Tradition ergibt sich abschließend die Frage, ob der Holocaust hier zu einem Traditionsbruch geführt hat oder ob sich eine Wirksamkeit dieser Wertungsmuster noch in der Gegenwart nachweisen läßt. Ausgehend von den erörterten drei Haupttypen antijudaistischer Argumentation, lassen sich dazu folgende Beobachtungen skizzieren.

Da die grundlegenden dogmatischen Anschauungen des *Christentums* antijudaistisch geprägt sind, kommt es hier fast unweigerlich zu einer Kontinuität der Denkmuster. Allerdings hat der Holocaust auch auf Seiten der Kirchen zu Ansätzen einer Neuorientierung geführt. Man versucht, den Dialog mit dem Judentum zu führen, dogmatische Gegensätze zu mildern und die Gemeinsamkeiten des jüdisch-christlichen Monotheismus zu akzentuieren. Innerhalb der Theologie entwickelte sich eine radikale Traditionskritik, die die antijudaistischen Wurzeln des Christentums erstmalig und schonungslos aufdeckte und darum bemüht ist, ein Christentum ohne Antijudaismus zu verankern[25]. Inwieweit diese Ansätze über den Kreis einzelner engagierter Theologen und Gruppen hinaus einflußreich waren und sind, ist bisher nicht systematisch untersucht worden. Grundsätzlich muß man aber wohl gerade im dogmatischen Bereich von einem großen Beharrungsvermögen der Tradition ausgehen. Analysen haben gezeigt, daß selbst in der theologischen Forschungsliteratur der Nachkriegszeit antijudaistische Elemente – wie v. a. das Klischee der »degenerierten« jüdischen »Gesetzesreligion« – noch weit verbreitet sind.[26] Es gibt auch einzelne Beispiele für eine Wiederbelebung der traditionellen Denkmuster: Micha Brumlik hat darauf hingewiesen, daß in den christlich orientierten Teilgruppen der »neuen sozialen Bewegungen« im Kampf gegen Aufrüstung, Umweltverschmutzung und patriarchalische Strukturen die alten Deutungsmuster (wie z. B. die Unterschei-

---

[25] Vgl. Rosemary Ruether, Nächstenliebe und Brudermord. Die theologischen Wurzeln des Antisemitismus. München 1987; vgl. John Gager, The Origins of Anti-Semitism. Attitudes towards Judaism in Pagan and Christian Antiquity. New York 1983.
[26] Vgl. Charlotte Klein, Theologie und Anti-Judaismus. Eine Studie zur deutschen theologischen Literatur der Gegenwart. München 1975; vgl. Karl Hoheisel, Das antike Judentum in christlicher Sicht. Ein Beitrag zur neueren Forschungsgeschichte. Wiesbaden 1978.

dung zwischen dem *(jüdischen) Gott der Rache* und dem *(christlichen) Gott der Liebe* wiederum zur Orientierungshilfe und Identitätsfindung herangezogen werden. Das jeweilige Übel wird auf eine »jüdische Ursache« zurückgeführt: das atomare Wettrüsten auf den alttestamentlichen Geist des »Auge um Auge, Zahn um Zahn«, die Ausbeutung von Natur und Umwelt auf die »feindliche« Naturbeziehung des Alten Testaments (»Macht euch die Erde untertan«) und der Patriarchalismus auf die jüdische Vatergott-Vorstellung. In einigen Arbeiten der feministischen Theologie ist dieser Antijudaismus scharf ausgeprägt. Den Juden wird vorgeworfen, in ihrem Kampf gegen das Heidentum die Matriarchatsreligionen »ausgerottet« zu haben. Das positive Selbstbild liegt dann jeweils in der Botschaft Jesu: Die Feindesliebe der Bergpredigt bietet einen Ausweg aus Rüstungsspirale und atomarer Bedrohung, Jesus ist der »Überwinder des Patriarchats« etc. Die dualistische Sehweise der Probleme (*Aufrüstung* vs. *Abrüstung, Patriarchat* vs. *Feminismus*) und die hohe moralische Besetzung der Thematik dürften die Übernahme der traditionellen Denkmuster erleichtert haben.

Fehlt innerhalb der neuen sozialen Bewegungen diese spezifisch christliche Bindung und stehen säkulare, z. B. sozialistische Orientierungen im Vordergrund, so scheint der antijudaistische Akzent kaum eine Rolle zu spielen. Die in der Tradition der *Aufklärung* stehende Religions-, Kultur- und Gesellschaftskritik ist in der Gegenwart nicht mehr antijudaistisch geprägt. Religiöser Fanatismus und Dogmatismus, Fremdbestimmung oder auch »Kapitalismus« werden nicht mehr als »jüdisch« identifiziert. Fassbinders Figur des »reichen Juden« bildet hier allerdings eine Ausnahme, sie zielt jedoch als bewußte Provokation in erster Linie gegen den offiziellen westdeutschen »Philosemitismus« der Nachkriegszeit.

Die Tradition der *völkisch-rassistischen Denkmuster* war am engsten mit der antisemitischen Ideologie und dem nationalsozialistischen Rassenantisemitismus verknüpft und ist deshalb nach 1945 zentral bekämpft und mit Kommunikationsverbot belegt worden. Die Vorstellung, daß es zwischen Deutschen und Juden rassische Unterschiede gebe, mag zwar in der älteren Generation noch weit verbreitet sein, sie kann jedoch zunehmend nur noch im privaten Kreis oder in rechtsradikalen Zirkeln geäußert werden. Außerhalb des Rechtsextremismus gibt es kaum noch Versuche in der Öffentlichkeit, »Judentum« und »Deutschtum« antithetisch gegenüberzustellen und das deutsche

Selbstverständnis in Abgrenzung zu »jüdischen Ideen« zu bestimmen. In jüngerer Zeit zeigen sich im Umkreis eines »neuen Nationalismus« allerdings einige Tendenzen dazu, wie Brumlik am Beispiel des Tübinger Philosophen Gerd Bergfleth gezeigt hat[27]: In der Polemik gegen die »palavernde Aufklärung« der westdeutschen Linken wird wiederum das »säkularisierte Judentum« als verursachendes Übel ausgemacht. Der den Deutschen nach dem Krieg per reeducation quasi verordnete und von der Linken aufgegriffene »Kosmopolitismus des Judentums« verhindert – so Bergfleth – eine nationale deutsche Identitätsbildung.

»Denn die universal ausgerichtete Weltbürgerlichkeit, wie sie das heimatlose Judentum notgedrungen vertritt, hat auch ihre Kehrseite, die in der Auslöschung des jeweils Individuellen besteht. Es ist auffällig, daß das aufklärerische Judentum in der Regel keinen besonderen Sinn für das besitzt, was deutsche Eigenart ist, etwa die romantische Sehnsucht, die Verbundenheit mit der Natur oder die nicht auszurottende Erinnerung an eine heidnisch-germanische Vergangenheit. Und wie die Lehrmeister so die linken Gesellen, die sich nicht genug tun können, all dies als teutonische Provinzialität zu verketzern.«[28]

Hier ist das nationalistisch-antiaufklärerische Deutungsmuster in Reinkultur wiederbelebt. Entsprechend versucht Bergfleth, die spezifisch deutschen Traditionen des Irrationalismus, die zu Nationalismus und Rassismus geführt haben, zu entlasten und als notwendige Reaktionen auf die Aufklärung zu verstehen. In diesem Bemühen um Rehabilitierung der deutschen Vergangenheit und um Revision des Geschichtsbildes berührt sich Bergfleth mit gewissen Tendenzen in der westdeutschen Historiographie.[29] Mit seiner antijüdischen Akzentuierung des deutschen Nationalgefühls steht Bergfleth aber (noch) isoliert da.

[27] Micha Brumlik, Die Angst vor dem Vater. Judenfeindliche Tendenzen im Umkreis neuer sozialer Bewegungen. In: Alphons Silbermann und Julius H. Schoeps (Hrsg.), Antisemitismus nach dem Holocaust. Bestandsaufnahme und Erscheinungsformen in deutschsprachigen Ländern. Köln 1986, S. 155 ff.

[28] Gerd Bergfleth et al., Zur Kritik der palavernden Aufklärung. München 1984, S. 181.

[29] Auch Nolte z. B. versteht Nationalismus, Rassismus und Faschismus in erster Linie als Reaktionen auf vorhergehende Revolutionen: »Dem Glauben des militanten Universalismus und Internationalismus (der russischen Revolution) mußte der Gegenglaube des militanten Partikularismus und Nationalismus gegenübertreten.« Selbst der Antisemitismus ist in Noltes Sicht nicht von vornherein verwerflich gewesen. Er war

Zusammenfassend kann man festhalten, daß die Dynamik des traditionellen Antijudaismus nach 1945 im wesentlichen gebrochen worden ist. Das alte Wertungsmuster, welches das »Judentum« als Antithese für jedes gegenwärtige Übel, das überwunden werden muß, auffaßte, wird zwar gelegentlich – vor allem in christlichen oder nationalistischen Denkzusammenhängen – wieder aufgegriffen, es hat seine *öffentliche* Wirksamkeit und Überzeugungskraft aber weitgehend verloren. Es übt – von Randgruppen abgesehen – eine sinn- und identitätsstiftende gesellschaftliche Funktion nicht mehr aus.

Die eigentliche Dynamik des antisemitischen Vorurteils hat sich in der Gegenwart offenbar verlagert. Sie hängt in der Bundesrepublik zentral mit den nationalsozialistischen Verbrechen und ihrer »Bewältigung« zusammen. Die Ungeheuerlichkeit der systematisch betriebenen Judenvernichtung hat in der Weltöffentlichkeit zu einer moralischen Einteilung von (bösen) Tätern und (guten) Opfern geführt und das Verhältnis von Deutschen und Juden vor allem von diesem Schematismus her definiert. Dabei hat ein *Vorzeichenwechsel* stattgefunden, die Wertung sich völlig umgekehrt. Hatte im Nationalsozialismus die chimärische Konstruktion des »jüdischen Schädlings« zur emotionalen Stabilisierung und Bildung von deutschen Überlegenheitsgefühlen beigetragen, so waren die realen jüdischen Opfer des Holocaust und ihre überlebenden Angehörigen eine permanente Erinnerung und Mahnung an die deutschen Verbrechen. Wollte man diese Taten nicht einfach leugnen, rechtfertigen oder die Verantwortung für sie bestreiten, blieb als einziger Weg zu einem positiven Selbstbild nur das Mittel der *völligen Distanzierung*. Das Selbstverständnis der Bundesrepublik wurde so in Abgrenzung zum Nationalsozialismus gebildet, es zeichnete sich durch offiziellen Anti-Faschismus, Anti-Rassismus und Anti-Antisemitismus bzw. Philosemitismus aus. Der damit eigentlich verbundene Traditionsbruch wurde aber erst spät – mit der Studentenbewegung – vollzogen. Die Vergangenheit diente jetzt weitgehend der *negativen Identifikation*. Durch Mahnung und Erinnerung an die nationalsozialistischen Verbrechen sollte eine Wiederholung unmöglich gemacht werden. Diesem überwiegend kritischen Umgang mit der deut-

»als solcher nicht die Ausgeburt kranker Hirne«, war – wie auch der Antikommunismus – weder »historisch grundlos« noch »moralisch unberechtigt« (Ernst Nolte, Deutsche Identität nach Hitler. In: Jahrbuch der Berliner Wissenschaftlichen Gesellschaft 1985. Berlin 1986, S. 153 und 159).

schen Vergangenheit ist von konservativen Kreisen in den letzten Jahren die Forderung nach einem Ende der »Vergangenheitsbewältigung« und nach einer positiven Identifizierung mit der deutschen Geschichte entgegengestellt worden. Ungeachtet des politischen Meinungsstreits liegt m. E. ein wirkliches Problem in der Frage, ob ein überwiegend negativ bestimmtes Nationalgefühl auf die Dauer eine integrierende Funktion ausüben kann. Auch in dem kollektiven Schuldvorwurf gegen »die Deutschen« liegt ein Problem, weil ein solcher Vorwurf gerade die nachgeborenen Generationen nicht mehr trifft, andererseits aber zu moralischen Rechtfertigungsversuchen und Aggressionen führt. Der von jüngeren Deutschen besonders vehement erhobene Gegenvorwurf, Israel behandele die Palästinenser nicht besser, als die Juden von den Deutschen behandelt worden sind, ist in erster Linie ein Indiz für das moralische Entlastungsbedürfnis. An Schulen ist z. B. zu beobachten, daß gerade die moralische Prätention eines offiziellen Philosemitismus zu Gegenreaktionen führen kann, die sich zunächst gar nicht gegen die Juden, aber gegen eine Sonderrolle der Juden richten. Die von deutscher Seite häufig gewünschte »Normalität« wird von jüdischer Seite als Aufruf zum Vergessen, als Verrat der Überlebenden an den Opfern verstanden und ist deshalb für sie unakzeptabel. Diese Divergenz der Perspektiven ist letztlich nicht aufhebbar. Deutsche und Juden bleiben bewußtseinsmäßig an die Vergangenheit gebunden und zwar im Verhältnis einer »negativen Symbiose«[30]. Der Schematismus wirkt – wenngleich unter umgekehrtem Vorzeichen – weiter fort. Damit ist aber auch die Gefahr eines erneuten Umschlagens gegeben. Es gibt Anzeichen dafür, daß antijüdisches Denken in der Bundesrepublik heute seine Dynamik am ehesten aus der Bearbeitung der nationalsozialistischen deutschen Vergangenheit erhält, daß sich ein Antisemitismus nicht trotz, sondern *wegen Auschwitz*[31] ausbilden könnte. In einer nationalen deutschen Perspektive erscheinen »die Juden« wiederum als Störenfriede, weil sie durch ihre Mahnung an die deutschen Verbrechen einer naiven und ungebrochenen Identifizierung mit deutscher Vergangenheit und deutscher Kultur im Wege stehen. In einer solchen Sehweise ist es dann bis zur erneuten antithetischen Gegenüberstellung von

---

[30] Dan Diner, Negative Symbiose – Deutsche und Juden nach Auschwitz. In: Micha Brumlik u. a. (Hrsg.), Jüdisches Leben in Deutschland nach 1945. Frankfurt a. M. 1986, S. 243–257.
[31] Ebenda, S. 244 ff.

»Juden« und »Deutschen« – und damit zur Wiederbelebung der traditionellen Denkmuster – nur noch ein Schritt.

WERNER BERGMANN/RAINER ERB
Wie antisemitisch sind die Deutschen?
Meinungsumfragen 1945–1994

Demoskopische Umfragen sind ein Instrument gesellschaftlicher Selbstbeobachtung. Diese setzt immer dann verstärkt ein, wenn ein Sachverhalt zu einem gesellschaftlichen Problem wird und auf die öffentlich-politische Tagesordnung kommt. Auch im Fall des Antisemitismus ist in der Geschichte der Bundesrepublik von diesem Instrument vor allem dann Gebrauch gemacht worden, wenn die Öffentlichkeit von antisemitischen Ereignissen erschüttert wurde oder wenn die NS-Vergangenheit in Gestalt von Strafprozessen, gesetzgeberischen Entscheidungen oder Jahrestagen Aktualität gewann. Diese Ereignisfixierung hat dazu geführt, daß Umfragen zum Antisemitismus nur diskontinuierlich durchgeführt worden sind, mit der Folge, daß kurze Phasen intensiver Befragung abgelöst wurden von langen Perioden, in denen keine Daten erhoben worden sind. Hatten die Westalliierten bereits 1945 mit Umfragen zur Einstellung der westzonalen Bevölkerung zum Nationalsozialismus und Antisemitismus begonnen, so fehlen für die SBZ und die DDR jegliche Daten, da hier die Staatsführung aus politischen Gründen den Gebrauch dieses neuen Forschungsinstrumentes stark eingeschränkt und die Ergebnisse vereinzelt durchgeführter Studien geheimgehalten hat.[1] Im Zuge der deutschen Vereinigung ist im In- und Ausland die Frage erörtert worden, welche Spuren der NS-Antisemitismus und die antizionistische Propaganda der SED bei den DDR-Bürgern hinterlassen haben. Schon 1990 wurden deshalb erste Antisemitismus-Umfragen in Ostdeutschland gestartet. Die fremdenfeindliche Gewaltwelle und ein Wiedererstarken des Rechtsextremismus seit 1991 veränderten die Blickrichtung. Im Vordergrund stand nun die Frage, ob im vereinten Deutschland die alten nationalistischen, xenophobischen und antisemitischen Geister wieder auferstehen. Seitdem häufen sich die Umfragen, die nun gleichermaßen die Deutschen in Ost und West befragen und Ergebnisse erbracht haben, die zur Korrektur so mancher vorgefaßter Meinung nötigen.

---

[1] Heinz Niemann, Meinungsforschung in der DDR. Die geheimen Berichte des Instituts für Meinungsforschung an das Politbüro der SED. Köln 1993. Soweit diese Umfragen bisher aufgefunden worden sind, befindet sich darunter keine zum Thema Antisemitismus.

1. Methodische Vorbemerkungen

Den Ergebnissen der empirischen Antisemitismusforschung wird immer wieder mit Kritik, ja sogar fundamentalen Zweifeln begegnet. Deshalb soll hier kurz auf einige Probleme und die Grenzen der Demoskopie eingegangen werden. Der zentrale Einwand benutzt das Argument, die soziale Erwünschtheit einer positiven Einstellung gegenüber Juden würde sich im Antwortverhalten niederschlagen, weshalb das wahre Ausmaß des Antisemitismus unterschätzt werde. Zum Beleg berufen sich die Kritiker auf Einzelbeispiele und ihre Alltagserfahrungen. Natürlich spielt Konformitätsdruck eine Rolle, aber er wird häufig überschätzt, denn in der anonymen Befragungssituation werden, wie verschiedene Tests belegen, antijüdische Meinungen durchaus offen geäußert.[2] Die These von der stark verzerrenden Wirkung des Konformitätsdrucks verliert vor allem angesichts von feststellbaren historischen Einstellungstrends und intergenerationellen Unterschieden an Plausibilität, es sei denn, man vertritt die Auffassung, dieser Druck habe sich von 1949 bis 1987 entscheidend verstärkt oder wirke auf einen 25jährigen stärker als auf einen 50jährigen. Einige Kritiker der Umfrageforschung wenden ein, daß man mit diesem Instrument nicht die unbewußten Vorurteile erfassen könne und gehen deshalb von einer viel weiteren Verbreitung antisemitischer Einstellungen aus (»Eisberg-Theorie«). In einer Befragungssituation ist Unbewußtes in der Tat nicht aufzuhellen, aber die dafür geeigneten Tiefeninterviews sind derartig aufwendig, daß sie für repräsentative Studien nicht verwendet werden können.

Wir sehen die methodischen Probleme an anderer Stelle, nämlich in der Operationalisierung von antisemitischen Einstellungen und in der Vergleichbarkeit von Umfragen, die zu verschiedenen Zeitpunkten, mit jeweils anders ausgewählten Stichproben und mit differierenden Konzepten durchgeführt wurden. Da es für Antisemitismus sowenig einen geeichten Maßstab gibt wie für andere Einstellungsmuster (Liberalismus, Xenophobie usw.), treten immer wieder Probleme der Skalenbildung und der Grenzziehung auf. Die Grenze zwischen Antisemiten und

---

[2] Bei methodisch kontrollierten Befragungen schätzen wir den Anteil »versteckter« Antisemiten auf 1–2%. Vgl. Werner Bergmann/Rainer Erb, Antisemitismus in der Bundesrepublik Deutschland. Ergebnisse der empirischen Forschung von 1946 bis 1989. Opladen 1991, S. 279 ff.

Nicht-Antisemiten muß in einem Einstellungskontinuum gezogen werden, bleibt deshalb arbiträr und muß konzeptuell begründet werden. Zwar wird in jeder Umfrage eine andere Auswahl der Indikatoren getroffen und entsprechend werden andere Antisemitismus-Skalen konstruiert, so daß auch die Antwort auf die Frage, »wie viele Antisemiten es in Deutschland gibt«, jeweils etwas anders ausfällt, doch scheint der Antisemitismus ein derart stabiler Einstellungskomplex zu sein, daß auch verschiedene Meßverfahren zu in der Größenordnung sehr ähnlichen Ergebnissen kommen.

Neben der Feststellung eines Ist-Zustandes interessiert natürlich die Entwicklung des Vorurteilskomplexes im Zeitverlauf: Hat der Antisemitismus seit 1945 zu- oder abgenommen? Die Antwort darauf stellt den Forscher vor eine Reihe von Problemen. Aufgrund der Ereignisbezogenheit und Aktualitätsorientierung sind die meisten Fragen nur einmal verwendet worden, und es gibt deshalb nur wenige über einen langen Zeitraum wiederholte identische Fragen. Zudem werden die Antwortvorgaben verändert, die Altersgruppen anders zusammengefaßt, Bildungsabschlüsse und Berufsgruppen anders kategorisiert usw.

Die hier angedeuteten methodischen Probleme machen deutlich, daß ein selektiver Umgang mit Umfragedaten ein großes Fehlerrisiko birgt. Nur der kritische Vergleich größerer Datenmengen aus einer Vielzahl von Umfragen, auch zu verwandten Themen, sowie das Hinzuziehen anderer zeitgeschichtlicher Quellen erlaubt einigermaßen gesicherte Aussagen über Struktur, Verbreitung und historische Entwicklung des Nachkriegsantisemitismus.

2. Antisemitische Einstellungen in Westdeutschland (1945–1989)

Besorgt über das Fortleben der NS-Ideologie auch nach der Niederlage des Dritten Reiches und dem Bekanntwerden seiner Verbrechen, gaben die alliierten Militärregierungen Meinungsumfragen in Auftrag, die zeigten, daß ein großer Teil der Deutschen rassistisch und antisemitisch geblieben war. Die erste Befragung in der US-Zone vom Dezember 1946 brachte als Ergebnis, daß 18% der Bevölkerung als »harte« Antisemiten, weitere 21% als Antisemiten und 22% als Rassisten eingestuft werden mußten.[3] Der Schock der Niederlage und der alliierten Besetzung, der zunächst zu einem Rückzug und zur Vermeidung exponierter Stellungnahmen geführt hatte, war bis Ende 1946 einer antisemitischen Stimmung gewichen, wie viele zeitgenössische Beobachter konstatierten.[4] Die Ressentiments gegen Juden entzündeten sich in diesen Jahren vor allem an Konflikten mit »Displaced Persons« (DPs), an Restitutionsansprüchen und Schwarzmarktgeschäften, während gleichzeitig die Alliierten das öffentliche Leben, Presse und Politik von Antisemitismus freihielten und mit Entnazifizierung, Kriegsverbrecherprozessen und reeducation-Programmen gegen die NS-Ideologie ankämpften.

Mit Gründung der Bundesrepublik entfiel ein Teil der alliierten Auflagen (Lizenzierungszwang für Parteien und Publikationen), was zu einem Wiederaufleben rechtsradikaler Organisationen und Zeitschriften führte. Die Stimmung wendete sich massiv gegen eine Fortsetzung der Entnazifizierung, es wurde die Begnadigung der verurteilten NS-Verbrecher gefordert (und teilweise auch erreicht), und es kam zu einer Wiedereingliederung ehemaliger Nationalsozialisten in den öffentlichen Dienst. Diese als »Renazifizierung« kritisierte Entwicklung wurde begleitet von einer Welle offen vorgetragener antisemitischer Äußerungen und Aktionen (Friedhofschändungen)[5] und spiegelt sich auch in den Wahlerfolgen der rechten Parteien und in Meinungsumfragen wider. Die erste bundesweite Umfrage vom Herbst 1949 ermittelte im Gründungsjahr der Bundesrepublik, daß ein Viertel der Bevölkerung sich selbst als Antisemiten einstufte, ein Anteil, der sich bis 1952 sogar noch auf ein Drittel erhöhen sollte. Wir haben es nach 1945 also nicht mit einer linearen Rückentwicklung antisemitischer Einstellungen zu tun.

Diese negative Einstellungsentwicklung in den ersten Jahren der Bundesrepublik ist neben den schon genannten Gründen damit

[3] Anna Merritt/Richard L. Merritt (Hrsg.), Public Opinion in Occupied Germany. The OMGUS-Surveys, 1945–1948. Urbana. Ill. 1970, S. 146 ff.
[4] Leonard Dinnerstein, German Attitudes Toward Jewish Displaced Persons (1945–1950). In: Hans C. Trefousse (Hrsg.), Germany and America. Essays on Problems of International Relations and Immigration. New York 1980, S. 242 ff. Weitere Hinweise bei Frank Stern, Im Anfang war Auschwitz. Antisemitismus im deutschen Nachkrieg. Gerlingen 1991.
[5] Vgl. dazu die Beiträge von Marion Neiss und Werner Bergmann in diesem Band.

»Wie ist überhaupt Ihre Einstellung gegenüber den Juden?«[6]

	demonstrativ antisemitisch	gefühlsm. ablehnend	reserviert	tolerant	demonstr. freundlich	kein Urteil
1949	10%	13%	15%	41%	6%	15%
1952	34%	34%	18%	23%	7%	18%

zu erklären, daß Staat und Gesellschaft ihre Position zum Judentum, zur Judenverfolgung und zum Staat Israel finden mußten. Der Umgang mit den Juden wurde zum »Prüfstein der Demokratie« erklärt (so der US-Hochkommissar John McCloy). Intern wurde die Debatte von einer Vielzahl von kleinen Initiativen in den Kirchen (EKD-Synode in Berlin-Weißensee 1950), in der Kultur und der Öffentlichkeit (Aktion »Friede mit Israel« 1951) angestoßen, die aber erst durch die Reparationsforderungen Israels zentrale politische Bedeutung erhielten. In der Bevölkerung wurden dieser selbstkritische Dialog und vor allem aber die materiellen Forderungen massiv abgelehnt[7], die durch »Skandale« über Unregelmäßigkeiten und Betrugsvorwürfe in Wiedergutmachungsämtern zusätzlich diskreditiert wurden (»Fall Auerbach«). Diese Ablehnung äußerte sich in Form traditioneller antijüdischer Vorurteile (Vorwurf der Geldgier und Rachsucht), die sich durch die jüdischen Forderungen »bestätigt« sahen (Schuldumkehr). Es waren besonders die junge, im Nationalsozialismus großgewordene Generation und die Bildungsschicht, die durch ihre aktive Teilnahme am öffentlichen Leben im Dritten Reich auch in starkem Maße dessen Werte und Ideologie übernommen hatten und massiv antijüdische Einstellungen zeigten.[8]

Die für alle gesellschaftlichen Teilsysteme geltende »Wind-

[6] Institut für Demoskopie Allensbach, Ist Deutschland antisemitisch? Ein diagnostischer Beitrag zur Innenpolitik Herbst 1949. Allensbach 1949, S. 39, und Jahrbuch der öffentlichen Meinung 1947–1955. Allensbach 1956, S. 128.

[7] Im August 1952 hielten 44% der Bundesbürger die Wiedergutmachung an Israel für überflüssig, weitere 24% für grundsätzlich richtig aber zu hoch, und nur 11% stimmten ihr zu (21% unentschieden). Institut für Demoskopie, Jahrbuch der öffentlichen Meinung 1947–1955, S. 130.

[8] Dieses Ergebnis der IfD-Umfragen von 1949 und 1952 wird bestätigt durch die methodisch anspruchsvollere Untersuchung des Frankfurter Instituts für Sozialforschung von 1951, die für die Bevölkerung insgesamt sogar noch zu einem negativeren Bild kam als die Umfrageforschung: 37% wurden als extrem antisemitisch, 25% als bedingt antisemitisch, 28% als nicht-antisemitisch und 10% als pro-jüdisch eingestuft. Vgl. Friedrich Pollock, Gruppenexperiment. Ein Studienbericht. Frankfurt a. M. 1955.

stille« in der Thematisierung des Nationalsozialismus Mitte der 50er Jahre setzte die antisemitischen Einstellungen in der Bevölkerung zwar nicht offensiv unter Änderungsdruck, doch war jedem klar, daß eine Verteidigung des Antisemitismus oder Nationalsozialismus niemandem zugebilligt wurde. Das Verbot der rechtsradikalen »Sozialistischen Reichspartei« durch das Bundesverfassungsgericht im Jahre 1952 demonstrierte den politischen Willen, eine Renazifizierung nicht hinzunehmen. Seit der Bundestagswahl 1953 konsolidierte sich das Parteiensystem, indem die Zahl der Parteien im Bundestag zurückging und die CDU/CSU, SPD und FDP bereits 72% aller Stimmen auf sich vereinigen konnten. Das »Wirtschaftswunder« und die politische Integration in den Westen taten ein übriges, um die verklärende Erinnerung an die Zeit von 1933–39 zurückzudrängen und sich mit dem neuen demokratischen Staat zu arrangieren.[9] Anhand der einzigen zum Antisemitismus wiederholt gestellten Frage läßt sich parallel dazu in den 50er Jahren ein deutlicher Rückgang der antijüdischen Einstellungen erkennen. Es dominierte ein Desinteresse bzw. eine unentschiedene Haltung gegenüber dem Verbleib von Juden im Lande, wobei der Einstellungs-

»Würden Sie sagen, es wäre besser (ist für Deutschland besser), keine Juden im Land zu haben?«[10]

	1952	1956	1958	1963	1965	1983	1987
besser	37%	26%	22%	18%	19%	9%	13%
nein	19%	24%	38%	40%	34%	43%	67%
unentschieden/egal	44%	50%	40%	42%	47%	48%	20%
Summe	100%	100%	100%	100%	100%	100%	100%

[9] G. R. Boynton und Gerhard Loewenberg haben anhand von Umfragedaten zur Einschätzung Hitlers den kontinuierlichen Rückgang positiver Einschätzungen in den 50er Jahren gezeigt und kommen zu dem Schluß: »Positive attitudes toward the … Hitler dictatorship were apparently undermined by the policy succes of the Adenauer Government« (The Decay of Support for Monarchy and the Hitler Regime in the Federal Republic of Germany. In: British Journal of Political Science 4 (1974), S. 480). Die vom IfD wiederholt gestellte Frage lautete: »Alles, was zwischen 1933 und 1939 aufgebaut worden war, und noch viel mehr wurde durch den Krieg vernichtet. Würden Sie sagen, daß Hitler ohne den Krieg einer der größten deutschen Staatsmänner gewesen wäre?« Anteil der Ja-Antworten: 1955: 47,7%; 1956: 42,6%; 1959: 41,2%; 1960: 34,1%; 1961: 29,7%; 1962: 37,3%; 1963: 35,3%; 1967: 32,3% (Boynton/Loewenberg, The decay, Tab. 1); zum Vergleich: 1990: 26% (IfD 1993).

[10] Institut für Demoskopie, Deutsche Juden – vier Jahrzehnte danach. Allensbach 1986, Tab. 13; und Jahrbuch der öffentlichen Meinung, Bd. II. Allensbach 1957, S. 126.

wandel offenbar bei vielen in den 50er Jahren in zwei Schritten verlaufen ist: von einer negativen Einstellung über eine unentschiedene Position zur Akzeptanz der Juden im Lande.

Die Flut antisemitischer Skandale und Übergriffe, die im Winter 1959/60 in der Schmierwelle ihren Höhepunkt fand, schokkierte Öffentlichkeit und Bevölkerung, was sich unter anderem darin zeigt, daß die Zustimmung zur Verfolgung solcher Vorfälle kurzfristig deutlich zunahm (1958 hatten 50% eine Bestrafung bejaht, 1960 waren es 82%). Auch wenn man davon ausgehen muß, daß sich Einstellungskomplexe nicht schlagartig ändern, so haben doch diese Ereignisse und die daraufhin eingeleiteten gesetzgeberischen und bildungspolitischen Maßnahmen dazu beigetragen, daß sich der Rückgang antisemitischer Einstellung, insbesondere bei den nachwachsenden Generationen, langsam fortsetzte. Die großen Strafverfahren gegen Verantwortliche des Holocausts (Eichmann-Prozeß 1961, Auschwitz-Prozeß 1963–65), die Verjährungsdebatten (1965, 1969, 1979) und die davon angestoßenen öffentlichen Auseinandersetzungen um den kriminellen Charakter des Dritten Reiches und die große Zahl der Mittäter und Wegseher, die auch nach 1945 von nichts gewußt haben wollten, führten bis Ende der 60er Jahre zu einem Stimmungswechsel in der intellektuell-politischen Debatte, in der nun, sicherlich auch mitverursacht durch einen Generationenkonflikt, die Kritiker der unzureichenden Aufarbeitung des Nationalsozialismus in der Bundesrepublik ein Übergewicht bekamen.[11] Auf die Bevölkerungsmeinung hatten diese Debatten allerdings einen gegenteiligen Effekt. Stießen der Eichmann- und der frühe Auschwitzprozeß noch auf erhebliche Aufmerksamkeit und Zustimmung, so stellte sich als Reaktion auf den Fortgang der Auseinandersetzung ein Überdruß in der Bevölkerung ein: Die Forderung nach einem Ende der Strafverfolgung und

[11] Noch in anderer Weise ist die Zeit von 1967 bis Ende der 70er Jahre für einen Einstellungswandel gegenüber den Juden von großer Bedeutung gewesen. Damals änderte sich durch die Bedrohung Israels in den Kriegen seit 1967 die vorher stark proarabische und antiisraelische Einstellung der Bevölkerung zugunsten Israels (vgl. Bergmann/Erb, Antisemitismus, S. 182). Die militärischen Erfolge und die landwirtschaftlichen Aufbauleistungen Israels hatten Rückwirkungen auf das Stereotyp des »feigen«, »schwachen«, »häßlichen«, »zur Handarbeit untauglichen« Juden, die heute im Judenbild eine Randerscheinung geworden sind. Israel wurde als Teil des Westens gesehen und gewann als Opfer arabischer Aggression (man erinnere sich an das Attentat auf die israelischen Sportler während der Olympischen Spiele 1972 in München) große Sympathien. Da antisemitische und antiisraelische Einstellungen recht hoch miteinander korrelieren (Bergmann/Erb, Antisemitismus, S. 193), sind Rückwirkungen der positiven Einstellungsentwicklung gegenüber Israel auf die Einstellung zu Juden generell zu erwarten.

nach einem generellen Schlußstrich unter die NS-Vergangenheit gewann an Zustimmung.[12] Diese Schlußstrichforderung hat mit dem zeitlichen Abstand zum Nationalsozialismus weiter zugenommen und wird heute von einer Mehrheit der Bevölkerung erhoben. Antisemiten und Rechtsextreme sind durchweg in diesem Meinungslager zu finden, doch schließt diese Forderung nicht grundsätzlich eine ablehnende Haltung zu Juden oder ein positives Verhältnis zum Dritten Reich ein. Die Deutschen, die einen Schlußstrich befürworten, wollen in ihrer Mehrheit, daß Juden nicht diskriminiert, sondern in allen Belangen gleichgestellt werden, sie lehnen es aber ab, ihnen eine politisch herausgehobene Position zuzubilligen und sie in einem Akt der Ehrung und Erinnerung in den Vordergrund des geschichtlichen Bewußtseins zu stellen.

Zwischen 1960 und 1979 hat es nur eine größere Umfrage zum Antisemitismus gegeben, was man sicherlich als einen Indikator für politisches Desinteresse ansehen kann, was aber auch durch das Fehlen größerer antisemitischer Skandale und die Konzentration der gesellschaftlichen und staatlichen Aufmerksamkeit auf den Linksextremismus und Terrorismus in den späten 60er und den 70er Jahren zu erklären ist. Die Studie von Alphons Silbermann und Herbert Sallen aus dem Jahre 1974 macht deutlich, daß antisemitische Einstellungen gegenüber 1949/52 zwar zurückgegangen, aber noch immer in einem beträchtlichen Umfang vorhanden waren (20% der Westdeutschen werden als stark antisemitisch eingestuft).[13] Bei ungefähr der Hälfte der Bevölkerung fanden sich noch »Reste antisemitischer Einstellungen«, die aber nicht mehr in ein geschlossenes Weltbild integriert waren. Dies kann als Resultat eines »Privatisierungsprozesses« des Vorurteils gedeutet werden, in dem dieses nach dem Verlust seiner politischen Funktionen an Konsistenz verliert.

[12] Trotz aller Schwankungen in den Ergebnissen läßt sich von 1958 bis Mitte der 70er Jahre eine abnehmende Bereitschaft erkennen, NS-Verbrecher auch weiterhin zu verfolgen (1958: 54% – 1965: 38% – 1974: 25%), danach nahm sie wieder zu und erreichte in den 80er Jahren die Größenordnung von 1958 (IfD, Jahrbuch der öffentlichen Meinung, Bde III–V. Allensbach 1965–1974; bzw. Allensbacher Jahrbuch für Demoskopie, Bde VI und VIII. Allensbach 1977 und 1984; Emnid-Informationen 1/2 1974, 2/1979, 4/1988).

[13] Alphons Silbermann, Sind wir Antisemiten? Ausmaß und Wirkung eines sozialen Vorurteils in der Bundesrepublik Deutschland. Köln 1982, S. 63 u. Tab. 21; Herbert A. Sallen, Zum Antisemitismus in der Bundesrepublik Deutschland. Konzepte, Methoden und Ergebnisse der empirischen Antisemitismusforschung. Frankfurt a. M. 1977.

Der Rückgang des Antisemitismus seit Beginn der 50er Jahre ist nur zu einem kleinen Teil ein Effekt des Umlernens in der älteren Generation, den größeren Anteil daran haben die nachwachsenden, bereits in der Bundesrepublik sozialisierten Generationen, die nur zu einem kleinen Teil diese Vorurteile erworben haben. Hier wird ein Trend erkennbar, der sich bis heute fortsetzt, so daß der Antisemitismus weiter abgenommen hat. Generations- und Bildungseffekte wirken heute im Unterschied zur NS-Zeit in Richtung einer Ablehnung antijüdischer und fremdenfeindlicher Vorurteile: je jünger und besser ausgebildet jemand ist, desto häufiger lehnt er diese ab.[14]

Für die Erkenntnis, daß der Mord an den europäischen Juden das zentrale Verbrechen des nationalsozialistischen Deutschlands war, hat die Ausstrahlung der TV-Serie ›Holocaust‹ im Jahre 1979 einen wichtigen und andauernden Anstoß gegeben. Wenn auch die demoskopisch ermittelten Lerneffekte (Wissenszuwachs und Meinungsänderungen) zum Teil wenig stabil gewesen sein dürften, so hat die Rezeption des Films doch dazu beigetragen, daß in den 80er Jahren der Holocaust ins Zentrum der Bewertung rückte und an ihm jedes Urteil am Nationalsozialismus gemessen, Gegenwart und Zukunft aus dieser Interpretation der geschichtlichen Erfahrung gestaltet wird.[15] Entsprechend geht es in den großen Konflikten der 80er Jahre nur selten um antijüdische Äußerungen (Fellner, Graf Spee), sondern primär um den richtigen Umgang mit der Erinnerung an die Judenverfolgung (Bitburg-Affäre, »Historikerstreit«, Fall Jenninger). Auch in der Kontroverse um R. W. Fassbinders Theaterstück ›Der Müll, die Stadt und der Tod‹ (1986) ging es letztlich um die Frage, wieweit das heutige Verhältnis zu Juden noch von der Schuld aus der Vergangenheit geprägt sein sollte (»Ende der Schonzeit«). Diese Affären waren der Anlaß für eine Reihe von Meinungsbefragungen, die das Verhältnis zwischen Deutschen und Juden in den zeitge-

---

[14] Es gibt weitere Hinweise darauf, daß sich der Einfluß der Bildung umgekehrt hat, seit die Nazi-Generation unter den Gebildeten an Gewicht verloren hat. Am Thema »Todesstrafe« konnte gezeigt werden, daß es in den 50er Jahren eher die Gebildeten als die Arbeiter waren, die für sie eintraten. Seit den 70er Jahren ist diese Forderung eher von den Arbeitern vertreten worden. Vgl. Karl-Heinz Reuband, Sanktionsverlangen im Wandel. Die Einstellung zur Todesstrafe in der Bundesrepublik Deutschland seit 1950. In: Kölner Zeitschrift für Soziologie und Sozialpsychologie 32 (1980), S. 535–558.

[15] Vgl. Tilman Ernst, »Holocaust« und politische Bildung. In: Media Perspektiven 1979, S. 230–240, hier 235.

schichtlichen Kontext von Schuld und Verantwortung gegenüber den jüdischen Opfern stellten.[16]

Bei allen methodischen Unterschieden ermittelten die genannten Umfragen einen Anteil von etwa 15% Antisemiten in der Bevölkerung, der sich sehr ungleich über die Altersgruppen verteilte. Der bereits in den 70er Jahren erkennbare Trend hatte sich
weiter fortgesetzt, so daß man zu dem Schluß kommen muß, daß
die ältere, noch häufiger antijüdisch eingestellte Generation ihre
Vorurteile nur in wenigen Fällen an die Nachkommen vermitteln
konnte. Wie das folgende Schaubild zeigt, hat sich die Situation
zwischen 1949 und 1987, sowohl was die Verbreitung als auch
was die Generationenverteilung betrifft, deutlich verändert.

Generationenvergleich
1949 und 1987

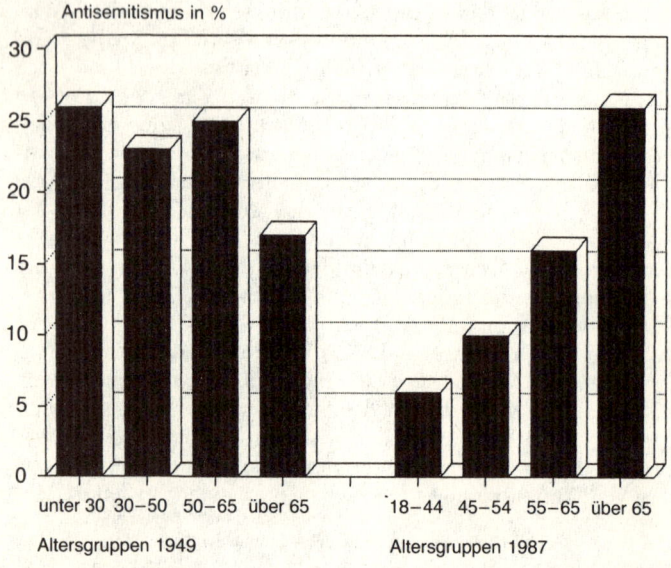

(IfD 1949; Bergmann/Erb 1991)

[16] Institut für Demoskopie, Deutsche und Juden – vier Jahrzehnte danach. Allensbach 1986; Emnid-Institut, Antisemitismus. Bielefeld 1986; IfD, Ausmaß und Form des
heutigen Antisemitismus in der Bundesrepublik Deutschland. Allensbach 1987; Emnid-
Institut, Zeitgeschichte. Bielefeld 1989. Vgl. dazu die Analyse in Bergmann/Erb, Antisemitismus.

3. 1990 – erste Antisemitismusumfragen in der ehemaligen DDR

Sobald es ab Oktober 1990 mit dem Beitritt der DDR zur Bundesrepublik die Möglichkeit gab, wurden zwei Umfragen durchgeführt, um zu prüfen, ob die Sorgen über antisemitische Einstellungen unter der ostdeutschen Bevölkerung berechtigt wären.[17] Übereinstimmend zeigen beide Studien eine wesentlich geringere Verbreitung des Antisemitismus in Ostdeutschland verglichen mit Westdeutschland, ein Ergebnis, das von allen späteren Umfragen bestätigt worden ist.[18] Dieser Unterschied gilt für alle abgefragten Dimensionen (antijüdische Stereotype, die Bereitschaft zur Erinnerung und Wiedergutmachung, weitere Strafverfolgung von NS-Verbrechern) mit Ausnahme der Haltung zu Israel[19] und der Einschätzung des Zionismus, der von einer gleich großen Minderheit in Ost- und Westdeutschland als Rassismus beurteilt wurde. Hier schlägt die jahrzehntelange antiisraelische Politik und Propaganda der DDR-Führung durch. Bei der Bewertung der Umfrageergebnisse muß man natürlich berücksichtigen, daß Ost- und Westdeutsche von einem jeweils spezifischen historischen Hintergrund aus urteilen: Die größere Zustimmung zur Wiedergutmachung mag in Ostdeutschland darauf beruhen, daß sich die DDR-Regierung Jahrzehnte gegen derartige Zahlungen gewehrt hat, während die Westdeutschen die Wiedergutmachungsverpflichtungen als erfüllt ansehen und

---

[17] Eine Umfrage des American Jewish Committee vom 1.–15. 10. 1990, vgl. David A. Jodice, United Germany and Jewish Concerns. Attitudes Toward Jews, Israel, and the Holocaust. American Jewish Committee 1991; eine Umfrage des Instituts für Soziologie an der Universität Erlangen-Nürnberg von Oktober bis Dezember 1990; Reinhard Wittenberg/Bernhard Prosch/Martin Abraham, Antisemitismus in der ehemaligen DDR. In: Tribüne 30, Heft 118 (1991), S. 102–120.

[18] Der Antisemitismus ist seit 1945 in beiden Teilen Deutschlands eng mit der Haltung gegenüber dem Nationalsozialismus verknüpft. Umfragen zu diesem Thema zeigen durchgängig bei den Ostdeutschen eine entschiedenere Ablehnung des Nationalsozialismus, ein genaueres Wissen über ihn und eine geringere Neigung zur Exkulpation. Vgl. dazu die Forsa-Umfrage im Auftrag der Woche, Die Deutschen und der Nationalsozialismus, Mai 1994.

[19] Während die Juden seltener abgelehnt wurden (von 8%) als von den Westdeutschen (im Jahre 1987: 13%), wollten die Ostdeutschen mit Israelis häufiger »nicht so gern zu tun haben« als die Westdeutschen (16% zu 11%). Jenenser Schüler lagen 1990 mit einer Ablehnung von 26% sogar noch deutlich höher als die Erwachsenen.Vgl. Reinhard Wittenberg/Bernhard Prosch/Martin Abraham, Struktur und Ausmaß des Antisemitismus in der ehemaligen DDR. Ergebnisse einer repräsentativen Umfrage unter Erwachsenen und einer regional begrenzten schriftlichen Befragung unter Jugendlichen. In: Jahrbuch für Antisemitismusforschung 4 (1995), Tab. 4.

weiteren Verpflichtungen eher ablehnend gegenüberstehen. Während die Ostdeutschen den Forderungen nach der weiteren Verfolgung von NS-Verbrechern gegenüber aufgeschlossen sind, befürworten sie die Verbote von antisemitischen Gruppen aus ihrer Erfahrung staatlicher Repression weniger häufig, obwohl sie Antisemitismus als ernstes Problem wahrnehmen.[20] Diese Tolerierung könnte ein Hinweis darauf sein, daß bei Ostdeutschen der Antisemitismus primär als Bestandteil des »Nazi-Faschismus« abgelehnt wird, daß aber moderne Formen des Vorurteils und der Diskriminierung weniger kritisch gesehen und deshalb auch nicht aktiv bekämpft werden. Die Verbreitung fremdenfeindlicher Einstellungen und alltägliche Zurücksetzungen von »Ausländern« deuten auf die Koexistenz eines historisch fundierten Anti-Antisemitismus mit gegenwärtiger Xenophobie hin.

Die amerikanische Studie ermittelte nur die Antwortverteilung auf Einzelfragen und traf keine Aussage über die Größenordnung des Antisemitismus in der ehemaligen DDR. Diese versuchten die Nürnberger Forscher über die Bildung eines Gesamtindex zu berechnen, in den verschiedene Aspekte des Vorurteils eingingen. Demnach dürfte der »harte Kern« antisemitisch orientierter Personen rund 6% umfassen. Gegenüber der Größenordnung, den die Antisemitismus-Umfragen der späten 80er Jahre in Westdeutschland ermittelt hatten (12–16% Antisemiten), erwies sich die DDR-Bevölkerung zur Überraschung vieler als weniger antisemitisch und deutlich positiver gegenüber Juden eingestellt. Nimmt man zu diesem Befund noch hinzu, daß Umfragen und Wahlergebnisse in den neuen Bundesländern nur eine geringe Akzeptanz des politischen Rechtsextremismus zeigen, dann kann man die These aufstellen, der antifaschistische Konsens der DDR habe den Nationalsozialismus und alle mit ihm verbundenen Erscheinungen gründlich diskreditieren können, weil er Bestandteil eines geschlossenen ideologischen Systems war, das jede Form politisch unliebsamer Äußerungen aus der Öffentlichkeit verbannte. Demgegenüber hat eine demokratisch pluralistische Gesellschaft bei Meinungsfreiheit immer damit zu rechnen, daß es abweichende politische Meinungsspektren gibt, die ihre Sicht öffentlich durchzusetzen versuchen.

[20] Vgl. Jodice, United Germany, Tab. 1, 3, 5, 6, 7, 8, 9 und 10.

4. Vergleichende Umfragen in der neuen Bundesrepublik 1991–1994

Hatten die Meinungsumfragen 1990 ein beruhigendes Bild geliefert, so schien dies durch die reale Entwicklung, d. h. die seit 1991 zu beobachtende Welle fremdenfeindlicher Gewalt, neonazistischer Demonstrationen und antisemitischer Anschläge, schnell widerlegt. Der Rückschluß von der eskalierenden Gewaltwelle auf eine negative Einstellungsentwicklung in der Bevölkerung ist zwar naheliegend, widerspricht aber den Erkenntnissen über den Zusammenhang von Einstellung und Verhalten. Manifestes Verhalten ist stark von situativen Gegebenheiten abhängig. Wie die Analyse der Tatverläufe und Täterstrukturen ergeben hat, wurde 1991–92 die große Mehrheit der fremdenfeindlichen Straftaten von Gruppen junger Männer begangen.[21] Dies rückte die Jugend in den Mittelpunkt des öffentlichen wie wissenschaftlichen Interesses[22], daneben gab es jedoch gleichzeitig auch eine ganze Reihe von Bevölkerungsbefragungen[23]. Letztere belegen, daß zwar die Besorgnis in der Bevölkerung über ein Anwachsen von Antisemitismus seit 1990 zugenommen hat, daß die Einstellungen aber stabil geblieben sind (Emnid 1992: 16% Antisemiten in Westdeutschland und 4% in Ostdeutschland).[24]

Für West- und Ostdeutschland gilt der auch sonst internatio-

[21] Vgl. Helmut Willems u. a., Fremdenfeindliche Gewalt. Einstellungen, Täter, Konflikteskalation. Opladen 1993.

[22] Hans-Uwe Otto/Roland Merten (Hrsg.), Rechtsradikale Gewalt im vereinigten Deutschland. Jugend im gesellschaftlichen Umbruch. Bonn 1993; empirische Studien: Peter Förster/Walter Friedrich/Harry Müller/Wilfried Schubarth, Jugend Ost: Zwischen Hoffnung und Gewalt. Opladen 1993; Wolfgang Melzer, Jugend und Politik in Deutschland. Opladen 1992; Dietmar Sturzbecher/Peter Dietrich/Michael Kohlstruck, Jugend in Brandenburg '93, Brandenburgische Landeszentrale für politische Bildung. Potsdam 1994.

[23] Emnid-Institut, Antisemitismus in Deutschland, Repräsentativbefragung im Auftrag des Spiegel, Bielefeld 1992; Emnid-Institut, Die gegenwärtige Einstellung der Deutschen gegenüber Juden und anderen Minderheiten, durchgeführt im Auftrag des American Jewish Committee. Bielefeld 1994; Institut für Demoskopie, Umfragen Nr. 5064, 5074, 5075, 5076, April 1992 bis Febr. 1993; Elisabeth Noelle-Neumann, Rechtsextremismus in Deutschland (im Auftrag der Frankfurter Allgemeinen Zeitung). Allensbach 1993.

[24] Vergleicht man die Antwortverteilung auf Kernfragen der Erhebungen von 1990 und 1994, wird eher Stabilität bzw. ein leichter Rückgang erkennbar: »Zuviel Einfluß auf die Vorgänge in der Welt« schrieben den Juden 1990 44% der West- und 20% der Ostdeutschen zu, 1994 waren es 34% und 19%; dem Vorwurf »Die Juden nutzen den nationalsozialistischen Holocaust für ihre eigenen Absichten aus« stimmten 1990 45% der West- und 20% der Ostdeutschen zu, 1994 waren es 44% und 19% (Jodice, United Germany, Tab. 3 und 4; Emnid 1994, Tab. 8 und 19).

nal nachgewiesene Trend, daß mit besserer Bildung und niedrigerem Alter antisemitische Vorurteile seltener vorkommen. In dem Maße, wie die noch in den Nationalsozialismus aktiv verstrickte Generation stetig abnimmt, gleichen sich die nachfolgenden Generationen in ihrem Einstellungsprofil an, so daß der Generationseffekt seinen dominierenden Einfluß verliert, vor allem sind die Differenzen zwischen den 18–29jährigen und den 30–44jährigen gering. Während sich für die Westdeutschen in diesen jüngeren Kohorten (18–45 Jahre) das Bild eines Einstellungssockels ergibt, der offenbar nicht weiter abschmilzt, stellen Wittenberg u. a. für die Ostdeutschen eine etwas andere Verteilung fest. Auch hier sind die über 45jährigen im Durchschnitt häufiger antisemitisch eingestellt als die unter 45, es ist hier jedoch die mittlere Altersgruppe der 31–44jährigen, die den geringsten Anteil an Antisemiten aufweist. Für die 18–30jährigen liegt er leicht höher.[25] In dieser ersten demoskopischen Momentaufnahme aus dem Jahr 1990 deutete sich bereits an, daß insbesondere junge Erwachsene und Jugendliche sich als anfällig für fremdenfeindliche und antisemitische Parolen erwiesen. Jugendstudien, die auch die Altersgruppen ab 14 Jahren einbeziehen, haben sich vor allem auf die neuen Länder konzentriert, so daß für diese Altersgruppe der 14–18jährigen keine Vergleichsdaten aus Westdeutschland vorliegen. Antisemitische Vorgaben finden bei den ostdeutschen Jugendlichen eine unerwartet hohe Zustimmung (12% in Sachsen/Sachsen-Anhalt 1992), die noch übertroffen wird von nationalistischen (50%) und fremdenfeindlichen Aussagen (29%).[26] Auf eine negative Entwicklung weist jedoch hin, daß es die jüngsten, nämlich die 14–18jährigen sind, die ein beachtliches antisemitisches Potential zeigen: 14% stimmen dem Statement »Die Juden sind Deutschlands Unglück« zu, dies taten nur 5% der 18–20jährigen und nur 1% der 25–26jährigen. Das antisemitische Potential läßt sich über die deutliche Bildungs- und Geschlechterdifferenz sowie nach der politischen Orientierung noch genauer eingrenzen: Es sind die männlichen Lehrlinge, die sich ausgeprägt antisemitisch äußern (33% lehnen Juden ab, weibliche Lehrlinge: 10%), bei den Schü-

[25] Wittenberg u. a., Antisemitismus, S. 106.
[26] Förster u. a., Jugend Ost, S. 144–116. Die Befragung von Jenenser Schülern der Klassenstufen 9–13 im Dezember 1991 kommt ebenfalls zu dem Ergebnis, daß die Jugendlichen häufiger als die Gesamtbevölkerung die Meinung äußern, nicht so gern mit Juden (13% vs. 8%) und Israelis (26% vs. 16%) zu tun haben zu wollen. Siehe: Wittenberg u. a., Antisemitismus, 1995.

lern« der 11./12. Klassen waren es 16% – Mädchen 4%. Bei der politischen Selbsteinstufung sind es die nach rechts tendierenden Jugendlichen, die am häufigsten diesem Statement zustimmen. Die Leipziger Jugendforscher, die bereits im Wendejahr 1990 eine Jugendstudie durchgeführt hatten, stellten bei deren Replikation 1992 fest, daß sich rechtsextreme Orientierungen, Fremdenfeindlichkeit und Gewaltbereitschaft unter ostdeutschen Jugendlichen in diesen zwei Jahren verstärkt hatten. Faßt man die Ergebnisse dieser Jugendstudien und der oben zitierten Bevölkerungsumfragen zusammen, so kann man sagen, daß der Antisemitismus in der Bevölkerung als ganzer nicht an Bedeutung gewonnen hat, daß er aber in einer Subpopulation, nämlich der Jugend, insbesondere bei wenig gebildeten, handarbeitenden und rechtsorientierten Männern, eine größere Verbreitung und Radikalisierung erfahren hat. Dieser Befund wird durch Presseberichte über antisemitische Vorfälle sowie durch die kriminologische Auswertung der Straftaten erhärtet. Die Ursachen für die besondere Anfälligkeit der ostdeutschen Jugend sind vor allem in den tiefgreifenden und krisenhaften Transformationsprozessen in den neuen Ländern zu suchen, die einerseits zu einer radikalen Neuorientierung zwingen, andererseits in der Phase der Auflösung sozialer und staatlicher Institutionen auch günstige Handlungsmöglichkeiten boten.[27] Die Jugend ist eine Suchphase, in der verschiedene Lebensentwürfe ausprobiert werden, so daß die Zustimmung zu antisemitischen Statements in diesem Alter nicht unbedingt eine lebenslange Festlegung bedeuten muß. Einige Jugendliche werden diese Einstellung als Element einer Protesthaltung später wieder aufgeben, ein anderer Teil hat sich aber mit dem Rechtsextremismus identifiziert, so daß bei diesem der Antisemitismus als Teil eines übergreifenden nationalistisch-xenophobischen Einstellungskomplexes erhalten bleiben wird.

---

[27] Wenn die These von der besonderen Belastung durch den Umbruch im Osten stimmt, dann müßten Jugendliche in Westdeutschland antisemitischen Statements weniger häufig zustimmen. Eine Regionalstudie aus Schleswig-Holstein vom Dezember 1992 ergab, daß dem bedeutungsverwandten Statement »Die Juden sind ein Volk, von dem nur Unheil ausgeht« 5,1% der 14- bis 18jährigen zustimmten, ein Wert, der deutlich unter dem der Zustimmung zum Statement »Die Juden sind Deutschlands Unglück« in Ostdeutschland liegt (14%). Vgl. Institut für angewandte Sozialforschung (Infas), Bad Godesberg, Jugend und Rechtsextremismus in Schleswig-Holstein, im Auftrag des NDR, 1992, Tab. 28.

Eine vorläufige Bilanz der Entwicklung des Antisemitismus in der Bundesrepublik über fast fünf Jahrzehnte kann einen Rückgang feststellen, der sehr langsam, zäh und diskontinuierlich verlaufen ist, da er weniger auf Einstellungsänderungen bei den antisemitisch geprägten älteren Generationen beruhte als vielmehr darauf, daß nach 1945 Politik, Öffentlichkeit und Schule gegen eine weitere Tradierung des Vorurteils angekämpft und ein liberales, demokratisches Wertesystem vermittelt haben. Mit der Gründung der Bundesrepublik auf der Basis demokratischer, rechtsstaatlicher und humanistischer Werte war zwar das Programm der Gesellschaft gegenüber dem Dritten Reich radikal umgestellt worden, es brauchte jedoch Jahrzehnte, bis entsprechende Einstellungen die Institutionen verändert haben und in der Bevölkerung mehrheitlich vertreten wurden. Die moralisch fundierte Erwartung, die Deutschen hätten nach 1945, sobald sie die volle Kenntnis über den Holocaust erlangt hatten, ihre antisemitische Einstellung sofort aufgeben müssen, verkennt einmal den Charakter von Einstellungsstrukturen, die auch aufgrund dissonanter Erfahrungen nicht sogleich geändert werden können, zum anderen die Tatsache, daß die Existenz einer »Judenfrage« seit dem Kaiserreich zum common sense gehört hatte. Es mußte zunächst einmal die Einsicht verbreitet werden, daß es auf diese Frage keine Antwort gibt, es sei denn eine antisemitische, daß daher die »Judenfrage« als falsch gestellt gänzlich aufgegeben werden muß.[28] Erst von diesem Ausgangspunkt her ist der relative Erfolg in der Bekämpfung antisemitischer Einstellungen zu erkennen. Noch immer stimmen beachtliche Teile der Bevölkerung einzelnen antijüdischen Aussagen zu, doch verdichtet sich diese Zustimmung nur bei einem »harten Kern« zu einem geschlossenen antisemitischen Vorurteilskomplex. Dieser hat nicht nur quantitativ an Bedeutung verloren, er hat auch seine Qualität und Motivation geändert. Es geht bei ihm heute nicht primär um Gruppenkonflikte, also um rechtliche Gleichstellung, religiöse Toleranz, wirtschaftliche Konkurrenz, sondern um ein Ressentiment, das sich als »se-

---

[28] In der Nachkriegszeit verurteilten viele die NS-Judenverfolgung, hielten aber an ihrer Überzeugung fest, die »Judenfrage« hätte auf irgendeine Weise, etwa über eine Ausweisung der Juden, Berufsbeschränkungen, rechtlich minderen Status u. ä. reguliert werden müssen.

kundärer Antisemitismus« aus den Problemen im Umgang mit der NS-Vergangenheit, insbesondere mit dem Holocaust, ergibt.

Antisemitismus in öffentlichen Konflikten 1949–1994

Die kritische Absetzung vom Nationalsozialismus war für die politische Neukonstitution der Bundesrepublik von zentraler Bedeutung. Während unter der Aufsicht und Anleitung der westlichen Alliierten bald nach 1945 demokratische Institutionen (Parteien, Länderparlamente) in Abkehr vom totalitären Regime geschaffen wurden, blieben – wie die Forschungen zur politischen Kultur gezeigt haben – die Einstellungen der Deutschen noch lange von autoritären und völkischen Traditionen geprägt, die Antisemitismus als zentrales Element einschließen. Die empirischen Studien der frühen Nachkriegsjahre belegen für die persönlichen Einstellungen ein fast ungebrochenes Fortleben des Antisemitismus: ca. 30–40% der Deutschen müssen in dieser Zeit als judenfeindlich angesehen werden.[1] Wir haben mit einer Spaltung und Spannung zwischen öffentlichem Anti-Antisemitismus, der geradezu philosemitische Züge annehmen konnte[2], und privatem, sich nur von Zeit zu Zeit äußerndem Antisemitismus zu rechnen. Ein zeitgenössischer Beobachter konstatierte Ende der 50er Jahre eine Dreiteilung des Meinungsspektrums: ein kleiner Anteil überzeugter Demokraten, die nicht gewillt waren, antisemitische Äußerungen schweigend hinzunehmen und die deshalb in solchen Fällen Alarm schlugen; ein ebenfalls geringer Anteil überzeugter Antisemiten und dazwischen das »Heer der Indifferenten«[3]. Diese Konstellation hat die gesamte Geschichte der Bundesrepublik hindurch immer wieder, zumeist in periodischen Verdichtungen, zu öffentlichen Skandalen und »Fällen« von Antisemitismus geführt, die einerseits Ausdruck dieser Spaltung des Meinungsspektrums, insofern also auch ein Indikator für fortlebende antijüdische Ressentiments sind, andererseits – wie alle Skandale – große Bedeutung für die Durchset-

---

[1] Vgl. Anna J. Merritt/Richard L. Merritt (Hrsg.), Public Opinion in Occupied Germany. The OMGUS Surveys. 1945–1948. Urbana, Ill. 1970; vgl. zusammenfassend Werner Bergmann/Rainer Erb, Antisemitismus in der Bundesrepublik Deutschland von 1946 bis 1989. Opladen 1991.

[2] Vgl. Frank Stern, Im Anfang war Auschwitz. Antisemitismus und Philosemitismus im deutschen Nachkrieg. Gerlingen 1991.

[3] Heinrich Dittmar, Was hat es mit der Judenhetze heute auf sich? In: Neue Rhein-Zeitung Köln (SPD), 24.1.1959.

zung der Norm des Anti-Antisemitismus haben.[4] Die Skandalisierung des Antisemitismus hat dazu beigetragen, daß sich heute
öffentliche Meinung und Bevölkerungsmeinung stärker angegli-
chen haben.[5]

Die Zahl der antisemitischen »Vorfälle« und Diskussionen im
Verlauf der letzten 40 Jahre ist zu groß, um hier einzeln und detailliert vorgestellt und analysiert werden zu können.[6] Es lassen
sich aber Thematisierungsphasen ausmachen, in denen sich ähnlich gelagerte »Fälle« häufen, so daß man sie zusammenfassend
behandeln kann.

Renazifizierungs- und Wiedergutmachungsdiskussion
(1949–1952)

Die frühen Fälle gehören einmal in den Rahmen der Auseinandersetzung um das Wiederhervortreten ehemaliger Nazis in Politik und Öffentlichkeit, zum anderen in die Debatte um die Wiedergutmachung.[7]
    Für diese Phase ist typisch, daß die Konflikte offen und zum
Teil gewalttätig ausgetragen wurden, wobei sich in einigen Fällen
Deutsche und Juden direkt gegenüberstanden. So etwa in Berlin,
wo Juden gegen die Aufführung des als antijüdisch empfundenen
englischen Films ›Oliver Twist‹ protestierten (Februar 1949) und
in München, wo die Publikation eines aggressiv-antisemitischen
Leserbriefs durch die ›Süddeutsche Zeitung‹ im August 1949 zu

---

    [4] Ich schließe damit an die skandaltheoretische Annahme an, daß öffentliche Kon-
flikte, insbesondere wenn sie skandalisiert und moralisiert werden, zur Durchsetzung
bzw. Stabilisierung von Normen und Werten beitragen. Vgl. Jürgen Beule/Karl Otto
Hondrich, Skandale als Kristallisationspunkte politischen Streits. In: Ulrich Scarcinelli
(Hrsg.), Demokratische Streitkultur. Opladen 1990, S. 144–156; Rolf Ebbinghaus/Sig-
hard Neckel (Hrsg.), Anatomie des politischen Skandals. Frankfurt a. M. 1989.
    [5] Zum historischen Verlauf, wie er sich in Meinungsumfragen zeigt, siehe Bergmann/
Erb, Antisemitismus, und in diesem Band.
    [6] Dieser Analyse liegt die systematische Auswertung der Berichterstattung der bun-
desdeutschen Prestigepresse zugrunde: Frankfurter Allgemeine Zeitung (FAZ), Frankfurter Rundschau (FR), Süddeutsche Zeitung (SZ), Die Welt, Der Spiegel und Die Zeit.
Weiteres Material aus der Allgemeinen Wochenzeitung der Juden in Deutschland, der
Neuen Presse (Frankfurt), aus Der Tagesspiegel (Berlin) und vielen regionalen Blättern
wird fallweise genutzt.
    [7] Vgl. zur thematischen Dokumentation der politischen Skandale in der BRD Diet-
rich Thränhardt, Scandals, Changing Norms and Agenda Setting in West Germany's
Political System. In: Beiträge zur Politikwissenschaft und Verwaltungswissenschaft 8
(1988), siehe vor allem S. 10f.

einer Protestdemonstration von jüdischen Displaced Persons gegen die Zeitung und anschließender Straßenschlacht mit der deutschen Polizei führte.[8] Im Januar 1951 kamen 300 DPs aus nahegelegenen Lagern nach Landsberg, um gegen die Begnadigung der dort einsitzenden NS-Verbrecher zu protestieren, was zu kleineren Konflikten mit den dort versammelten 2–3000 Deutschen führte, die gegen die geplanten Hinrichtungen demonstrierten. »Nieder mit den Mördern!« riefen die Juden, »Juden raus!« war die Antwort der Landsberger.[9]

Auch als im Dezember 1950 in Berlin auf Einladung der Stadtregierung ein Gastspiel des bekannten Schauspielers Werner Krauss stattfand, der im Dritten Reich mit seiner verzerrenden Darstellung von Juden im Film ›Jud Süß‹ große Anerkennung gefunden hatte, kam es zu Protesten seitens der amerikanischen ›Neuen Zeitung‹, der Jüdischen Gemeinde und Berliner Studenten. Dennoch fand das Gastspiel statt, was sowohl vor wie im Theater zu heftigen Auseinandersetzungen führte. Publikum, Einlaßkontrolleure und Polizei agierten zum Teil offen antisemitisch, in der Presse waren antisemitische Ausfälle zu lesen (so im ›Tagesspiegel‹ vom 12. 12. 1950), und SPD-Oberbürgermeister Reuter rechtfertigte das Gastspiel. Der Zentralrat der Juden und der SPD-Vorsitzende Kurt Schumacher kritisierten den sozialdemokratischen Oberbürgermeister und die Verwaltung. Das Gastspiel wurde schließlich abgebrochen, was von der Berliner Presse als »Erfolg« der Jüdischen Gemeinde bezeichnet wurde.[10]

Die Proteste gegen Krauss gehören in den Kontext des noch medienwirksameren Falls des NS-Starregisseurs Veit Harlan, der im März 1949 »wegen Verbrechens gegen die Menschlichkeit« angeklagt worden war, da sein Film ›Jud Süß‹ nicht unwesentlich zur Ausrottung der Juden beigetragen habe (FR, 4. 3. 49). Harlan wurde freigesprochen, da eine derartige Wirkung des Films nicht nachgewiesen werden konnte, andererseits aber mo-

---

[8] Zu dem öffentlichen Konflikt zwischen der Süddeutschen Zeitung und den Juden in München siehe Werner Bergmann, Medienöffentlichkeit und extremistisches Meinungsspektrum. Die Süddeutsche Zeitung und der Fall »Adolf Bleibtreu«. In: Jahrbuch für Antisemitismusforschung 3 (1994), S. 51–57.

[9] Vgl. Welt, 8. 1. 51; kurz dazu auch: Ulrich Brochhagen, Nach Nürnberg. Vergangenheitsbewältigung und Westintegration in der Ära Adenauer. Hamburg 1994, S. 32.

[10] Vgl. zu Berlin Frank Stern, Im Anfang war Auschwitz, S. 301 f. Bereits im März 1950 hatte es Proteste gegen Auftritte von Krauss gegeben (FR, 27. 3. 50). Die Aktionen gegen Krauss haben sicher Vorbildcharakter für das Vorgehen gegen die Filme des ›Jud Süß‹-Regisseurs Harlan gehabt.

ralisch für den antisemitischen Charakter des Films verantwortlich gemacht.[11] Während die Presse einhellig gegen Harlan Position bezog, waren die Publikumsreaktionen geteilt: Während der Verhandlungen hatten antijüdische oder verharmlosende Aussagen häufig zu Unmutsreaktionen geführt, der Freispruch Harlans wurde dann aber mit »Ovationen des Publikums« (FR, 25. 4. 49), mit Rufen wie »Hoch Harlan« und »Dir gratuliert das Volk« (SZ, 26. 4. 49) aufgenommen. Das Urteil stieß vor allem bei der britischen Besatzungsmacht, den ehemals Verfolgten und der politischen Linken (FDJ, KPD) auf scharfe Ablehnung. In der Revisionsverhandlung im März/April 1950 kam es im Gerichtssaal zu antisemitischen Demonstrationen und Bedrohungen einer jüdischen Zeugin (SZ, 15. 4. 50). Auf diesen Vorfall und auf sich in dieser Zeit häufende Friedhofsschändungen hin meldeten sich hochrangige Politiker zu Wort, auch der amerikanische Hohe Kommissar McCloy nahm zu den Vorfällen kritisch Stellung. In den USA schloß sich Thomas Mann einem Protest des American Jewish Committee gegen das »Wiederaufleben des Nationalsozialismus in Deutschland« an (SZ, 17. 4. 50).[12] Harlan »beschuldigte Antifaschisten der organisierten Ruhestörung« (FR, 19. 4. 50), ein Vorwurf, den der Hamburger Bürgermeister Brauer übernahm, der kommunistische Provokateure am Werk sah (FR, 20. 4. 50).[13] Mit dieser Verschiebung auf das antikommunistische Gleis konnten Kritiker damals leicht diskreditiert werden.

Der erneute Freispruch Harlans wurde von den deutschen Zeitungen als zwar juristisch unangreifbar, aber als problematischer »Kollektivfreispruch« für NS-Täter und als »Freispruch für Antisemitismus« kritisiert (Der Sozialdemokrat, 30. 4. 50). Es wurden Parallelen zur Justiz der Weimarer Zeit gezogen (Welt, 1. 5. 50) und der grassierende Antisemitismus auf »diese Ermutigung« zurückgeführt (Rheinische Zeitung, 2. 5. 50).

Der »Fall Harlan« war damit nicht zu Ende, da der Leiter der Hamburger Senats-Pressestelle Erich Lüth im November 1950

[11] H. G. van Dam, der spätere Generalsekretär des Zentralrates der Juden in Deutschland, nannte den Freispruch »ein vernichtendes Urteil« (FR, 25. 4. 49).

[12] Für die frühen Jahre der semisouveränen Bundesrepublik spielten die Stellungnahmen der Besatzungsmächte eine zentrale Rolle vor allem für das Verhalten der Politiker. Vgl. Fußnote 19.

[13] Der Ältestenrat der Hamburger Bürgerschaft setzte daraufhin eine Untersuchungskommission ein (FR, 24. 4. 50), die auf der Basis polizeilicher Ermittlungen zu dem Ergebnis kam, daß von einer »antisemitischen Kundgebung keine Rede sein kann« (SZ, 16. 5. 50).

zum Boykott der neuen Harlan-Filme aufrief und dafür Unterstützung vom Hamburger Senat, Verfolgtenorganisationen, Gewerkschaften, der SPD und von Kulturorganisationen wie dem Deutschen UNESCO-Ausschuß erhielt (FR, 13. 11. 50). In vielen Städten wurde in den nächsten anderthalb Jahren vor Kinos demonstriert, die neue Harlan-Filme zeigen wollten. Stadtverwaltungen verboten die Aufführung wegen der zu befürchtenden Störung der öffentlichen Ordnung, so daß man von einer breiten Ablehnungsfront quer durch die Parteien sprechen kann.[14] Studenten demonstrierten 1952 in mehreren Städten gegen einen neuen Harlan-Film. Dabei kam es in Freiburg und Göttingen zu Ausschreitungen der Polizei gegen die Demonstranten, die von Zuschauern bespuckt, geschlagen und mit Rufen wie »Judenlümmel« beschimpft wurden. ›Die Zeit‹ sprach von einer »drohenden und radikal antisemitischen Haltung der Menge« (7. 2. 52). Zur Untersuchung der Freiburger Vorfälle wurde ein parlamentarischer Ausschuß eingesetzt (FR, 22. 1. 52).[15] Diese Vorfälle sowie Protestversammlungen pro Harlan zeigen, daß Anfang der 50er Jahre der Anti-Antisemitismus nur von den Betroffenen und relativ kleinen, zumeist linksstehenden Gruppen getragen wurde, während Teile der Bevölkerung durchaus zur Äußerung von offenem Antisemitismus bereit waren. Politiker und staatliche Stellen verfolgten eher eine Anti-Harlan-Linie, indem sie die Filmaufführungen verbieten ließen oder sich, wie Carlo Schmid, unter Beifall der Bundestagsmehrheit, öffentlich gegen Harlan wandten (FR, 1. 3. 52).

Konflikte über Antisemitismus entzündeten sich jedoch nicht nur an »Altfällen« aus der NS-Zeit, sondern waren Teil des zeitgenössischen Streits um die Bewertung des Widerstandes, der Judenverfolgung und der Notwendigkeit von Wiedergutmachung.

Kurz nach Konstituierung des Bundestages hatte dieser seinen ersten Skandal. Der Abgeordnete der mitregierenden Deutschen Partei (DP), Wolfgang Hedler, hatte auf einer öffentlichen Parteiversammlung im November 1949 die Widerstandskämpfer als

---

[14] Parallel dazu begann ein langwieriger Rechtsstreit zwischen Lüth und Harlans Produzenten, in dem Lüth Boykottaufrufe untersagt wurden. Dieser Streit ging bis zum Bundesverfassungsgericht, das 1957 zugunsten Lüths (Meinungsfreiheit) entschied.
[15] Der Parlamentsausschuß warf der Polizeidirektion in ihrem Bericht Versagen vor (FR, 19. 3. 52). Auch im Bundestag wurden die Ereignisse in Göttingen und Freiburg von Adolf Arndt (SPD) scharf kritisiert (Verhandlungen des Deutschen Bundestages, 194. Sitzung, 20. 2. 1952, S. 8356 ff.).

»Landesverräter«, SPD-Emigranten als Saboteure beschimpft und zum Thema Juden gesagt: »Man macht zuviel Aufhebens von der Hitlerbarbarei gegen das jüdische Volk. Ob das Mittel, die Juden zu vergasen, das gegebene gewesen sei, darüber kann man geteilter Meinung sein. Vielleicht hätte es andere Wege gegeben, sich ihrer zu entledigen.« (FAZ, 15. 12. 49) Fast alle Bundestagsparteien (SPD, CDU/CSU, FDP, Bayernpartei, Zentrum) verurteilten Hedlers Äußerungen, nur die Rechtsparteien (WAV, DP, Nationale Rechte) wollten zunächst nicht Stellung nehmen (FR, 14. 12. 49). Hedler wurde vorläufig aus dem Bundestag ausgeschlossen und seine Immunität aufgehoben, so daß er angeklagt werden konnte. Obwohl die DP die inkriminierten Äußerungen Hedlers als nicht erwiesen hinstellte (FAZ, 19. 12. 49), schloß sie ihn im Dezember aus und kündigte an, sich von »radikalen Elementen« trennen zu wollen (FR, 30. 1. 50).[16] Um die Jahreswende 1949–50 häuften sich Meldungen von Beleidigungen und öffentlicher Bedrohung von Juden sowie Forderungen des Jüdischen Weltkongresses und deutscher Kommunalpolitiker nach schärferen Maßnahmen gegen ein Wiederaufleben des Antisemitismus (vgl. FR, 22. 12. 49; 7. 1. 50). Anders als im Fall Harlan, in dem sich Angeklagter und Zeugen als Anti-Nazis und Philosemiten gaben, vertraten sie in diesem Prozeß relativ offen ihre nationalsozialistische Gesinnung. Belastungszeugen und Nebenkläger traten dagegen auf und legten die Rolle des Widerstands dar bzw. berichteten über die Situation der Juden in Deutschland. D. h. die Thematisierungsform blieb ambivalent. Wie im Harlan-Prozeß kam es auch hier zu Beifallskundgebungen der Zuhörer für den Angeklagten. Der Staatsanwalt beantragte sechzehn Monate Gefängnis für Hedler, wobei die Äußerungen über die Juden als schwerster Belastungspunkt gewertet wurden. Das Gericht sprach ihn »aus Mangel an Beweisen frei«[17], die Staatsanwaltschaft legte Berufung ein. Nach der Urteilsverkündung wurden Hedler auf der Straße durch eine große Menschenmenge stürmische Ovationen dargebracht.

[16] Die DP blieb auch nach dem Freispruch Hedlers beim Parteiausschluß, da sie sich durch den »Fall Hedler« als Regierungspartei gezwungen sah, sich gegen rechtsradikale Elemente abzusetzen (FAZ, 16. 2. 50).

[17] Zum Punkt »Judendiffamierung« führte der Richter aus: »Wenn die zur Last gelegten Äußerungen sich als wahr erwiesen hätten, würden sie eine grobe Verunglimpfung der Juden bedeuten. Dann hätte das Gericht eine exemplarische Strafe ausgesprochen.« (FR, 16. 2. 50) Der Richter führte weiter aus, daß die Worte Hedlers natürlich nicht judenfreundliche gewesen seien, aber das geltende Recht biete keine Handhabe für eine Bestrafung.

Dieser Freispruch wurde von allen führenden deutschen Politikern mit Ausnahme der Vertreter der äußersten Rechten mit Bestürzung aufgenommen. Die Diskussion wechselte nun das Thema: Statt über Antisemitismus und Verleumdung des Widerstands ging es über Demokratieschutz sowie politische Justiz und Gewaltenteilung. Eine Bundestagsdebatte dazu offenbarte die großen Meinungsverschiedenheiten in der Bewertung des Urteils und in den Forderungen nach Konsequenzen zwischen SPD und KPD auf der einen und den bürgerlichen und rechtsextremen Parteien auf der anderen Seite. Streitpunkt war die Unabhängigkeit der Justiz. Während die SPD-Fraktion »die Bestrafung der schuldigen Richter, die sich sachlich und politisch mit dem Angeklagten identifizierten, wegen Rechtsbeugung« verlangte (FAZ, 17. 2. 50)[18], widersprachen Redner der Regierungsparteien (CDU, FDP und DP) in einer stürmischen Debatte, indem sie die Unabhängigkeit der Justiz und die Rechtsstaatlichkeit betonten. Der DP-Abgeordnete Merkatz nannte die SPD-Erklärung gar einen »schwarzen Tag für die deutsche Demokratie«, was zu minutenlangen Tumulten führte (FR, 17. 2. 50). In der Notwendigkeit der Bekämpfung der »Feinde der Demokratie« waren sich die linken und bürgerlichen Parteien zwar einig, doch sahen sie sich in den 50er Jahren angesichts einer national-rechten Justiz immer wieder mit skandalösen Freisprüchen dieser »Feinde« konfrontiert. Dies führte – auch im Fall Hedler – zu Forderungen nach Gesetzen zum Schutz der Demokratie.

Das Hedler-Urteil löste unerwartet große Resonanz aus. Neben den Protesten einiger Landtage und dem Schreiben der Jüdischen Gemeinden Nordrhein-Westfalens und Berlins an Heuss und Adenauer, in dem sie eine Intervention gegen das diffamierende Urteil und ausreichende Schutzgesetze forderten (FR, 17. 2. 50), waren es vor allem die Gewerkschaften, die Proteste in Form von Kundgebungen, Warnstreiks und Protestschreiben organisierten und Gesetze zum Schutz der Demokratie und Maßnahmen gegen neonationalsozialistische Tendenzen forderten (FR 24. 2. 50). Die Ablehnung des Urteils muß bei einem Teil der Bevölkerung groß gewesen sein, da der Justizminister in der Justizdebatte vom 1. 3. 1950 erklärte, er bekomme täglich Briefe

[18] Die noch an Weimarer Verhältnisse erinnernde Härte der Auseinandersetzung vor allem der linken Parteien und Organisationen mit dem Rechtsradikalismus zeigt das gewalttätige Vorgehen einiger Bundestagsabgeordneter der SPD gegen Hedler, die ihn zum Verlassen des Parlamentsgebäudes aufforderten, wobei es zu Tätlichkeiten kam (»Hedler blutig geschlagen«).

und Resolutionen, in denen der Freispruch als Schandurteil bezeichnet und die Justiz diffamiert werde. Auch im Ausland wurde das Hedler-Urteil als ein »bedenkliches Zeichen« sowohl für den Zustand der deutschen Justiz als auch für die psychologische und moralische Entwicklung Nachkriegsdeutschlands gewertet (Presse-Echo französischer Zeitungen in FR, 18. 2. 50).[19]

In dieser Situation befaßte sich das Bundeskabinett mit dem Fall Hedler und mit den Pressereaktionen und stellte sich mit einer Entschließung hinter die Richter, in der es die Korrektheit des Verfahrens behauptete (FAZ, 18. 2. 50). In den Vorwürfen gegen die Richter sah das Kabinett »eine gefährliche Untergrabung des Vertrauens in die Justiz« (ebd.).[20] Gegen diese Entschließung wendeten sich führende SPD-Politiker (Schumacher, Adolf Arndt)[21], und in Pressekommentaren wurde kritisch zur »politischen Justiz« Stellung genommen (FR, 22. 2. 50). Der »Fall Hedler« bündelte die Besorgnisse über das offene Auftreten rechtsradikaler Personen und Parteien und löste, insbesondere in der SPD, Überlegungen zum Schutz der Demokratie aus (FR, 13. 3. 50). Als die SPD Mitte März 1950 einen Gesetzentwurf gegen die Feinde der Demokratie im Bundestag einbrachte, sprachen sich alle Parteien einmütig für die Notwendigkeit eines Schutzes aus (FR, 17. 3. 50), doch wurde der Entwurf von den anderen Parteien abgelehnt. Der Justizminister kündigte einen eigenen Regierungsentwurf an.

Der Fall Hedler endete mit dessen Verurteilung zu neun Monaten Gefängnis, was allerdings öffentlich kaum noch zur

[19] In einem Kommentar der FAZ (Paul Sethe, 20. 2. 50) wurde davon gesprochen, daß sich bei den Westmächten Besorgnis breitmache und man dort offenbar entschlossen sei, »tiefer in die deutsche Innenpolitik einzugreifen«. Sethe zitierte die New York Times mit der Aussage: »Die Zeit der Nicht-Einmischung in die deutschen Verhältnisse ist vorbei.« Tatsächlich wurde mit Bezug auf den Freispruch Hedlers (»ein flagrantes Beispiel«) im Repräsentantenhaus eine Gesetzesvorlage eingebracht, die den außenpolitischen Ausschuß zu einer Überprüfung des Entnazifizierungsprogramms ermächtigen sollte (FR, 28. 2. 50).
[20] Der Deutsche Richterbund dankte daraufhin der Bundesregierung für ihr Eintreten für den Rechtsstaat im Fall Hedler. Die Richterschaft sei mit der Regierung einig, daß alle Bestrebungen abzulehnen sind, die das demokratische Staatswesen bedrohen könnten (FAZ, 20. 2. 50). Dies ging offenbar nicht gegen die Rechtsparteien, sondern gegen die SPD.
[21] In bezug auf die Antisemitismusvorwürfe kritisierte Arndt die Entscheidung des Gerichts, »ein bloßes Nichtanerkennen, ein bloßes Nichtgeltenlassen von Menschen oder Menschengruppen ist noch nicht eine Beleidigung im Sinne des § 185 des StGB«, als juristisch unhaltbar. Gegen das Grundgesetz und die Länderverfassungen habe der Richter den deutschen Juden damit ihr Heimatrecht und ihre Gleichberechtigung abgesprochen (FAZ, 24. 2. 50).

Kenntnis genommen wurde. Politisch spielte Hedler in der Bundesrepublik keine Rolle mehr, er war bereits wenige Tage vor seiner Verurteilung auch aus der Deutschen Reichspartei ausgeschlossen worden.

Parallel zu den deutsch-israelischen Wiedergutmachungsverhandlungen und der Kampagne »Friede mit Israel« kam es 1951/52 zur Affäre und zum Prozeß gegen den politisch umstrittenen jüdischen Leiter des bayerischen Landesentschädigungsamtes Philipp Auerbach, der zusammen mit dem Landesrabbiner Ohrenstein des Mißbrauchs von Wiedergutmachungsgeldern und anderer Vergehen angeklagt wurde. In diesen Mammutprozeß wurden hochrangige bayerische Politiker verstrickt, der Justizminister Josef Müller (»Ochsensepp«) mußte zurücktreten. Auch wenn das Gericht jeden Eindruck vermied, Antisemitismus könne in diesem Fall eine Rolle spielen, blieb dies zwischen den Konfliktparteien umstritten, zumal einige der Richter der NSDAP angehört hatten. Obwohl Auerbach, der sich nach der Verurteilung das Leben nahm, in den meisten Anklagepunkten freigesprochen wurde, dürfte der Prozeß in der Bevölkerung die Abneigung gegen die Wiedergutmachung noch verstärkt haben.

Nimmt man noch die Unzahl von Friedhofsschändungen und kleineren Fällen hinzu, dann ergibt sich für die Jahre von 1949–1952 folgendes Bild: Die Spaltung zwischen der anti-antisemitischen Position der Politiker, der Prestigepresse – dies gilt noch nicht bis hinunter zu den regionalen und lokalen Blättern – sowie vor allem linker politischer Parteien und Organisationen und einem großen antisemitischen Teil der Bevölkerung trat offen und zum Teil gewalttätig in Erscheinung. Juden selbst – oder stellvertretend ihre Friedhöfe – und ihre »Sympathisanten« wurden öffentlich angegriffen. Die Zahl der Politiker und der gesellschaftlichen Gruppen, die sich aktiv gegen den Antisemitismus und für die Juden einsetzten, war in diesen Jahren klein. Die Jüdischen Gemeinden und Verfolgtenorganisationen standen oft allein.

Mit dem Abschluß des Wiedergutmachungsabkommens mit Israel 1953 sowie dem Verbot der rechtsextremen Sozialistischen Reichspartei durch das Bundesverfassungsgericht 1952 einerseits, mit der Begnadigung und sukzessiven Freilassung der schwer belasteten NS-Verbrecher aus der Haft ab 1951 und dem Ende der Entnazifizierung andererseits verschwand das Thema Antisemitismus für mehrere Jahre aus der öffentlichen Diskussion. Für die Jahre 1953–1957 läßt sich insgesamt von einem »Ruhenlassen« der Vergangenheit sprechen.[22]

In den Jahren 1957–1959 häuften sich dann Fälle, in denen es um Beleidigungen jüdischer Bürger, um den Vertrieb antisemitischer Schriften, die Billigung der KZ-Verbrechen usw. ging. Typisch ist für diese Fälle, die mit den Namen Zind, Nieland, Eisele, Stielau u. a. verbunden sind, daß sie von Durchschnittsbürgern ausgingen und erst zum Skandal eskalierten, als Justiz und Verwaltung durch Freisprüche, Fluchthilfe oder Inaktivität die Aufmerksamkeit der Medien auf sich zogen. Exemplarisch sollen hier die beiden wichtigsten Fälle (Zind und Nieland) analysiert werden.

Im April 1957 beleidigte der Offenburger Studienrat Ludwig Zind in einem Wirtshausgespräch einen jüdischen Textilhändler (»Die Nazis haben noch viel zu wenig Juden vergast«), der sich daraufhin beim Direktor der Schule beschwerte. In die überregionale Presse kam der Fall erst Ende Dezember, weil die Verschleppung einer Entscheidung des Oberschulamtes Empörung in der Offenburger Öffentlichkeit ausgelöst hatte (FR, 30. 12. 57). Zind wurde suspendiert, ein Dienststrafverfahren und schließlich ein Strafverfahren wegen öffentlicher Billigung von Verbrechen wurden eingeleitet (SZ, 18. 1. 58). Der Fall begann politische Aufmerksamkeit zu erregen: Die Arbeitsgemeinschaft deutscher Lehrerverbände forderte eine Anklage wegen »Verbrechens gegen die Menschlichkeit« (FR, 23. 1. 58), und im Baden-Württembergischen Landtag wurden die Haltung der Regierung und die schleppende Behandlung des Falles durch das Oberschulamt scharf kritisiert (Welt, 23. 1. 58). Schüler und Lehrerkollegen

---

[22] Dies gilt sowohl für die Verfolgung von NS-Verbrechen wie für die Thematisierung in Literatur, Wissenschaft und Schule usw. Vgl. als Überblick Werner Bergmann, Die Reaktion auf den Holocaust in Westdeutschland von 1945 bis 1989. In: GWU 43/6 (1992), S. 327–350.

Zinds ergriffen jedoch für ihn Partei, und nach der Verurteilung wurde er von einer kleinen Gruppe von Demonstranten mit Händeschütteln empfangen (SZ, 14. 4. 58). Vor einem Massenaufgebot an Presseleuten fand im April der Strafprozeß statt, der mit einer Verurteilung zu einem Jahr Gefängnis endete, was auch die Entlassung aus dem Schuldienst bedeutete. In der Presse wurde die Frage nach der politischen Einstellung der Lehrerschaft gestellt: »Wie viele Zinds unterrichten noch an deutschen Schulen?« (FR, 11. 4. 58), da sich parallel dazu Klagen gegen weitere Lehrer wegen antisemitischer Äußerungen häuften (FR, 12. 4. 58). Hinzu kamen in dieser Zeit zahlreiche Hakenkreuzschmierereien, Beleidigungen von Juden und Friedhofsschändungen, so daß von seiten der ›Allgemeinen Jüdischen Wochenzeitung‹ und der Gesellschaft für christlich-jüdische Zusammenarbeit vor einem neuen Antisemitismus gewarnt und Bekämpfungskonzepte angemahnt wurden (SZ, 22. 2. u. 14. 3. 58). Bevor es Ende November 1958 zur Revisionsverhandlung kam, in der das Urteil gegen Zind bestätigt wurde, machte der »Fall Eisele« Schlagzeilen. Ein schwer belasteter KZ-Arzt, der jahrelang unbehelligt hatte praktizieren können, war nach Erlassung eines Haftbefehls nach Ägypten geflohen, das seine Auslieferung trotz diplomatischen Drucks ablehnte. Da die Beschuldigungen gegen Eisele seit mehreren Jahren bekannt gewesen waren, kam es zur Suspendierung des Staatsanwalts in München und zu schweren Angriffen gegen das Polizeipräsidium. Knapp einen Monat später entzog sich Zind seiner Verhaftung ebenfalls durch Flucht nach Ägypten, was zu einem Skandal und zu einer Untersuchung des Verschuldens im Fall Zind führte (Welt, 2. 12. 58).[23]

Gegen den Hamburger Holzkaufmann Friedrich Nieland wurde im April 1957 ein Ermittlungsverfahren eröffnet, weil er die antisemitische Broschüre »Wieviel Welt-(Geld-)kriege müssen die Völker noch verlieren?« vor allem an Politiker verschickt hatte. Das Landgericht Hamburg und das dortige Oberlandesgericht sprachen ihn im Januar 1959 vom Vorwurf der Staatsgefährdung und Beleidigung mit fadenscheinigen Argumenten frei.[24] Der

[23] Verwandte Zinds wurden wegen Begünstigung zur Flucht verurteilt. Der »Fall Zind« geisterte noch jahrelang durch die Presse. Als Zind im Juli 1970 nach Deutschland zurückkam, wurde er festgenommen und verurteilt.
[24] Die Richter unterschieden Juden und internationales Judentum, nur gegen letzteres richte sich die Schrift, so daß ein einzelner Jude damit nicht beleidigt worden sein könne (Welt, 10. 1. 59).

Hamburger Bürgermeister Brauer distanzierte sich empört von diesen Beschlüssen und fuhr wegen eines »politischen Problems von beträchtlicher Bedeutung« (Welt, 9. 1. 59) sogar zu einer Besprechung zu Bundeskanzler Adenauer. Von seiten der Bundesanwaltschaft wurde geprüft, ob vor dem Bundesgerichtshof Anklage wegen Rassenhetze gegen Nieland erhoben werden könnte (Welt, 12. 1. 59). In den Kommentaren der großen Zeitungen wurde der »Hamburger Fehlentscheid« scharf als ein »Versagen der Gerichte« gegeißelt (Welt, 12. 1. 59), Adenauer soll von einer »Ungeheuerlichkeit« gesprochen haben. Die Fraktionen der Hamburger Bürgerschaft bedauerten in der Justizdebatte vom 14. 1. 1959 die Entscheidung der Gerichte, protestierten gegen den wachsenden Antisemitismus in der Bundesrepublik und beauftragten den Senat, in Bonn auf die Ergänzung des Strafrechts zu dringen (Welt, 12. 1. 59). Der seit längerem vorbereitete Entwurf eines Gesetzes gegen Volksverhetzung wurde daraufhin beschleunigt vorgelegt und vom Bundeskabinett gebilligt. Es gab jedoch auch Gegenstimmen. So kritisierte der Vorsitzende der CDU-Fraktion Sieveking das Vorgehen Brauers und warnte davor, die Unabhängigkeit der Gerichte anzutasten (FR, 13. 1. 59). Der Fall Nieland weitete sich zum Fall des Richters Budde aus, nachdem aufgedeckt worden war, daß dieser 1935 selbst antisemitische Artikel verfaßt hatte (SZ, 15. 1. 59). Budde beantragte seine Versetzung in eine Zivilstrafkammer, der stattgegeben wurde. Der BGH zog den »Fall Nieland« an sich, stufte die Hetzschrift als objektiv staatsgefährdend ein und ließ sie einziehen.[25]

Die Fälle Zind, Eisele und Nieland wurden zum Gegenstand der Justizdebatte im Bundestag am 22. 1. 1959 (»Justizpolitik Bonns im Kreuzfeuer – Fehlurteile – Affären – Antisemitismus«, FR, 23. 1. 59), die sich aufgrund einer Großen Anfrage der SPD mit den antisemitischen Skandalen befaßte. Dabei ging es vor allem um die Rolle der Justiz, wobei sich die Differenzen entlang der Linie Regierung/Opposition auftaten. Der Justizminister wollte von einer Vertrauenskrise nicht sprechen, während die SPD der Meinung war, die Vergangenheit sei in der Justiz geistig noch nicht bewältigt worden.

Die gehäuft auftretenden antisemitischen Fälle lösten eine Grundsatzdebatte über das Ausmaß aus, in dem die »Schatten

[25] Eine Verurteilung Nielands war aufgrund der Hamburger Gerichtsentscheidung nicht mehr möglich (FR, 2. 2. 59).

der Vergangenheit« (Welt, 29. 1. 59) noch in Staat und Gesellschaft sichtbar waren. Es ging nach einer Phase des Schweigens, in der viele geglaubt haben mochten, der Nationalsozialismus sei bereits überwunden, nicht mehr allein um die Bearbeitung von »Altfällen«, sondern die (Selbst-)Kritik mußte sich auch gegen die Versäumnisse von zehn Jahren demokratischer Politik richten. Die antisemitischen Vorfälle erzwangen ein Nachdenken über den demokratischen Charakter zentraler Institutionen (Justiz, Schule, Kirche, Verwaltung).

Die Krise der Justiz war offenkundig und veranlaßte die Politiker zu öffentlichen Stellungnahmen gegen den Antisemitismus und zur Schaffung eines neuen Volksverhetzungsgesetzes, bezeichnenderweise auch »Lex Nieland« genannt (FR, 9. 4. 59). Die Schule geriet mit dem Fall Zind und anderer Lehrer ebenfalls unter Reformdruck.

Schmierwelle und KZ-Prozesse

Die sich seit 1957 häufenden antisemitischen Vorfälle, die bereits eine Reformdiskussion in Politik, Schule, Justiz und Kirche in Gang gebracht hatten, kulminierten im Winter 1959/60 in einer bundesweiten Schmierwelle (470 Fälle), die ihren Ausgang von einer Aktion gegen die gerade neu eingeweihte Kölner Synagoge nahm.[26] Diese Welle, die sich weltweit ausbreitete, wurde vom Ausland sehr kritisch als drohende Renazifizierung beobachtet und zwang die deutsche Regierung zum Handeln. Dies erwies sich jedoch als schwierig: Einerseits mußten die Zwischenfälle – schon wegen der Schädigung des deutschen Ansehens im Ausland, wie häufig hervorgehoben wurde – sehr ernst genommen und politische und rechtliche Konsequenzen gezogen werden, andererseits sollte es das zu bekämpfende Phänomen »eigentlich« gar nicht geben (so der Innenminister von NRW, FAZ, 28. 12. 59). In dieser unklaren Lage mußten Konfliktgegner erst gefunden werden, wobei sich eine Fusionierung mit anderen aktuellen Konfliktlagen anbot.

Zunächst geriet der organisierte Rechtsradikalismus ins Visier, da die beiden Täter der Kölner Schmieraktion Mitglieder der

[26] Vgl. zur ausführlichen Analyse: Werner Bergmann, Antisemitismus als politisches Ereignis. Die antisemitische Schmierwelle im Winter 1959/60. In: Werner Bergmann/Rainer Erb (Hrsg.), Antisemitismus in der politischen Kultur nach 1945. Opladen 1990, S. 253–275.

rechtsextremen Deutschen Reichspartei (DRP) waren. Es wurde geprüft, ob man diese Partei nun endlich als verfassungsfeindlich verbieten könnte. Die DRP hatte sich jedoch sofort von den Aktionen distanziert, die Täter aus der Partei ausgeschlossen und den Kölner Kreisverband aufgelöst (FAZ, 28. 12. 59). Trotz der Verbotsforderungen seitens der Parteien, der Gewerkschaften, des Zentralrats der Juden und vieler anderer Organisationen des In- und Auslandes wurde bald deutlich, daß das Material für ein bundesweites Verbot nicht ausreichte. Abgesehen von einzelnen Haussuchungen und Verboten in zwei Ländern blieben weitergehende Maßnahmen gegen rechtsradikale Organisationen aus.

Vor allem jüdische Organisationen hatten von Beginn an das Thema insofern generalisiert, als sie auf die unbewältigte Vergangenheit insgesamt hinwiesen und die Überprüfung bzw. Entfernung belasteter Personen aus Politik, Justiz, Pädagogik und Wirtschaft forderten (so Heinz Galinski, FAZ, 29. 12. 59). In einem Memorandum des American Jewish Committee wurde eine Wiederaufnahme der Entnazifizierung empfohlen (FAZ, 7. 1. 59). Dies wurde von deutscher Seite zurückgewiesen. Die Ostblockstaaten, allen voran die DDR, nutzten die Schmierwelle als »Munition« im Ost/West-Konflikt, indem sie vor allem auf die »alten Nazis« in Justiz und Regierung verwiesen.[27] Diese Kritik wurde durchaus von Teilen der westdeutschen Presse (Zeit, 12. 2. 1960: »Die Nazis in unserer Justiz«) und von den Gewerkschaften geteilt, von der Regierung aber nur zögernd aufgegriffen. Sie verfolgte eine Generalisierungsstrategie, die konkrete Maßnahmen gegen Belastete wie den Kanzler-Mitarbeiter Globke, den Bundesminister Oberländer u. a. abwenden sollte, indem sie die Vorfälle einer noch »unbewältigten Vergangenheit« aller Deutschen zurechnete. Dies gelang jedoch nicht ganz: Der »Fall Oberländer«, der der Beteiligung an Kriegsverbrechen verdächtigt wurde, blieb ein Stein des Anstoßes. Die versuchte Themaverschiebung auf eine kommunistische Lenkung der Vorfälle blieb innenpolitisch umstritten und konnte sich nicht durchsetzen.[28]

Nachdem man in der ersten Phase gefaßte Schmierer zum Teil

[27] Die DDR hatte schon 1957 und 1959 Broschüren vorgelegt, in denen die NS-Vergangenheit westdeutscher Juristen dokumentiert wurde (vgl. Brochhagen, Nach Nürnberg, S. 229). Bereits am 5. Februar 1960 erschien in Ost-Berlin das Buch ›Die Schande von Köln und Bonn‹ von Henry Görschler und Horst Reinhardt.
[28] Heute gibt es Hinweise dafür, daß man sich von DDR-Seite tatsächlich aktiv an der

unverhältnismäßig hart bestraft hatte, wurde allmählich deutlich, daß es sich in der Mehrzahl um Kinder und Jugendliche handelte, die man allenfalls wegen groben Unfugs und Sachbeschädigung belangen konnte. Damit setzte die Kritik an den »Versäumnissen« der Schule, der Eltern und auch der Kirchen ein, und die Bekämpfung des Antisemitismus wurde zur »pädagogischen Aufgabe Nr. 1« erklärt.[29] Tatsächlich wurden noch im gleichen Jahr auf Beschluß der Kultusministerkonferenz zahlreiche Neuerungen eingeführt: mehr Zeitgeschichte in der Lehrerausbildung und in der Schule, in einigen Bundesländern wurde die Einführung des Faches Gemeinschaftskunde nachgeholt. Die Schulbücher wurden als revisionsbedürftig kritisiert. Der bildungspolitische Impuls wurde in Tagungen von Wissenschaftlern, Lehrern und Studenten aufgenommen.

Die Schmierwelle führte zu einer bis dahin beispiellosen Mobilisierung gegen den Antisemitismus und zugleich zu einer positiven Hinwendung zur jüdischen Geschichte.[30] Der Protest, geäußert in großen Demonstrationen und zahllosen Stellungnahmen, ging erstmals quer durch alle gesellschaftlichen Gruppen: von Hausfrauenverbänden über Studentenvereinigungen hin zu Kirchen, Gewerkschaften und Medien. Trotz aller zu beobachtenden Sündenbockstrategien und Bagatellisierungsversuche war die Gegenwehr der politischen und kulturellen Eliten einmütig und deutlich. Der Angriff auf die Juden wurde weithin als Angriff auf die Demokratie begriffen. Carlo Schmid sprach von »Staatsverbrechen«.[31] Dieser öffentlichen Abwehr folgten auch politische Entscheidungen. So wurde das Volksverhetzungsgesetz (Paragraph 130 Strafgesetzbuch) noch im April 1960 verabschiedet, Minister Oberländer mußte gehen, und innerhalb der Justiz kam es zu Überprüfungen und vorzeitigen Pensionierungen. Hinzu traten Reformen in den Schulen und in der evangelischen Kirche (Kirchentag 1961). Der positive kathartische Effekt der Schmierwelle wurde schon von Zeitgenossen beobachtet. Klaus Harpprecht sprach von einer »Krisis im klinischen Sinne«,

Schmierwelle beteiligt hat, um dem Ansehen der Bundesrepublik zu schaden; vgl. Brochhagen, Nach Nürnberg, S. 289 ff.

[29] E. P. Neumann, Der Schandfleck. Härte gegenüber Antisemiten. In: Politische Meinung 5/45 (1960), S. 3.

[30] Zum Beispiel zur Gründung der Germania Judaica in Köln.

[31] Verhandlungen des Deutschen Bundestages, 3. Wahlperiode, 103. Sitzung, 18. 2. 1960, S. 5584.

Carlo Schmid sah das Positive im Ausbleiben der von den Tätern erwarteten Resonanz in der Bevölkerung.[32]

Dieser Lernschub wurde in den nächsten Jahren durch den Eichmann- und den Auschwitzprozeß (1961 bzw. 1963–65) sowie durch die erste Verjährungsdebatte (1965) verstärkt, wobei der Holocaust in seinem ganzen Umfang und Charakter öffentlich dokumentiert wurde. In den »Mitschuld-Parabeln« (Frisch: Andorra, 1961; Lenz: Zeit der Schuldlosen, 1961; ders.: Das Gesicht, 1964), den großen Zeitromanen von Grass, Lenz und Böll sowie im Dokumentartheater (Weiss: Die Ermittlung, 1965; Hochhuth: Der Stellvertreter, 1963; Kipphardt: Joel Brandt, 1964) wurde in den frühen 60er Jahren das Verfolgungsschicksal der Juden und die reale Wirkungs- und Alltagsgeschichte des Nationalsozialismus auch literarisch zum Thema gemacht.[33]

Linksextremismus verdrängt den Rechtsextremismus von der öffentlichen Agenda (1968–1979)

Nach diesem Thematisierungsschub der frühen 60er Jahre ist der Antisemitismus für anderthalb Jahrzehnte in der Öffentlichkeit kein Anlaß für größere Konflikte.[34] Die Mitte der 60er Jahre einsetzende Reformpolitik und Modernisierung der Bundesrepublik hat das Thema Vergangenheitsbewältigung in den Hintergrund treten lassen. Die Studentenbewegung[35] und in den 70er Jahren der linke Terrorismus überblendeten die durchaus vorhandenen rechtsradikalen und bisweilen auch antisemitischen Vorkommnisse. So konnte sich der 1976 gegen das Stück ›Der

[32] Klaus Harpprecht, Im Keller der Gefühle. Gibt es noch einen deutschen Antisemitismus? In: Der Monat 11 (1958), S. 13–20.; Verhandlungen, S. 5582.

[33] Es wäre also die verbreitete These kritisch zu prüfen, daß es zu einer kritischen Auseinandersetzung mit dem Nationalsozialismus erst in der 68er Studentenbewegung gekommen sei.

[34] Es gab einige Fälle, etwa einen kleinen Skandal über angebliche antijüdische Äußerungen von Kardinal Frings (Febr. 1967), Tumulte um den israelischen Botschafter Ben Nathan an einigen Universitäten (1969). Außerdem boten natürlich die drei großen Verjährungsdebatten 1965, 1969 und 1979 Anlaß, sich öffentlich über die NS-Verbrechen und ihre Verfolgung auseinanderzusetzen, der zeitgenössische Antisemitismus spielte dabei jedoch keine Rolle.

[35] Bei ihrer Kritik an der mangelhaften Aufarbeitung der NS-Vergangenheit spielte der Antisemitismus keine Rolle. Allerdings kam mit der linken Israelkritik, die bisweilen antizionistisch wurde, eine neue Konfliktlinie im deutsch-jüdisch-israelischen Verhältnis ins Spiel.

Müll, die Stadt und der Tod‹ von R. W. Fassbinder erhobene Vorwurf des Antisemitismus nicht wie 1985 zu einem größeren Konflikt ausweiten, es blieb beim Geplänkel im Feuilleton (FR, 31. 3. 76, Zeit, 9. 4. 76), wo die Konservativen die Chance nutzten, den Faschismusvorwurf von links endlich mit dem des »Linksfaschismus« (Joachim Fest) zu kontern; um Antisemitismus ging es dabei letztlich nicht.

Der einzige schwerwiegende Skandal war die »Judenverbrennung« an der Bundeswehrhochschule in München im Februar 1977, wo Studenten unter dem Absingen von Naziliedern eine »symbolische Judenverbrennung« inszenierten, die der Präsident der Hochschule nicht dem zuständigen Generalinspekteur meldete; er setzte auf Belehrung (Seminar über Nationalsozialismus) und interne Diskussion. Als der Fall dem Generalinspekteur bekannt wurde, leitete dieser eine Untersuchung ein, und Verteidigungsminister Leber ordnete eine »unverzügliche Klärung der Vorfälle« an (FR, 30. 9. 77). Sprecher der Münchener Studenten, der Deutsche Bundeswehrverband sowie Politiker aller Parteien äußerten ihr Bedauern und stellten den Fall als untypische Ausnahmeerscheinung hin, die nicht auf einen Trend zum Antisemitismus oder Neonazismus in der Bundeswehr schließen lasse (FR, 30. 9. 77).[36] Bundespräsident Carstens warnte vor antisemitischen Tendenzen, denen unnachsichtig entgegengetreten werden müsse (FR, 11. 10. 77), und die Münchener Vorfälle wurden im Bundestag von allen Fraktionen verurteilt. Die beteiligten Offiziere wurden aus der Bundeswehr entlassen. Präventiv sollte im staatsbürgerlichen Unterricht über die Themen Antisemitismus und Nationalsozialismus gelehrt werden (FR, 20. 10. 77). Dieser Fall folgte in seiner Bearbeitung dem Muster der 50er und 60er Jahre: strenge Bestrafung der Täter, Pädagogisierung sowie Konfliktbegrenzung durch Entlastung der Institution als ganzer. Daß in diesem Fall Antisemitismus und Vergangenheitsbewältigung in der Bundesrepublik insgesamt und in der Bundeswehr nicht zum großen Thema wurden, ist ein Zeichen dafür, daß diese sich in den 70er Jahren nicht im Mainstream des politischen Diskurses befanden, vielmehr durch Linksextremismus/Terrorismus schnell wieder von der Agenda verdrängt werden konnten.

---

[36] Ein »Rechtsruck« in der Bundeswehr, zum Teil als Reaktion auf den Terrorismus gedeutet, wurde jedoch von einigen Ex-Generälen und Politikern gesehen (FR, 24. 10. u. 8. 11. 77). Im November des gleichen Jahres kamen Gerüchte über ähnliche Vorfälle in der Bundeswehrhochschule Hamburg auf.

Die in der Fernsehkritik vor der Ausstrahlung heftig umstrittene Serie ›Holocaust‹ wurde im Januar/Februar 1979 zu einem unerwarteten Medienereignis, dessen Resonanz beim Publikum alle Erwartungen übertraf. Der Effekt der Sendungen (Diskussionen im Familien- und Bekanntenkreis, Leserbriefe, Anrufe, Stellungnahmen von Politikern, 450000 Anfragen nach Begleitmaterial, umfangreiche Begleitpublizistik), die hohe emotionale Betroffenheit auslösten, war sehr groß. Die Bundeszentrale für politische Bildung, die in der Ausstrahlung eine »wertvolle Chance pädagogischer Breitenwirkung« gesehen hatte[37], konnte in ihrer Begleitforschung, die auch Repräsentativbefragungen einschloß, einen Wissenszuwachs bei den befragten Zuschauern bestätigen (51%)[38]; auch eine Meinungsänderung war unmittelbar nach der Ausstrahlung im Februar 1979 sowohl hinsichtlich der spezifischen Fragen nach der weiteren Verfolgung von NS-Verbrechen und antijüdischen Stereotypen wie auch bei der generellen Einschätzung des Nationalsozialismus und der moralischen Verpflichtungen zu verzeichnen. Ob es sich hier um einen stabilen Einstellungswandel handelt, ist anhand der verfügbaren Daten nicht eindeutig zu klären.

Konflikte um den richtigen Umgang mit der Vergangenheit

Nach einigen Vorgeplänkeln zu Beginn des Jahrzehnts[39] kam seit Mitte der 80er Jahre das Thema Antisemitismus wieder auf die Tagesordnung. Die Bitburg-Affäre, die antijüdischen Äußerungen des Bundestagsabgeordneten Fellner und des Bürgermeisters von Korschenbroich, Graf Spee, der »Fall Fassbinder« und am Rande auch der »Historikerstreit« schienen auf ein Wiederaufle-

---

[37] Tilman Ernst, »Holocaust« und politische Bildung. In: Media Perspektiven 1979, S. 230–240.

[38] Die Schwerpunktverlagerung durch neues Wissen dürfte nicht ohne Einfluß auf die Einstellung zum Nationalsozialismus bzw. zu Juden geblieben sein. War zuvor von vielen Befragten der Nationalsozialismus mit Autobahnbau, Ruhe und Ordnung usw. verbunden worden, so traten an diese Stelle nach der Rezeption des Films die »Schattenseiten« wie Judenverfolgung, Tötung von Geisteskranken, Gestapo und KZ (Ernst, Holocaust, S. 235).

[39] Hinzuweisen ist auf den Disput zwischen dem israelischen Premierminister Begin und Bundeskanzler Schmidt 1981 sowie auf die Skandalisierung von Bundeskanzler Kohls Wort von »der Gnade der späten Geburt« auf seiner Israelreise.

ben des Antisemitismus hinzudeuten, auf »ein Ende der Schonzeit«. Mit dem letzten Ausspruch ist schon angedeutet, daß sich
der Interpretationsrahmen gegenüber den 50er und 60er Jahren
verschoben hatte. Ging es damals um das Fortwirken nationals-
zialistisch geprägter Einstellungen, so entstand nun der Eindruck, 40 Jahre nach Ende des Krieges würde das bestehende
Tabu gelockert und der »normale« Antisemitismus käme zum
Vorschein.

In der Bitburg-Affäre, im Historikerstreit und später dann
auch im »Fall Jenninger« wurde der Konflikt in den deutsch-jü-
dischen Beziehungen nicht durch antisemitische Äußerungen
oder Aktionen ausgelöst[40], sondern durch Dissens in der Frage,
welche Bedeutung dem Nationalsozialismus und dem Holocaust
für die deutsche Gegenwart eingeräumt werden sollte[41]. Die
Konfliktfronten verliefen entlang der Differenz von Versöh-
nung/Vergessen einerseits und Wachhalten der NS-Erinnerung
andererseits. Die Konfliktparteien gruppierten sich nach dem
Muster konservativ vs. linksliberal. In den genannten Fällen
mußten die Konservativen schließlich Zugeständnisse machen.
So wurde der Besuch Reagans in Bitburg stark abgekürzt (»weder Fahnen noch Reden«, SZ, 6. 5. 85) und durch einen Besuch
des KZ Bergen-Belsen »balanciert«[42], Jenninger wurde zum
Rücktritt gezwungen, und im Historikerstreit sah sich eine Minderheit konservativer Historiker breiter Kritik ausgesetzt.

Antijüdische Äußerungen zweier Unionspolitiker führten
Anfang 1986 zum Skandal. Im Fall Fellner, der die Zahlung von
Entschädigung an NS-Zwangsarbeiter abgelehnt und den Juden

[40] Vor allem in der Bitburg-Affäre gab es allerdings auf deutscher Seite durchaus
mehr oder weniger verdeckte antisemitische Äußerungen in der Presse; vgl. den Artikel
›Die Macht der Juden‹, in: Quick 18, 25. 4. 1985, aber auch in der FAZ (›Ein Scherben-
haufen‹ von F. U. Fack). Vgl. dazu Werner Bergmann, Die Bitburg-Affäre in der deutschen Presse. Rechtskonservative und linksliberale Interpretationen. In: W. Bergmann/
R. Erb/A. Lichtblau (Hrsg.), Schwieriges Erbe. Der Umgang mit Nationalsozialismus
und Antisemitismus in Österreich, der DDR und der Bundesrepublik Deutschland.
Frankfurt a. M. 1995.
[41] Habermas' Wort von der »Entsorgung der Vergangenheit« trifft diesen Sachverhalt sehr gut.
[42] Wichtig ist auch, daß Bundespräsident v. Weizsäcker zum gleichen Datum (8. Mai)
eine vielbeachtete Rede zum Verhältnis der Deutschen zur NS-Vergangenheit gehalten
hatte, in der er dem Schlußstrich-Gedanken entgegentrat. Auch Bundeskanzler Kohl
betonte in seiner Rede in Bergen-Belsen die Verantwortung vor der Geschichte und, daß
die Deutschen aus der Geschichte gelernt hätten (Bulletin der Bundesregierung,
7. 5. 85).

»Geldgier« vorgeworfen hatte[43], kam massive Kritik von seiten der SPD, der Grünen und jüdischer Organisationen. Fellner hielt zunächst an seiner Position fest und kritisierte die Forderungen als »nahezu unmoralisch« (TAZ, 8. 1. 86). Die Grünen forderten eine ausdrückliche Verurteilung der Äußerungen durch den Bundestag und, wie Vertreter Jüdischer Gemeinden, einen Mandatsverzicht Fellners. Der Zentralrat der Juden war mit einer öffentlichen Entschuldigung zufrieden. Galinski und SPD-Politiker kritisierten das Schweigen des CSU-Vorsitzenden Strauß und Bundeskanzler Kohls.[44] In einem Gespräch mit dem Zentralratsvorsitzenden und im Bundestag entschuldigte sich Fellner schließlich für seine Bemerkung. Ähnlich verlief wenig später der Fall des Korschenbroicher CDU-Bürgermeisters Graf Spee.[45] Auch hier hielt die Ratsmehrheit aus CDU und FDP zunächst unter dem Jubel der Bevölkerung am Bürgermeister fest, mißbilligte lediglich seine Äußerung, während SPD und Grüne den Rücktritt forderten (TAZ, 6. 2. 86). Der CDU-Landesverband erzwang dann doch den Rücktritt, nachdem der Skandal bundesweit publik geworden und Bürger Strafanzeigen erstattet hatten (FR, 15. 2. 86).[46] Als Reaktion auf diese Fälle beantragten FDP-, SPD- und Grüne-Abgeordnete des Bundestages eine Aktuelle Stunde zum Antisemitismus, für die »Union war der Antisemitismus kein Thema« (FR, 26. 2. 86). Die Bundestagsdebatte machte eine seit Beginn der Bundesrepublik bestehende Rechts/Links-Differenz erneut sichtbar: Die linksliberalen Parteien reagieren sensibel auf antisemitische Ereignisse und tendieren zu ihrer öffentlichen Thematisierung und Dramatisierung unter dem Motto »Wehret den Anfängen«. Die konservativ-rechten Parteien sehen die NS-Vergangenheit und den Antisemitismus als überwunden an, eine Thematisierung von »Einzelfällen« und

[43] Der inkriminierte Satz lautete, daß mit den Forderungen der Eindruck erweckt werde, »daß die Juden sich schnell zu Wort melden, wenn irgendwo in deutschen Kassen Geld klimpert … Die Juden sollten uns nicht mit solchen Forderungen in Verlegenheit bringen« (zit. nach FR, 8. 1. 86).
[44] Der Bundeskanzler wäre fast in den Skandal hineingezogen worden, da der Spiegel berichtete, er habe sich verharmlosend (»Bitte formulieren Sie nicht so« bzw. »Wie Fellner denke die überwiegende Mehrheit des Volkes, Antisemitismus sei das aber nicht«) zu Fellners Ausfall geäußert. Dies wurde von Regierungssprecher Ost zurückgewiesen (SZ, 28. 1. 86).
[45] Er hatte in einer Ratssitzung die in der Gegend des Niederrheins angeblich sprichwörtliche Redensart, »zur Sanierung des Haushalts müsse man einen reichen Juden erschlagen« benutzt, was von der Opposition an die Öffentlichkeit gebracht wurde.
[46] Im April wurde ein Verfahren wegen Beleidigung und Volksverhetzung gegen Graf Spee gegen Zahlung einer Geldbuße von 90 000 DM eingestellt (SZ, 29. 4. 86).

politische Maßnahmen erscheinen ihnen als unnötig. Eine neue Qualität besaß 1985 der Konflikt um die Aufführung des Theaterstücks ›Der Müll, die Stadt und der Tod‹ von R. W. Fassbinder, der den bereits 1976 aufgeflammten Vorwurf, das Stück sei antisemitisch, zurückgewiesen hatte (Zeit, 9. 4. 76). Es war nicht nur neu, daß sich deutsche Juden in der Form des nonkonformen Bürgerprotests (Besetzung der Bühne) kollektiv am Konflikt beteiligten, es war auch neu, daß sich die Gegner und Befürworter der Aufführung nicht mehr nach dem Muster hier Antisemiten dort Anti-Antisemiten unterscheiden ließen, auch wenn versucht wurde, den Autor und die Befürworter in diese Position zu drängen, die das Stück jedoch als »Lehrstück über den Antisemitismus« verstanden (Schauspieldirektor G. Rühle, Spiegel, 9. 9. 85). Beide Seiten beriefen sich auf zentrale Werte: auf die Freiheit der Kunst und ihren Aufklärungscharakter einerseits, auf den Schutz einer Minorität vor Diskriminierung und die Gefährdung von Versöhnung andererseits (FR, 30. 10. 85). Wie bereits im Fall Bitburg wurde öffentlich deutlich gemacht, daß das deutsch-jüdische Verhältnis sich noch längst nicht »normalisiert« hat (so die SZ, 23. 10. 85), und es wurde die Perspektive der Juden verständlich gemacht.[47] Die eine Seite wollte das Tabu um die Juden in Deutschland thematisieren, das Verhältnis von Antisemitismus und Philosemitismus in der bundesdeutschen Geschichte kritisch beleuchten, die andere sah in der Verletzung des Tabus die Gefahr eines neuen Antisemitismus heraufziehen. Das Stück wurde nach dem Boykott der Premiere schließlich abgesetzt.

Konflikte im »neuen Deutschland«

Mit den überraschenden Wahlerfolgen der »Republikaner« im Jahre 1989 kündigte sich ein Wiedererstarken des rechten Lagers an, was aber durch den Vereinigungsprozeß zunächst überdeckt wurde. Im Gefolge der fremdenfeindlichen Gewaltwelle seit 1991 häuften sich dann auch Übergriffe gegen jüdische Friedhöfe, Denkmale, Synagogen usw.[48], die zum Teil, wie die Brandanschläge auf die »Jüdische Baracke« in Sachsenhausen und auf die Lübecker Synagoge, große öffentliche Resonanz im In- und Ausland fanden. Vor allem der Anschlag von Sachsenhausen

[47] Vgl. etwa den Kommentar: »Das Schlüsselwort heißt Angst« in der FR, 2. 11. 85.
[48] Vgl. dazu den Länderartikel ›Germany‹ im Antisemitism World Report seit 1992 von Werner Bergmann und Rainer Erb.

dürfte Mitauslöser für die großen Demonstrationen und Lichter-ketten gegen Ausländerfeindlichkeit und Antisemitismus Ende 1992 gewesen sein.

Neben diesen Gewalttaten ist für die Jahre 1993–94 jedoch auch eine Häufung kleinerer antisemitischer Skandale und Affä-ren in der Sphäre der Politik zu beobachten, in denen sich typi-sche Skandalthemen aus den Jahren seit 1958 zu wiederholen scheinen (Beleidigungsfälle, Versagen der Justiz und Justizkritik, z. B. beim Deckert-Urteil, die Debatte um die Filmkritik zu ›Schindlers Liste‹ und eine Wiederauflage der Schlußstrich-Dis-kussion in der Affäre Heitmann und der Diskussion um die »Neue Wache« in Berlin).

Der Vorsitzende des Zentralrats der Juden, Ignatz Bubis, wurde mehrfach zum Ziel von Beleidigungen, so als ihn im November 1992 ein Rostocker Stadtrat auf einer Pressekonferenz fragte, ob es stimme, daß sein Heimatland Israel sei, und der Vorsitzende der »Republikaner« Schönhuber ihn wiederholt als Volksverhet-zer denunzierte (SZ, 29. 3. 94; Tagesspiegel, 29. 8. 94). Gegen beide erhob sich massive öffentliche und politische Kritik, der Stadtrat trat noch am gleichen Tag zurück, gegen Schönhuber wurde wegen Volksverhetzung ermittelt. Die Unmöglichkeit, Schönhuber ohne eine Beleidigungsklage von seiten des Ange-griffenen anzuklagen (Tagesspiegel, 8. 4. 94), führte zu einer De-batte um gesetzliche Verbesserungen des Volksverhetzungspara-graphen (§ 130 StGB sowie der Paragraphen 86, 86 a StGB – Ver-breitung von Propagandamitteln bzw. Verwenden von Kennzei-chen verfassungsfeindlicher Organisationen). In diesem Kontext gehört auch die öffentliche Schelte eines BGH-Urteils zur »Auschwitz-Lüge« im »Fall Deckert«, das die alte Rechtspre-chung bestätigte, daß das Verbreiten der »einfachen Auschwitz-Lüge« wohl als Beleidigung oder Verunglimpfung des Anden-kens Verstorbener bestraft werden kann, aber nicht als Volksver-hetzung, für die ein Angriff auf die Menschenwürde gegeben sein muß (Tagesspiegel 27. 4. 94). Dieser Fall wurde bei der erneuten Verhandlung auf der Basis der BGH-Vorgabe zu einem Justiz-skandal, da in der Urteilsbegründung nicht nur der Angeklagte, der Vorsitzende der NPD Deckert, als charakterstarke Persön-lichkeit bezeichnet, sondern weil in ihr auch sein Bestreben, die »Widerstandskräfte im deutschen Volk gegen die aus dem Holo-caust abgeleiteten (sic) jüdischen Ansprüche zu stärken«, positiv gewertet wurde (aus der Urteilsbegründung FR, 11. 8. 94).

Die öffentliche Entrüstung war allgemein, und sogar der Deutsche Richterbund und der Bundeskanzler (Tagesspiegel, 15. 8. 94: »Das ist ein völlig unverständliches Urteil. Das ist eine Schande«) übten – anders als noch 1959 in den Fällen Nieland und Eisele – harsche Urteilsschelte und forderten personelle Konsequenzen. Die beteiligten Richter wurden wegen »dauernder krankheitsbedingter Verhinderung« zunächst suspendiert, kehrten aber später auf ihre Posten zurück. Der BGH hob im Dezember 1994 das Mannheimer Urteil auf und überwies den Fall zur erneuten Verhandlung an das Landgericht Karlsruhe.

Ein Interview des als Kandidaten für die Bundespräsidentenwahl vorgesehenen sächsischen Justizministers, Steffen Heitmann, sorgte 1993 (SZ, 18. 9. 93) für einen politischen Skandal, da seine These, es sei nun mit der deutschen Einheit der Zeitpunkt gekommen, den Holocaust historisch »einzuordnen«, heftigen Widerspruch nicht nur bei den Juden im In- und Ausland[49], sondern in der breiten Öffentlichkeit bis hinein in die CDU erregte. Obwohl sich die CDU/CSU gegen interne Kritiker hinter den Kandidaten stellte, trat dieser Ende November von seiner Kandidatur zurück, zumal die FDP diese nicht unterstützte (FR, 27. 9. 93). Mit dem Streit um einige negative Filmkritiken zu ›Schindlers Liste‹, in denen der Journalist Henryk Broder und andere teils offenen, teils verdeckten Antisemitismus gesehen hatten, schien sich eine Antisemitismus-Debatte unter Intellektuellen anzubahnen, doch blieb diese auf Talk-Shows und Feuilletons begrenzt (Tagesspiegel, 20. 3. 94).[50] Die genannten Fälle haben zusammen mit der andauernden fremdenfeindlichen Gewalt im In- und Ausland besorgte Fragen nach der Entwicklung der politischen Kultur im vereinten Deutschland wachgerufen. Andererseits sind die Abwehrreaktionen der Medien und der Eliten klar und eindeutig.

[49] Der Zentralratsvorsitzende der Juden Bubis lehnte eine Kandidatur Heitmanns auch nach einem Treffen mit ihm ab (Tagesspiegel, 23. 9. 93) und warf ihm vor, er habe latenten Antisemitismus »wieder salonfähiger gemacht«.

[50] Die intellektuelle Szene erlebte allerdings eine ganze Reihe von Scharmützeln, in denen sich etwa der Historiker Ernst Nolte und der Dramatiker Botho Strauß gegen Vorwürfe von Ignatz Bubis, sie gehörten zum intellektuellen Rechtsradikalismus, verwahrten (vgl. Spiegel Nr. 16, 1994; Zeit, 22. 4. 94, Tagesspiegel, 6. 5. 94).

Auch wenn sich in den letzten Jahren Konflikte über Antisemitismus nach altem Muster häufen, so ist doch in der Art der Konfliktbewältigung und der einhelligen öffentlichen Ablehnung ein Lernprozeß in bezug auf die Haltung zu Juden zu erkennen:

1) Die Schwelle zur Skandalisierung hat sich über die Jahrzehnte gesenkt: Was heute einen Konflikt auslöst (Bitburg, Jenninger, Rostocker Stadtrat, Heitmann), hätte in den 50er und 60er Jahren keine besondere Beachtung gefunden. Hier hat sich die Sensibilität gegenüber Verstößen deutlich erhöht. Wie die große Aufmerksamkeit für Gedenktage (»Kristallnacht«, »Wannsee-Konferenz« usw.) zeigt, ist das Verständnis für die jüdische Perspektive gewachsen und darin eingeschlossen auch die Ablehnung antisemitischer Äußerungen und Aktionen – nicht nur aus Opportunismus mit Blick auf das Ausland.

2) Die Konfliktthemen haben sich gewandelt. In den 50er Jahren ging es um offenen Antisemitismus, wobei es entweder um entsprechende Belastungen aus dem Dritten Reich und um aktuelle Fälle oder um den inadäquaten Umgang staatlicher Stellen mit diesen Fällen ging. Handelte es sich hier meist noch sehr konkret um eine Auseinandersetzung mit dem Personal und den noch lebendigen Einstellungen aus der Zeit des Nationalsozialismus, so ging es später reflexiv um den richtigen Umgang mit der Vergangenheit und kaum noch um krude Beleidigungen etc. Auf der Meta-Ebene der Frage nach dem richtigen Umgang mit Antisemitismus eröffnen sich neue Konfliktfronten, die sich nicht mehr nach dem Lager-Muster Antisemitismus vs. Anti-Antisemitismus beschreiben lassen (vgl. Fassbinder-Affäre).

3) Das rechtliche Instrumentarium zur Verfolgung und Bestrafung antijüdischer Äußerungen ist durch das Volksverhetzungsgesetz von 1960 sowie die Ergänzung zur »Auschwitz-Lüge« 1985 geschaffen und 1994 weiter verbessert worden.

4) Die Breite des anti-antisemitischen Konsenses ist gewachsen. Hatten früher die Verfolgten selbst und eine kleine Minderheit aktiver Elitepersonen in dieser Sache protestiert, so tut dies seit der Schmierwelle 1959/60 ein breit gefächertes Spektrum von Persönlichkeiten und Organisationen. Gegenstimmen werden öffentlich selten laut und wenn, werden sie als rechtsextrem stigmatisiert.

5) Auf der Ebene der persönlichen Einstellungen ist nicht nur ein stetiger Rückgang antijüdischer Vorurteile über die letzten

vierzig Jahre zu beobachten, sondern auch eine parallele Anerkennung des Holocausts als des zentralen Verbrechens des Nationalsozialismus.

Kann man in bezug auf die Juden von einem Lernprozeß sprechen, so scheint es doch nur bei wenigen zu einem Transfer auf
andere Minderheiten zu kommen. Die historische Aufarbeitung
der NS-Verbrechen hat sich fast ausschließlich auf das jüdische
Schicksal konzentriert, so daß andere Opfergruppen (Sinti und
Roma, Zwangsarbeiter, Kriegsgefangene usw.) nicht in den Prozeß der Einstellungsänderung einbezogen worden sind. Es
scheint hier ein quasi abgespaltener Lernprozeß vorzuliegen.

LOTHAR MERTENS
Antizionismus: Feindschaft gegen Israel als neue Form des
Antisemitismus

Das Verhältnis des im Jahre 1948 gegründeten Staates Israel zu den
beiden deutschen Nachfolgestaaten Bundesrepublik Deutschland und DDR ist wegen der nationalsozialistischen Judenverfolgung durch eine gemeinsame, leidvolle Geschichte bestimmt. Das
spannungsvolle und emotionsgeladene Verhältnis wurde aber
nicht nur durch die Shoa, die Vernichtung des europäischen
Judentums durch den NS-Rassenwahn, belastet, sondern auch
durch die unterschiedliche Behandlung der Wiedergutmachungs-
frage sowie die politischen Divergenzen in der Beurteilung des seit
Gründung des jüdischen Staates ungelösten Palästinenserpro-
blems (die im Jahre 1994 ausgehandelte Autonomie ist ein erster
Lösungsschritt).

Aufgrund der ambivalenten, politisch unterschiedlichen
Grundausrichtung und Bündniszugehörigkeit kam es in der Bundesrepublik Deutschland und in der DDR zu unterschiedlichen
Einstellungen gegenüber dem Staat Israel. Der Antizionismus erscheint nur vordergründig als eine eigenständige Geisteshaltung,
in Wirklichkeit ist er nur eine neue, verkappte Form eines latenten
Antisemitismus, der im Gegensatz zur tradierten Judenfeindschaft weniger religiöse als vielmehr politische und ökonomische
Gründe hat.[1] Antizionismus als ideologischer Standpunkt äußerte sich in den zwei deutschen Staaten unterschiedlich. In der
Bundesrepublik blieb der Antizionismus vornehmlich singulär
und weitgehend auf die linkspolitischen Strömungen beschränkt
(in rechtsextremen Kreisen sind eher tradierte antisemitische Einstellungen zu finden, die auf den Staat Israel übertragen werden).
Anders war die Situation in der DDR. Dort wurde der Zionismus
staatlicherseits zu einer »Abart« des kapitalistischen Imperialismus erklärt. Daraus folgte, daß der sich als antifaschistisch defi-
nierende Staat einerseits den traditionellen Antisemitismus ver-
dammte und bekämpfte, andererseits jedoch der Antizionismus
als staatlich sanktionierte und propagierte Kritik am Staat Israel
legitimiert wurde.

---

[1] Vgl. Shulamit Volkov, Jüdisches Leben und Antisemitismus im 19. und 20. Jahrhundert. München 1990, S. 76 f.

Die vor dem sogenannten Sechs-Tage-Krieg im Juni 1967 pro-israelische Einstellung vieler Linker in der Bundesrepublik Deutschland wandelte sich zunehmend in eine kritische, antizionistische Haltung. Bis zum Jahre 1967 waren regelmäßige Israel-Aufenthalte progressiven Bundesbürgern geradezu ein Bedürfnis. Schien doch im Kibbuzsystem die Verbindung von selbstbestimmter Arbeit und emanzipatorischen Lebensformen verwirklicht zu sein; insbesondere, da diese sozialistische Gesellschaftsform ohne Mauern und Stacheldraht existieren konnte. Die existenten Widersprüche des israelischen Alltags wurden zwar schmerzlich konstatiert, jedoch weder intellektuell noch theoretisch verarbeitet.[2]

Die Umkehrung dieser idealistischen Identifikation in eine ablehnende Gegenidentifikation der Entsolidarisierung mit Israel nach 1967 war im übrigen ein internationaler Vorgang, der in der Bundesrepublik allerdings besonders nachwirkte.

Die vielbeschriebene Generation der 68er, die aus der verdrängten, nicht aufgearbeiteten nationalsozialistischen Vergangenheit ihrer Vätergeneration heraus eine positive Grundhaltung gegenüber dem jüdischen Staat als der Heimstätte der überlebenden Opfer der Shoa einnahm, wandte sich nun dem scheinbar antiimperialistischen Freiheitskampf der Palästinenser zu. Dieser wurde nun hervorgehoben und als gerechte Sache propagiert, als ob es die Palästinenserfrage nicht bereits vor 1967 gegeben hätte. Verbunden mit dieser Hinwendung war die Entsolidarisierung mit Israel, die durch einzelne Gewaltaktionen, wie z. B. die Massaker in den libanesischen Flüchtlingslagern im September 1982, in eine radikale Dämonisierung umschlug.

Die Aufnahme diplomatischer Beziehungen zwischen der Bundesrepublik Deutschland und Israel im Jahre 1965 sowie das soziale Engagement des konservativen Verlegers Axel Springer in Israel ließen, zumindest in der studentischen Linken, das Gefühl aufkommen, ihrer historisch exklusiven Avantgarderolle einer solidarischen pro-israelischen Politik beraubt worden zu sein. Diese Positionsbelegung durch die offizielle bundesdeutsche Außenpolitik beendete die ideologische Interdependenz von pro-israelischem Engagement und systemkritischer Erörte-

[2] Detlev Claussen, Ein kategorischer Imperativ. Die politische Linke und ihr Verhältnis zum Staat Israel. In: Jüdisches Leben in Deutschland seit 1945. Hrsg. von Micha Brumlik u. a. Frankfurt a. M. 1988, S. 230–242, hier 238.

rung der westdeutschen Gesellschaft. Neben anderen philosemitischen Aktionen[3] irritierten vor allem die auf Aussöhnung zwischen Juden und Deutschen zielenden Israelaktivitäten des ideologischen Opponenten Springer und die dezidiert pro-israelische Berichterstattung seiner Zeitungen die Studentenbewegung. Deren Trugschluß lautete: »Wenn Springer für den Staat Israel ist, dann können wir nur gegen ihn sein.«[4] Mit der gleichzeitigen politischen Wahrnehmung der im Jahre 1964 in Kairo gegründeten »Palästinensischen Befreiungsorganisation« (PLO) als einer sozialrevolutionären und antiimperialistischen nationalen Befreiungsbewegung des palästinensischen Volkes mutierte der jüdische Staat für die deutsche Linke rasch zum diabolischen Brückenkopf des »US-Imperialismus« im Nahen Osten. Auch die »Gnade der späten Geburt« ermöglichte es vielen Linken, nach dem Sechs-Tage-Krieg vom Juni 1967 eindeutig Partei für die Palästinenser zu ergreifen und Israel als »Aggressorstaat« zu verurteilen.[5] Angelehnt an die politischen Diffamierungen der kommunistischen Ostblockstaaten, denen zufolge der Zionismus gleichzusetzen war mit Imperialismus, Kolonialismus und Rassismus, wurde eine antizionistische Einstellung nun gesellschaftsfähig.

Berechtigte Kritik an der Politik der israelischen Regierung ist ebenso legitim wie die an den Handlungen anderer Regierungen, die gegen völkerrechtliche Normen und Konventionen verstoßen. Dabei müssen jedoch die gleichen Maßstäbe angelegt werden, und es sollten, besonders im negativen Sinne, keine falschen historischen Parallelen gezogen werden. Doch genau hier wird der verdeckte Antisemitismus der vorgeblich antizionistischen Äußerungen häufig sichtbar. Die auffällige Synchronität in der Wortwahl oder zum Verwechseln ähnliche Karikaturen belegen die Deckungsgleichheit der Begriffe augenfällig.[6] Henryk Bro-

[3] Zum Philosemitismus in der Bundesrepublik siehe Frank Stern, Entstehung, Bedeutung und Funktion des Philosemitismus in Westdeutschland nach 1945. In: Werner Bergmann/Rainer Erb (Hrsg.), Antisemitismus in der politischen Kultur nach 1945. Opladen 1990, S. 180–196.

[4] Martin W. Kloke, Zwischen Ressentiment und Heldenmythos. Das Bild der Palästinenser in der deutschen Linkspresse. In: Jahrbuch für Antisemitismusforschung, Bd. 2, hrsg. von Wolfgang Benz. Frankfurt a. M. 1993, S. 227–253; S. 232 f.

[5] Martin W. Kloke, Israel und die deutsche Linke. Zur Geschichte eines schwierigen Verhältnisses. Frankfurt a. M. 1990, S. 71 ff.

[6] Charles E. Ritterband, Antizionismus – Antisemitismus: Nur ein neuer Name für ein altes Phänomen? Diagnose einer Polemik. In: Judenfeindschaft. Eine öffentliche Vorlesungsreihe an der Universität Konstanz 1988/89. Hrsg. von Erhard R. Wiehn. Konstanz 1989, S. 187–198; hier 188 f.

der zufolge ging es dem linksoppositionellen Antizionismus gar nicht um eine konstruktive Kritik des Staates Israel oder eine differenzierte Beurteilung der israelischen Regierungsarbeit, sondern für ihn stand die Existenzberechtigung des jüdischen Staates überhaupt im Mittelpunkt der antizionistischen Verlautbarungen.[7] Im Gegensatz zur DDR verweigerten die offiziellen Vertreter der Bundesrepublik Deutschland wie auch die Repräsentanten der beiden christlichen Kirchen den verschiedenen antizionistischen Resolutionen der UNO ihre Zustimmung.[8]

Schick wurde es jedoch, wie beispielsweise in der grün-alternativen Szene der 80er Jahre und ihrem politischen Vertretungsorgan, der Partei »Die Grünen«, sich dezidiert gegen jegliche Form von Antisemitismus in der Bundesrepublik zu wenden, zugleich aber einen als antiisraelische Stellungnahme verbrämten Antizionismus zu pflegen[9], der in der Wortwahl und der Vermischung der Realitäten deutlich antisemitische Muster offenbarte.[10] Diese Einstellung ließ sich teilweise auch in der westdeutschen Tagespresse wiederfinden.[11] Charakteristisch für dieses Handlungsmuster, das bis weit in bürgerlich-liberale Kreise hineinreicht, sind die unterschiedlichen Sympathiewerte für in der Bundesrepublik lebende Juden und für Israelis. Infolge eines wenig differenzierten Israelbildes sind die Sympathiewerte für die in Deutschland lebenden Juden deutlich stärker ausgeprägt. Lediglich unter den Anhängern rechtsextremer Parteien zeigt sich eine starke Ablehnung gegenüber in Deutschland lebenden Juden, die in diesem Bevölkerungssegment sogar über die Ablehnung von Israelis hinausgeht. Nach den empirischen Untersuchungen von Bergmann/Erb[12] lassen sich im bundesdeutschen Israelbild fünf Dimensionen unterschiedlicher Bedeutung konstatieren, wobei die zwei erstgenannten dominant sind: »1. eine

[7] Henryk M. Broder, Antizionismus – Antisemitismus von links? In: Politik und Zeitgeschichte, Bd. 24, 12. Juni 1976, Bonn, S. 31–46.

[8] Konrad Löw, Im heiligen Jahr der Vergebung. Wider Tabu und Verteufelung der Juden. Zürich, Osnabrück 1991, S. 86.

[9] Werner Bergmann/Rainer Erb, Privates Vorurteil und öffentliche Konflikte. Der Antisemitismus in Westdeutschland nach 1945. In: Jahrbuch für Antisemitismusforschung, Bd. 1, hrsg. von Wolfgang Benz. Frankfurt a. M. 1992, S. 13–41, hier 35.

[10] Henryk M. Broder, Der Ewige Antisemit. Über Sinn und Funktion eines beständigen Gefühls. Frankfurt a. M. 1986, S. 97 ff.

[11] Heiner Lichtenstein, Die deutschen Medien und Israel. In: Deutschland und Israel. Solidarität in der Bewährung. Hrsg. von Ralph Giordano. Gerlingen 1992, S. 116–126, hier 121.

[12] Werner Bergmann/Rainer Erb, Antisemitismus in der Bundesrepublik Deutschland. Ergebnisse der empirischen Forschung von 1946 bis 1989. Opladen 1991, S. 173 ff.

ambivalente Einstellung zur Abhängigkeit Israels von den USA, zum Einfluß Israels auf die Welt und zur Anerkennung seiner militärischen Stärke. 2. die Anerkennung der Leistungen Israels auf wirtschaftlichem und kulturellem Gebiet angesichts einer ständigen Bedrohung von außen. Schwächer ausgeprägt sind die drei anderen Dimensionen: 3. die scharfe Kritik an der israelischen Politik. 4. die Ablehnung der Wiedergutmachung und der Mahnungen Israels, die Vergangenheit nicht zu vergessen. 5. die Auffassung, Israel sei ein Staat wie jeder andere.«[13] Zusammenfassend läßt sich konstatieren, daß für die meisten Befragten die Beziehungen zum Staat Israel stärker von einem an der tagespolitischen Aktualität orientierten Handeln als von der besonderen gemeinsamen Geschichte dominiert werden. Außerdem bietet die Anlegung besonders strenger moralischer Maßstäbe an den jüdischen Staat seinen kritischen Beobachtern die Möglichkeit, die israelisch-jüdische Kritik an der Bundesrepublik im allgemeinen und ihrem Umgang mit der Judenverfolgung im besonderen zu relativieren und zur Entlastung zu instrumentalisieren, beispielsweise wenn israelische Militäraktionen gegen die revoltierende palästinensische Zivilbevölkerung mit dem Verhalten des nationalsozialistischen Deutschlands gegen die jüdischen Bürger seit Mitte der 30er Jahre verglichen wurden.

Darüber hinaus zeigen die empirischen Untersuchungen für die alten Bundesländer Ende der 80er Jahre, je stärker die antisemitische Überzeugung ist, desto höher ist der Grad der gleichzeitigen antizionistischen Einstellungen.[14] Der Antizionismus wird jedoch auch noch aus anderen Quellen gespeist. So bildet die negative Haltung zum Staat Israel einen partiell eigenständigen Motivbereich, der, differenziert nach parteipolitischer Präferenz, deutlich unterschiedliche Rekrutierungsmuster aufweist. Während für die CDU/CSU-Wähler mit antizionistischer Einstellung nur eine sehr geringe gleichzeitige Unterstützungsbereitschaft für die Palästinenser erkennbar ist, ist diese bei antizionistisch eingestellten Wählern der Grünen nach Bergmann/Erb doppelt so hoch. Darüber hinaus ist, im Unterschied zum Antisemitismus, ein deutlich geringerer altersbedingter Anstieg konstatierbar, so daß keine klaren Generationsbrüche in der antizionistischen Einstellung sichtbar sind.

[13] Bergmann/Erb, Privates Vorurteil, S. 23.
[14] Bergmann/Erb, Antisemitismus, S. 193 ff.

DDR

Die Deutsche Demokratische Republik (DDR) verstand sich von ihrem Staatsverständnis her als ein »antifaschistisches« Land, in dem der Antisemitismus angeblich »mit der Wurzel ausgerottet war«. In diesem von Ignoranz gekennzeichneten Selbstverständnis der kommunistischen Machthaber lag eine der Lebenslügen des zweiten deutschen Staates begründet, da die Vergangenheitsbewältigung der Millionen Mitläufer ausblieb und nie eine ernsthafte und repressionsfreie Auseinandersetzung mit der NS-Zeit stattfand. Deshalb wurden antisemitische Grundtendenzen in der Bevölkerung bewußt negiert und vertuscht, da die DDR doch »antifaschistisch« sein sollte. Zugleich wurde staatlicherseits der Antizionismus nicht nur geduldet, sondern sogar tagtäglich in den zentral gelenkten Massenmedien praktiziert.[15]

Exemplarisch für dieses ambivalente Selbstverständnis der SED zu Beginn der fünfziger Jahre waren die Anschuldigungen und haltlosen Vorwürfe gegen das Politbüromitglied Paul Merker, der bereits vor 1933 Mitglied des Zentralkomitees der KPD war und während des Dritten Reiches in Mexiko im Exil lebte. In der Exilantenzeitschrift ›Freies Deutschland‹ publizierte Merker regelmäßige Beiträge, deren Inhalte – bewußt falsch interpretiert – ihm später zum Verhängnis werden sollten. Die Nachkriegsprozesse gegen bulgarische und ungarische Kommunisten im Jahre 1949 und den Generalsekretär der tschechoslowakischen KP, Rudolf Slansky, 1952 waren das Vorbild für die gegen Paul Merker erhobenen Vorwürfe, die dem gleichen Schema folgten: willkürlich konstruierte oder völlig frei erfundene Beschuldigungen der jeweiligen Angeklagten als Verschwörer und imperialistische Agenten sowie drakonische Urteile nach der »Überführung« oder den erzwungenen Selbstbezichtigungen.

Die »Lehren aus dem Prozeß gegen das Verschwörerzentrum Slansky«, wie der Beschluß des SED-Zentralkomitees vom Dezember 1952 betitelt war, verhüllten die antisemitische bzw. – wie es im offiziellen Sprachgebrauch hieß – die antizionistische Haltung der SED kaum: »Die zionistische Bewegung hat nichts gemein mit Zielen der Humanität und wahrhafter Menschlich-

[15] Konrad Weiß: »Du hast den Frieden frech ans Kreuz geschlagen...«. Israelfeindschaft und Antisemitismus in der DDR. In: Deutschland und Israel. Solidarität in der Bewährung. Hrsg. von Ralph Giordano. Gerlingen 1992, S. 73–85, hier 75 u. 77.

keit. Sie wird beherrscht, gelenkt und befehligt vom USA-Imperialismus, dient ausschließlich seinen Interessen und den Interessen der jüdischen Kapitalisten.«[16] Die von den Emigranten in Mexiko herausgegebene Zeitschrift ›Freies Deutschland‹ habe sich immer mehr zu einem »Publikationsorgan zionistischer Auffassungen« entwickelt. Nachdem von Merker die Leitung der Emigrationsgruppe übernommen worden sei, habe in ›Freies Deutschland‹ »die Verteidigung der Interessen zionistischer Monopolkapitalisten« begonnen.

Angelastet wurde Merker dabei auch die angebliche Forderung nach »Finanzierung der Auswanderung jüdischer Kapitalisten nach Israel«.[17] In seiner im Jahre 1942 verfaßten Fürsprache für die Emigranten, die ihm nun von der SED angelastet wurde, hatte Merker jedoch überhaupt nicht von Israel (oder damals) Palästina gesprochen.

Nach dem Ende des Stalinismus betrieb die SED seit den 60er Jahren beharrlich eine ideologische Quadratur des Kreises in der Definition von »Judentum«. Die Partei stand vor der schwierigen Aufgabe, den Bürgern erklären zu müssen, daß Jude nicht gleich Jude war, sondern daß es auf dessen Klassenzugehörigkeit ankomme. Während der Antizionismus als Ausdruck des kommunistischen Internationalismus angesehen wurde, galt der Antisemitismus ebenso wie der Zionismus als ein kapitalistischer Stellvertreter der Bourgeoisie, durch den die Klassengegensätze der politischen Systeme verdeckt werden sollten.[18] Der antagonistische Widerstreit zwischen sozialistischer Ideologie und alltäglicher Politik, in dem sich die SED permanent befand, entstand aus den zwei divergierenden Konsequenzen für den real existierenden Sozialismus in der DDR. Zum einen war man an der Existenz der kleinen jüdischen Gemeinden mit weniger als 400 Mitgliedern als Demonstrationsobjekt religiöser Freizügigkeit interessiert, zum anderen konnte man sie nicht als ein gültiges Element der real existierenden sozialistischen Gesellschaft akzeptieren.[19] Die antiisraelischen Angriffe der DDR-Regierung und der

[16] Lehren aus dem Prozeß gegen das Verschwörerzentrum Slansky. Beschluß des Zentralkomitees vom 20. Dezember 1952. In: Dokumente der Sozialistischen Einheitspartei Deutschlands, Bd. IV, Berlin (Ost) 1954, S. 202.
[17] Ebenda, S. 205.
[18] Peter Dittmar, DDR und Israel. Ambivalenz einer Nichtbeziehung, Teil 1. In: Deutschland Archiv, 10 (1977), S. 736–754; S. 743.
[19] Peter Honigmann, Gibt es in der DDR Antisemitismus? In: Civis 7/2 (1986), S. 4–12, hier 6.

staatlich gelenkten Massenmedien im Juni 1967[20] waren ein deutliches Zeichen der weiterhin antizionistischen Haltung des sozialistischen Staates DDR. Die zusätzliche agitatorische Instrumentalisierung des Antisemitismus für politische Zwecke zeigte sich beispielsweise im politischen Umgang mit der Bundesrepublik Deutschland. Allzu durchsichtig und einseitig war die Kritik am damaligen Bundestagspräsidenten Eugen Gerstenmaier im September 1967, der ungeachtet seiner aktiven Beteiligung am deutschen Widerstand gegen den Nationalsozialismus der Bagatellisierung des Neonazismus geziehen wurde. Im Frühjahr 1967 wurde bereits auf einer »internationalen Pressekonferenz« der Vorwurf erhoben, in der Bundesrepublik seien »Judenfeinde an der Macht«. Die Aneignung jüdischer Interessen durch die SED hatte sich aber schon zwei Jahre zuvor gezeigt, als im Jahre 1965 die kontroverse Debatte im Deutschen Bundestag und der Öffentlichkeit um die Verjährungsfristen von Naziverbrechen in einen »Protest der ganzen Welt« uminterpretiert wurde.[21] Verständlicherweise hatte es von jüdischer Seite, vor allem aus den USA und Israel, ablehnende Stimmen gegeben. Aber dieses Thema so hoch zu spielen, bestand für die DDR überhaupt kein Anlaß, da zur gleichen Zeit auch die Schlußgesetze zur Wiedergutmachung beschlossen wurden – eine Problematik, der sich der zweite deutsche Staat während seiner gesamten Existenz kategorisch verweigert hatte. Und im Gegensatz zur Bundesrepublik Deutschland, die seit 1965 diplomatische Beziehungen zum Staat Israel unterhält, begann die DDR erst nach der politischen Wende, unter der Regierung Modrow, Kontakte zum Staat Israel aufzunehmen, die aber zu keinem Abschluß mehr kamen.

Kennzeichnend für die von politischen Sachzwängen geprägte jahrzehntelange ambivalente Haltung vieler Juden gegenüber der offiziellen antizionistisch geprägten Außenpolitik der DDR, besonders gegenüber dem Staat Israel, dürfte die Aussage des früheren Erfurter Gemeindevorsitzenden Herbert Ringer sein, der bereits Ende der 60er Jahre konzedierte: »Natürlich ist das eine etwas schmerzhafte Sache für uns. Die meisten von uns haben dort Freunde und Verwandte... Schließlich sind wir ein sozialistischer Staat, und Israel ist noch ein kapitalistischer Staat. Das erschwert eine harmonische Beziehung. Wir

[20] Weiß, »Du hast den Frieden...«, S. 78 f.
[21] Siehe ausführlich Lothar Mertens, Staatlich propagierter Antizionismus: Das Israelbild der DDR. In: Jahrbuch für Antisemitismusforschung, Bd. 2, hrsg. von Wolfgang Benz. Frankfurt a. M. 1993, S. 139–153.

müssen realistisch sein und die Politik unserer Regierung unterstützen.«[22]

Die politische Realität, wie die nachdrückliche Unterstützung
der UN-Resolution vom November 1975, daß der Zionismus
eine Form des Rassismus sei[23], oder etwa die im November 1988
erfolgte Anerkennung eines Staates Palästina durch die DDR,
dokumentierten den staatlich praktizierten antizionistischen
Kurs. Diese Haltung war den seit Ende der 80er Jahre angestreb-
ten – dem Beispiel anderer Ostblockstaaten nachfolgend – gesellschaftlichen und wissenschaftlichen Kontakten (unter Vermeidung diplomatischer Beziehungen) zum Staat Israel nicht förder-
lich. So war die Anerkennung des Staates Palästina nicht nur ein
politischer Affront, sondern auch ein Alleingang der DDR, da
die Sowjetunion diesen Schritt erst im Januar 1990 vollzog.

Aber selbst im ›Nachrichtenblatt des Verbandes der Jüdischen
Gemeinden in der DDR‹ schlug sich die tendenziöse und negative Darstellung über Israel nieder. So wurde in der Berichterstattung über den Besuch einer israelischen Delegation in der
Magdeburger Gemeinde berichtet: »Natürlich war es auch für
uns interessant zu erfahren, wie heute der Bürger im Staat Israel
lebt. Wenn man das Gehörte vergleicht, dann kann man sagen:
›In der DDR haben Bürger jüdischen Glaubens eine gesicherte
Zukunft, können ihr Leben entsprechend ihren Wünschen gestalten und ihren Lebensabend in Frieden und Geborgenheit ver-
bringen. Inflation und Arbeitslosigkeit sind für uns Fremdwör-
ter. Mit diesen Problemen müssen aber unsere Glaubensgenossen in Israel ständig leben und fertig werden.‹«[24]

Daß derart verzerrte Darstellungen beider Staaten von einzelnen Gemeindemitgliedern als unangemessen gegenüber der gesellschaftlichen Realität in Israel angesehen wurden, offenbarte in
der gleichen Ausgabe des ›Nachrichtenblatts des Verbandes der
Jüdischen Gemeinden in der DDR‹ die pointierte Einleitung zu
zwei Rezensionen: »Das fast gleichzeitige Erscheinen von zwei
Publikationen zu Israel und seinen Bürgern mußte neugierig stimmen, da in unseren Massenmedien täglich kritische Berichte zu
diesem Land und den dortigen Verhältnissen gegeben werden.«[25]

---

[22] Zit. in Lothar Mertens, Schwindende Minorität. Das Judentum in der DDR. In:
Siegfried Theodor Arndt/Helmut Eschwege/Peter Honigmann/Lothar Mertens, Juden
in der DDR. Geschichte – Probleme – Perspektiven. Köln 1988, S. 125–159, hier 142 f.
[23] Löw, Im heiligen Jahr der Vergebung, S. 78 f.
[24] Nachrichtenblatt, März 1981, S. 24.
[25] Ebenda, S. 29.

Das seit Anfang der 80er Jahre zu bemerkende Aufflackern antisemitischer Tendenzen in der DDR[26] irritierte zwar die staatlichen Stellen, aber ohne daß Ursachenforschung betrieben und die Defizite verringert wurden, wie etwa die einseitige und antizionistisch verzerrte Darstellung Israels in den Medien. Der Ost-Berliner Gemeindevorsitzende Dr. Peter Kirchner kommentierte mit besonderem Blick auf die tagtäglich in Massenmedien und Schule indoktrinierten Jugendlichen im November 1982: »Da die offizielle politische Linie des Staates eine antiisraelische, proarabische ist, betonen die Massenmedien besonders diese antiisraelische Komponente. Sie heben sie sogar besonders hervor, so daß auch wir nicht mehr herum können, die hautnahe Verwandtschaft dieser antiisraelischen Einstellung zum traditionellen Antijudaismus festzustellen. Wenn ein heranwachsender Jugendlicher fast täglich – aus politischen Gründen – mit negativen Daten über die israelischen Juden gefüttert wird, kann er kaum umhin, diese negative Zeichnung auch auf die Juden in seiner Umgebung zu übertragen.«[27] Derartige Kommentare waren jedoch eher eine Ausnahme. Die Proteste, besonders der Ost-Berliner Gemeindeführung, gegen die häufig stark an antisemitische Negativvorbilder angelehnten Karikaturen über Israel in den DDR-Tageszeitungen, blieben der Öffentlichkeit verborgen, da solche politisch mißliebigen Stellungnahmen und Leserbriefe nicht veröffentlicht wurden.

Unter die Rubrik »positive Darstellung« Israels fielen vor der Wende in der DDR im Herbst 1989 eigentlich nur die Grußadressen an die Kommunistische Partei Israels und die Geburtstagswünsche für deren Generalsekretär. Hervorgehoben wurde bei dieser Gelegenheit immer dessen Engagement als israelischer Kommunist und sein Einsatz für die Interessen des »jüdisch-arabischen Volkes«.

Die tiefgreifenden politischen und gesellschaftlichen Veränderungen, die sich im Oktober/November 1989 nach der Ablösung Erich Honeckers in der DDR vollzogen, leiteten auch in dem Verhältnis zum Staat Israel einen grundlegenden Wandel ein. Die veränderten Bedingungen dokumentierte das SED-Blatt ›Neues Deutschland‹ ab Mitte November 1989 mit einer vierteiligen Reportage über den Alltag in Israel, die ungeachtet einiger unter-

---

[26] Siehe Waltraut Arenz, Skinheads in der DDR. In: Minderheiten in und Übersiedler aus der DDR, hrsg. von Dieter Voigt/Lothar Mertens. Berlin 1992, S. 141–171, hier 142 ff.

[27] Zit. in Mertens, Schwindende Minorität, S. 133.

schwelliger Vorbehalte im Text im Vergleich zu früheren Berichten geradezu positiv ausfiel und den DDR-Bürgern zahlreiche neue Einblicke in die dortigen Lebensbedingungen und in die israelische Kultur bot.

Das Präsidium des Verbandes der Jüdischen Gemeinden in der DDR betonte nach einer außerordentlichen Verbandstagung am 4. November 1989 in Dresden in einer Erklärung, die in der Tagespresse der DDR abgedruckt wurde, daß die Jüdischen Gemeinden in der DDR »ein elementares Interesse am Schicksal« des Staates Israel hätten, und verlangte, das Existenzrecht des jüdischen Staates »nicht in Frage zu stellen«. Die Verbandsverlautbarung gipfelte in der (kurz zuvor noch undenkbaren) Forderung an die DDR-Regierung, »eine Herstellung und damit Normalisierung der diplomatischen Beziehungen zu Israel... sofort anzustreben«[28].

Eng verbunden mit dem nach der Wende erfolgten außenpolitischen Kurswechsel der SED und der Abkehr von der früheren dezidiert antizionistischen Haltung war die sich abzeichnende Instrumentalisierung des neuen Kontaktes für die eigenen Ziele des Machterhaltes. DDR-Außenminister Oskar Fischer, noch ein Relikt aus der Honecker-Ära, zerstreute in Gesprächen mit Reportern die israelischen Ängste vor einer möglichen Wiedervereinigung Deutschlands und betonte Ende November 1989, dies werde nicht geschehen, da die Teilung eine Grundlage der Stabilität in Europa sei. Die Aufnahme diplomatischer Beziehungen zwischen der DDR und Israel wurde auch von Gregor Gysi, dem im Dezember 1989 gewählten neuen Vorsitzenden der SED-PDS, in einem Interview im Januar 1990 unterstützt. Gysi wandte sich nur wenige Wochen später an amerikanische Rabbiner, um weltweite finanzielle Hilfe für die DDR zu erhalten und um eine immer näher rückende Vereinigung beider deutscher Staaten zu vereiteln. Mit der Begründung, eine Wiedervereinigung sei »schlecht für die Welt, insbesondere aber für die Juden«[29], versuchte Gysi den Machtverfall der SED und den Untergang der DDR zu verhindern.

Das erste demokratisch gewählte DDR-Parlament bekannte sich schließlich in einer gemeinsamen Erklärung aller Volkskam-

---

[28] Zit. in Lothar Mertens, Die Jüdischen Gemeinden in der DDR bei deren Beitritt zur Bundesrepublik. In: Deutsche Studien, 28/112 (1990), S. 395–405, hier 397.

[29] Zit in Zeev Barth, DDR appelliert an jüdische Rabbiner. Gysi bittet um Finanzhilfe. In: Allgemeine jüdische Wochenzeitung, 45. Jg., Nr. 12, 22. März 1990, Bonn, S. 12.

mer-Fraktionen im April 1990 zur Last der deutschen Geschichte und gestand die Versäumnisse der Vergangenheit ein: »Wir bitten die Juden in aller Welt um Verzeihung. Wir bitten das Volk in Israel um Verzeihung für Heuchelei und Feindseligkeit der offiziellen DDR-Politik gegenüber dem Staat Israel und für die Verfolgung und Entwürdigung jüdischer Mitbürger auch nach 1945 in unserem Lande.«[30]

Die Gründung der »Gesellschaft DDR–Israel für Verständigung und Zusammenarbeit e. V.«, die Ende März 1990 erfolgte, war ein deutliches Zeichen für das jahrelang unterdrückte Interesse am jüdischen Staat sowie ein demonstratives Signal gegen den politischen Antizionismus früherer Jahre.

---

[30] Gemeinsame Erklärung aller Fraktionen der Volkskammer. In: Neues Deutschland, 45. Jg., Nr. 88, 14, April 1990, Berlin (Ost), S. 3.

Juliane Wetzel
Antisemitismus als Element rechtsextremer Ideologie und Propaganda

Obgleich sich das rechtsextreme Spektrum zunehmend über Ausländerfeindlichkeit definiert, kommt dem Antisemitismus eine immer noch fast ebenso bindende Funktion zu. Bestandteil der Ideologie und Propaganda sind nicht nur die bekannten Formen des jahrhundertealten Vorurteils, sondern in den Mittelpunkt rückt mehr und mehr der Aspekt eines neuen Antisemitismus, dessen Grundlage die Abwehr der Erinnerung an Auschwitz bildet. Dieser sekundäre Antisemitismus entsteht nicht mehr aus Gruppenkonflikten um Rechtsgleichheit und soziale Integration, vielmehr findet er seine Rechtfertigung durch eine vermeintlich diskreditierte Vergangenheit, ist also ursächlich mit dem Problem von Schuld und Verantwortung verbunden. Als einfachste Lösung, die NS-Zeit zu »bewältigen«, bietet sich die Forderung nach einem Schlußstrich unter die Vergangenheit. Immerhin stimmten mehr als die Hälfte der Deutschen bei einer Umfrage Anfang 1994 dieser Aussage zu.[1] Schuld daran, daß dieses Kapitel der deutschen Geschichte nicht geschlossen werden könne, seien die in Deutschland lebenden Juden. Der daraus resultierende Antisemitismus speist sich aus dem Vorwurf, ihre Präsenz würde die Erinnerung wachhalten, aus der sie moralisches und letztlich auch finanzielles Kapital schlügen. Insbesondere »Greuelpropaganda« und »Umerziehung« seien die Mittel, mit denen die »Mediendiktatur« und ihre »Hintergrundkräfte« – gemeint ist ein angeblich existierendes jüdisches Pressemonopol – das deutsche Volk erpresse.[2] Von solchen konspirativen Verschwörungstheorien aus ist der Weg nicht weit zu einer Verfälschung oder Verleugnung der Judenvernichtung, mit deren Hilfe ein latenter Antisemitismus reaktiviert werden kann. In der rechtsextremen Ideologie vermischt sich diese sekundäre Form des antisemitischen Vorurteils mit traditioneller Stereotypenbildung (z. B. »Wucher«, »Zinswirtschaft«, »jüdische Weltver-

---

[1] Die gegenwärtige Einstellung der Deutschen gegenüber Juden und anderen Minderheiten. Umfrage im Auftrag des Amerikanischen Jüdischen Komitees, durchgeführt vom EMNID-Institut 12.–31. 1. 1994.
[2] Vgl. Unabhängige Nachrichten 7 (1994).

schwörung«[3]) und wird zum Bindemittel des gesamten Spektrums.

Eine Form der Umsetzung dieser über die Grenzen der verschiedenen rechtsextremen ideologischen Ausprägungen hinweg funktionierenden Mechanismen sind relativierende Vergleiche. Das Organ der »Deutschen Liga für Volk und Heimat«, die ›Deutsche Rundschau‹, etwa bezeichnete im Februar 1994 den Angriff auf Dresden als »den in den Dimensionen der Zeit, Raum und Qual größten und vielleicht perversesten Akt des Völkermords in der Geschichte der Menschen« und kritisierte den Deutschlandfunk, der zwei Jahre zuvor, anstatt an diesen »Menschenvernichtungsofen« zu erinnern, des Antisemitismus der Jahrhundertwende gedachte.[4] Solche Mechanismen braucht die rechtsextreme Ideologie, um nach Abrechnung aller negativen Komponenten des NS-Staates schließlich ein positives Bild des Nationalsozialismus zu gewinnen, das dem neu-alten Denken als Vorbild dienen kann. Die Zeit der NS-Diktatur soll mit allen Mitteln in ein besseres Licht gerückt werden, damit der »Stolz auf das deutsche Vaterland« ungebrochen weitertradiert werden kann. Verdrängungsmechanismen, wie sie in vielen Teilen der deutschen Gesellschaft wiederzufinden sind, können für die Rechtsextremen keine Lösung sein, sie brauchen die NS-Ideologie als Grundlage, darauf zu verzichten würde ihnen den Boden unter den Füßen entziehen. Die Führer der rechtsextremen Szene wissen nur allzu gut, daß sie mit einem solchen Verleugnungs- und Verfälschungsmechanismus ein neues Anhängerpotential rekrutieren können.

Vorübergehend hielten die Verfasser jener Druckerzeugnisse, die sich in erster Linie an Jugendliche richten, die Leugnung des Holocaust nicht mehr für ein zentrales Thema. Seit dem Fall der Mauer haben die Leugner wieder Konjunktur, und der Revisionismus ist zu einem zentralen Bindeglied der gesamten Szene geworden. Darüber hinaus werden, soweit nicht die Ermordung von Juden selbst im Mittelpunkt steht, andere Opfergruppen – wie Türken – dem Genozid preisgegeben oder die Opfer-Täter-

---

[3] Im Programm der im Juli 1993 in Mainz gegründeten neonazistischen Vereinigung »Deutsche Nationalisten« finden sich die bekannten Stichworte »Wucher« und »Zinswirtschaft«, die im Zusammenhang mit Statements wie »seit dem Ende des Zweiten Weltkrieges stehen große Teile Deutschlands unter der Verwaltung fremder Mächte« und der Forderung nach Einstellung der »Wiedergutmachungszahlungen an ausländische Mächte« eindeutig als getarnte antisemitische Aussagen zu entlarven sind (blick nach rechts, 5. 10. 1993).

[4] Deutsche Rundschau, Februar 1994.

Rolle erfährt eine völlige Umkehrung ihrer Interpretation wie in einem Artikel der ›Remer-Depesche‹ unter dem Titel ›Der Ersatz-Holocaust‹ vom Juli 1993: »Da die brennenden Asylantenunterkünfte, die übrigens z. T. von den Asylanten selber angezündet werden, niemanden mehr aufregten, mußten andere Häuser brennen... Und was geschieht, wenn sich auch keiner mehr über brennende Türkenhäuser aufregt? Dann wird der israelische Geheimdienst *Mossad* dazu übergehen, Juden zu verbrennen und es Deutschen in die Schuhe zu schieben [sic!]. Wenn schon der alte nichts mehr taugt: das wäre dann wahrlich ein neuer, ein Ersatz-Holocaust!«[5]

Eine ebenso beliebte These der Rechtsextremen ist der Vorwurf an die Juden, selbst schuld zu sein an den Verfolgungen des Dritten Reiches. Als fadenscheiniger Beweis dient ein Brief von Chaim Weizmann, dem damaligen Präsidenten der Jewish Agency, an Neville Chamberlain vom 2. September 1939. Weizmann versicherte in diesem Brief, daß alle Juden der Welt auf Englands Seite stehen würden. Weizmanns Bemerkung wird vor allem im rechtsextremen Spektrum, aber auch von manchem apologetischem Historiker – etwa von Ernst Nolte[6] – als Kriegserklärung an Deutschland interpretiert. Die inzwischen gemäßigtere Zeitschrift ›Mut‹ glaubte in ihrer indizierten, im Januar 1979 erschienenen Nummer ›Holocaust international‹, für diese jüdische »Kriegserklärung« noch ein früheres Zeugnis gefunden zu haben. Sie zitiert Auszüge aus einem Artikel des ›Daily Express‹ vom 24. März 1933: »Judea declares war on Germany.« Der Kommentar von ›Mut‹: »Diese jüdische Kriegserklärung und die unheilvollen deutschen Reaktionen der folgenden Monate und Jahre wirkten sich für Deutschland und Europa verhängnisvoll aus.«[7] Die abwegige These der zweifachen Kriegserklärung tauchte im Januar 1994 erneut in der ›Remer-Depesche‹ im Zusammenhang mit dem Buch ›Streitpunkte‹ von Ernst Nolte auf. Ob das abgedruckte Gespräch mit dem Autor tatsächlich geführt oder aus Aussagen Noltes zusammengestellt wurde, die aus seinem Buch bzw. aus Interviews an anderer Stelle stammen, bleibt dahingestellt. Jedenfalls werden Stereotype wie das einer

[5] Remer-Depesche 4 (1993), S. 1.
[6] Vgl. Ernst Nolte, Zwischen Geschichtslegende und Revisionismus. Das Dritte Reich im Blickwinkel des Jahres 1980 (Vortrag vor der Carl-Friedrich von Siemens Stiftung 1980). In: »Historikerstreit«. Eine Dokumentation der Kontroverse um die Einzigartigkeit der nationalsozialistischen Judenvernichtung. München 1987.
[7] Mut, Januar 1979.

angeblichen jüdischen Finanzmacht kolportiert, die nationalsozialistische Reaktion auf die »Kriegserklärung des Jüdischen Weltkongresses« als berechtigte und logische Folge gewertet und die Einzigartigkeit des Holocaust in Zweifel gezogen. Folglich titelt die ›Remer-Depesche‹: »Wenn der Holocaust eine Lüge ist, dann ist Antijudaismus Pflicht!«[8]

Diese Ebene ist durchaus noch erweiterungsfähig: Unzählige Beispiele ließen sich für den Vorwurf anführen, mit Hilfe der »Auschwitz-Lüge« – als Folge einer »jüdischen Umerziehungskampagne« – hätten die Juden Wiedergutmachungsleistungen erpreßt, also mit den Schuldgefühlen der Deutschen Geschäfte gemacht. Eben dieses Argumentationsmuster benutzte der ehemalige Reichsarbeitsdienstführer und in rechtsextremistischen Kreisen umtriebige Antisemit Erwin Schönborn, als er das Tagebuch der Anne Frank auf einem Flugblatt als Fälschung bezeichnete und es als »das Produkt einer jüdischen anti-deutschen Greuelpropaganda, um die Lüge von sechs Millionen vergasten Juden zu stützen und den Staat Israel zu finanzieren« verunglimpfte.[9]

Derartige Propagandamechanismen vergrößern gleichzeitig den Kreis der Betroffenen. Im Mittelpunkt stehen nicht mehr nur die in Deutschland lebenden Juden, sondern auch und ganz besonders der Staat Israel. Diese Verschiebung der Ebenen tritt seit den 70er Jahren als völlig neue Komponente der antisemitischen Agitation in rechtsextremen (übrigens nicht nur dort) Kreisen auf. Die Kritik am jüdischen Staat bietet ein willkommenes Podium für eine relativ unbehelligte, offene Präsentation antisemitischer Vorurteile. Die Gefahr, gegen geltendes Recht zu verstoßen – die Einhaltung gewisser Limits vorausgesetzt –, ist bei dieser Methode nahezu auszuschließen. Deshalb gehört die immer wieder beschworene Parallelität zwischen dem Völkermord an den Juden und dem Schicksal der Palästinenser zum festen Bestandteil der Vergleichs- und Verharmlosungsstrategie der Rechtsextremen.

In einem Artikel ›Die Rechte, der Antisemitismus und der

[8] Remer-Depesche 1 (1994).

[9] Zit. nach Stefan Klein, Von den Schwierigkeiten der Justiz im Umgang mit KZ-Schergen und Neonazis. In: Wolfgang Benz (Hrsg.), Rechtsextremismus in der Bundesrepublik. Voraussetzungen, Zusammenhänge, Wirkungen. Frankfurt a. M. 1984, S. 103; vgl. auch: Drahtzieher im braunen Netz. Der Wiederaufbau der »NSDAP«. Hrsg. v. ID-Archiv im ISSG. Berlin, Amsterdam 1992, S. 14; Schönborn wurde im Frühjahr 1979 mit der Begründung des Rechts auf freie Meinungsäußerung von dem Vorwurf der Volksverhetzung freigesprochen.

Fremdenhaß‹ in der Zeitschrift ›Europa vorn‹ betont der Autor Hans Rustemeyer: »Wir, die Neue Rechte, haben keine Schwierigkeiten mit den Juden, sondern mit den Multikulturalisten. Bubis jedenfalls scheint für diese multikulturellen Gedanken einzutreten…« Die einleitende Bebilderung des Artikels zeigt die wahre Gesinnung. Zwei Fotos werden mit folgenden Bildunterschriften gegenübergestellt: »Juden als Opfer (links in Berlin 1941), Juden als Täter (rechts im Gaza-Streifen 1993 mit zusammengetriebenen Palästinensern).«[10]

Die öffentliche Stellungnahme jüdischer Repräsentanten zum Brandanschlag auf die Lübecker Synagoge in der Nacht vom 24. auf den 25. März 1994 veranlaßte die ›Deutsche Wochen-Zeitung‹ zu der Aussage: »Und von den jüdischen Rednern erinnerte merkwürdigerweise keiner an die millionenfach schrecklichere Untat von Hebron, wo wenig vorher israelische Banditen in der Ibrahim-Moschee einen in seiner Heimtücke kaum faßbaren Massenmord an den betenden Arabern vollzogen haben.«[11] Dieser Vorwurf an die deutschen Juden und die ihnen oktroyierte Verantwortung für jedwedes Unrecht, das in Israel passiert, impliziert die Gleichsetzung von Juden und Israelis, die sich im übrigen nicht auf rechtsextreme Kreise beschränkt. In diese Kategorie gehören die Äußerungen des CDU-Politikers Karl-Heinz Schmidt anläßlich einer Pressekonferenz im Rostocker Rathaus im Herbst 1992. Schmidt fragte den Vorsitzenden des Zentralrats der Juden in Deutschland, Ignatz Bubis: »Herr Bubis, Sie sind deutscher Staatsbürger jüdischen Glaubens. Ihre Heimat ist Israel. Ist das richtig so? Wie beurteilen Sie die täglichen Gewalttaten zwischen Palästinensern und Israelis?« Bubis konterte: »Sie wollen mit anderen Worten wissen, was ich hier eigentlich zu suchen habe?« und machte damit klar, daß die Frage in der Tradition nationalsozialistischer Ausgrenzung (Jude gleich Fremder) stand. Auf der gleichen Schiene argumentiert die ›Deutsche National-Zeitung‹, wenn sie das Mitglied des Zentralrats der Juden in Deutschland, Michael Friedman, »der in Paris geboren ist und dessen Familie aus Krakau stammt«, fragt, warum »Nationalmasochismus, Selbstgeißelung und Schuldbesessenheit allein für das deutsche Volk so gesund und heilsam sein sollen… Wo und wann gedenkt Israel der Vertreibung Hunderttausender Palästinenser…?«[12]

[10] Europa vorn 47 (1993), S. 6.
[11] Deutsche Wochen-Zeitung, 8.4.1994.
[12] Deutsche National-Zeitung, 20.5.1994.

Die ›Remer-Depesche‹, in erster Linie ein Organ der Leugnung des Holocaust (»Auschwitz – Aus für die Gaskammern«, »Es gab keine Gaskammern. Es gab keinen Völkermord an Juden«[13]), suggeriert eine ähnliche Verbindung wie die ›Deutsche National-Zeitung‹. In einem »offenen Brief« an den ehemaligen Bundespräsidenten Richard von Weizsäcker finden sich folgende Sätze: »Über Jahre hinweg krochen Sie ganz speziellen Judenlügnern zu Kreuze, was viele anständig gebliebene Deutsche zum Erbrechen brachte... was stören Sie schon Tausende in ihrem eigenen Land von israelischen Besatzern bestialisch abgeschlachtete Palästinenser?«[14]

Die rechtsextreme Szene wird nicht müde, immer wieder die altbekannten antisemitischen Topoi als neueste Erkenntnisse zu verkaufen. Dazu gehört die Tradierung des mittelalterlichen antisemitischen Motivs der »Judensau«. Am 20. Juli 1992, kurz nach dem Tod von Heinz Galinski, dessen Ableben in der rechten Presse bejubelt wurde, warf Thomas Dienel, früher Mitglied der SED und Funktionär der FDJ sowie Gründer der neonazistischen »Deutsch-Nationalen Partei«[15], zusammen mit drei Skinheads zwei Schweinekopfhälften in den Vorgarten der jüdischen Gemeinde Erfurt. Auf einem beigefügten Zettel stand zu lesen: »Dieses Schwein Galinski ist endlich tot. Noch mehr Juden müssen es sein.«[16] Im Oktober 1993 wurde das Mahnmal am S-Bahnhof Grunewald in Berlin, einem der Sammelplätze für die Deportation der Juden während der NS-Zeit, mit zwei Schweineköpfen geschändet. Die Ermittlungsbehörden vermuteten einen rechtsextremistischen Hintergrund.[17]

Man begegnet aber auch den ›Protokollen der Weisen von Zion‹[18], der ›Kriegserklärung der Juden an Deutschland‹, dem Fälschungsvorwurf gegenüber dem Tagebuch der Anne Frank[19] und der Broschüre ›Germany must perish‹ von Theodore N.

---

[13] Remer-Depesche 2 (1991), S. 1, zit. nach Verfassungsschutzbericht BMdI 1991, S. 104.

[14] Zit. nach Verfassungsschutzbericht BMdI 1991, S. 104.

[15] Vgl. Verfassungsschutzbericht BMdI 1992, S. 102.

[16] Verfassungsschutzbericht Thüringen 1992, S. 35.

[17] Berliner Morgenpost, 21. 10. 1993.

[18] Z. B. Die Bauernschaft, September 1993, S. 24.

[19] Im März 1990 z. B. wurde der Neonazi Edgar Geiß zu einer Geldstrafe von DM 6000,– verurteilt, weil er das Tagebuch des in Holland untergetauchten Mädchens als Fälschung bezeichnet hatte; Angelika Königseder, Zur Chronologie des Rechtsextremismus. In: Wolfgang Benz (Hrsg.), Rechtsextremismus in Deutschland. Voraussetzungen, Zusammenhänge, Wirkungen. Frankfurt a. M. 1994, S. 288; blick nach rechts, 7. 5. 1990.

Kaufman. Nicht nur die ›Remer-Depesche‹ wußte im Januar 1993 zu berichten, Präsident Roosevelt, zu dessen Berater Kaufman hochstilisiert wird, habe den Kaufman-Plan für gut und interessant gehalten[20], auch der »Freundeskreis Freiheit für Deutschland« verbreitete unter dem Titel ›Antideutsche Ausrottungswaffen‹ das folgende Flugblatt: »Im Zweiten Weltkrieg wurde von Nathan Kaufman, dem amerikanischen Präsidentenberater, der Vorschlag gemacht, das deutsche Volk nach dem Krieg mittels Sterilisation auszurotten. Alle deutschen Männer und Frauen sollten durch ärztliche Eingriffe unfruchtbar gemacht werden. Das dazu notwendige Vorgehen wurde in einer Broschüre: GERMANY MUST PERISH ausführlich und detailliert beschrieben und weltweit verbreitet. Nach dem Waffenstillstand wurde dieser Plan nicht ausgeführt. Die Ausrottungspläne gegenüber dem deutschen Volk bestehen jedoch weiter.«[21] Schon das Reichspropagandaministerium hatte 1941 mit einer entsprechenden Publikation glauben machen wollen, der Jude Kaufman sei kein Einzelgänger und seine abstrusen Ideen common sense in der amerikanischen Öffentlichkeit. Nichts von alldem entsprach der Wahrheit.[22]

Der militant rassistische »Freundeskreis« versucht, nach ähnlichem Muster wie die »Kriegserklärungsthese«, den Holocaust als Konsequenz auf jüdisches Fehlverhalten darzustellen, also eine Art logisches Notwehrverhalten zu konstruieren. Vor allem mit Flugblättern betreibt der »Freundeskreis«, der Verbindungen zu den verschiedensten rechtsextremen Gruppierungen hält, brutale Stimmungsmache gegen Juden und Ausländer. Er reiht sich auch in jene antisemitische Riege ein, die immer wieder das falschverstandene Bibelzitat des »Auserwähltseins« thematisiert, und demonstriert gleichzeitig seine Ausländerfeindlichkeit: »Das Volk verlangt den AUSLÄNDERSTOPP! Die Juden Gerhard Baum und Burkhard Hirsch (FDP) sind besorgt… Juda kocht! Schließlich ist die Ausländerunterwanderung einer der wichtigsten Eckpfeiler der auf Beseitigung arischer Existenz gerichteten Auserwählten Strategie.«[23]

Auch dieses Beispiel zeigt, daß die Ausländerfeindlichkeit,

---

[20] Remer-Depesche 1 (1993).
[21] Flugblatt abgedruckt in: Rainer Fromm, Am rechten Rand. Lexikon des Rechtsradikalismus. Marburg 1993, S. 87.
[22] Vgl. Legenden, Lügen, Vorurteile. Ein Wörterbuch der Zeitgeschichte. Hrsg. v. Wolfgang Benz. München 1992, S. 88 ff.
[23] Flugblatt Nr. 56. Zit. nach Verfassungsschutzbericht BMdI 1992, S. 123.

also die Ausgrenzung alles »Fremden«, ebenso bezogen ist auf die Juden, die nicht als Teil der Mehrheitsgesellschaft empfunden werden. Xenophobische Inhalte gehen einher mit antisemitischen Vorurteilsstrukturen, nicht selten schaukeln sie sich gegenseitig hoch und beeinflussen einander. Obgleich die Anti-Ausländerpropaganda bei allen rechtsextremen Parteien und Gruppen, auch jenen, die sich betont demokratisch geben, wie etwa die »Republikaner«, an erster Stelle steht, haben die Zunahme von antisemitischen Übergriffen, anonymen bzw. inzwischen mehr und mehr mit Absender versandten Hetz-Briefen an die jüdischen Gemeinden, aber auch Umfragen bei Wählern rechtsextremer Parteien, deutlich gemacht, daß der Antisemitismus, wenn nicht Bestandteil der Ausländerfeindlichkeit, so doch unmittelbare Konsequenz dieses Ausgrenzungsmechanismus ist. Vorsicht allerdings ist geboten bei vorschneller Einordnung gerade im Bereich der Jugendszene: Nicht jeder, der antisemitische Parolen grölt, muß zwingend auch Antisemit sein. Das Bedürfnis Jugendlicher, zu provozieren, findet hier einen möglichen Kristallisationspunkt. »Jude« wird zu einem vor allem auf dem Fußballplatz benutzten Schimpfwort, ohne mit politischen Inhalten verbunden sein zu müssen. Mit antisemitischen Parolen, die zum Outfit eines jeden Rechtsradikalen gehören, wird Fremdenfeindlichkeit kolportiert und funktionalisiert. Täteraussagen bestätigen diese Zusammenhänge. In Gelsenkirchen gestand ein Lehrling, im Herbst 1992 viermal jüdische Friedhöfe heimgesucht und sechs Brandanschläge verübt zu haben. Als Begründung für diese Übergriffe gab er Haß auf Ausländer an.[24] Besonders anschaulich zeigt sich diese Entwicklung in jenen Medien, die vor allem Jugendliche ansprechen und deshalb um so bedenklicher sind: Musik, Computerspiele, Fanzines.

Obgleich die Skinhead-Musik keineswegs nur Ausdruck einer rechtsextremen Haltung und in ihrer Gewaltverherrlichung nicht einer politischen Richtung zuzuordnen ist, sind doch viele Skinhead-Bands durch ihre Aussagen eindeutig dem rechtsextremen Spektrum zuzurechnen. Sie hetzen mit ihren nationalistischen und rassistischen Liedtexten zur Verfolgung von Ausländern und Juden auf, schrecken nicht vor Tötungsempfehlungen zurück und transportieren damit Inhalte, die den Neonazis eine Rekrutierung für ihre Zwecke leicht macht. Die Band »Brutale Haie« etwa propagiert in ihrem ›Doitschlandlied‹ den Kampf ge-

---

[24] Frankfurter Rundschau, 10. 11. 1992.

gen Ausländer: »...Ausländer haben sich eingeschlichen... Ihr braucht doch nicht hier zu leben, zieht doch in Euer Kanakenland.«[25] Zum Repertoire der Gruppe »Tonstörung« aus Mannheim gehören neben ausländerfeindlichen Texten eindeutig haßerfüllte antisemitische Lieder: »Wetz dir deine Messer auf dem Bürgersteig, laß die Messer flutschen in den Judenleib. Blut muß fließen knüppelhageldick, und wir scheißen auf die Freiheit dieser Judenrepublik! In die Synagoge hängt ein schwarzes Schwein... schmiert die Guillotine aus dem Judenfett.«[26]

Bei rechtsextremen Computerspielen konkurriert der »Anti-Türken-Test« mit dem »Ariertest«. Rechtsradikale Inhalte – Führerkult, Rassismus und NS-Symbole – werden durch dieses wohl gefährlichste, weil unkontrollierbare Propagandamedium hauptsächlich an Schüler und Jugendliche weitergegeben. In ›Hitler-Diktator‹ wird ein »brutaler Angriffskrieg auf Dänemark« geführt und schließlich die Frage gestellt: »Soll Ihre SS eine Judenverfolgung durchführen?« Wählt man »ja«, so erfolgt sogleich die Antwort: »Die SS hat alle Juden gefangen genommen und warf sie in die Gaskammern.« ›The Nazi‹ lobt den Spieler, wenn er auf die Frage »Ein türkischer Junge kommt auf dich zu. Was tust du?« antwortet: »Ich gebe ihm eine Zyankali-Kapsel und sage, es wäre ein Bonbon.«[27] In ›Stalag 1‹ hingegen müssen die Wächter die KZ-Insassen – »Volksfeinde« – an Ausbruchsversuchen hindern. Alles überbietet das Spiel ›Achtung Nazi‹, bei dem auf Knopfdruck grafisch eine Massenvergasung wie in den »Duschräumen« der Vernichtungslager simuliert wird. Bildschirmkommentar: »10 000 kleine Negerlein, die wollten duschen gehn. Türen zu, Gas rein – da waren's nur noch zehn.« Damit nicht genug, im Spiel ›Sieg des Diktators‹ wird der Spieler zum »Reichsminister« erhoben und darf eine »Dönerkristallnacht« gegen »Neger, Türken, Juden und andere Parasiten« durchführen.[28] Mit dem Ritterkreuz 1. Klasse wird ausgezeichnet, wer ›KZ Manager II‹ erfolgreich zu Ende führt. In Rußland muß ein Gefangenenlager für Juden eingerichtet und bewacht werden. Gewonnen ist das Spiel, wenn 3000 Juden ermordet

[25] Verfassungsschutzbericht BMdI 1994 (Manuskriptfassung), Rechtsextremistische Bestrebungen, S. 22.
[26] Demotape ›Doitsche Musik‹, 1992, zit. nach Verfassungsschutzbericht BMdI 1992, S. 84, mit Ergänzungen aus Rainer Erb, Antisemitismus in der rechten Jugendszene. In: Werner Bergmann/Rainer Erb, Neonazismus und rechte Subkultur. Berlin 1994, S. 40 f.
[27] Nürnberger Nachrichten, 5. 1. 1989.
[28] Happy Computer 8 (1988).

worden sind. Die Frage, »Wie viele Juden wollen Sie den Soldaten zur Belustigung überlassen?«, kehrt immer wieder. In einer
der drei Antwortvarianten ist etwa von einem »Zyklon B-abhän-
gigen Juden« die Rede. Inzwischen hat der Vertrieb solcher Na-
ziware ein neues Terrain besetzt: Über Mailboxes sind Bauanlei-
tungen für Molotowcocktails zu beziehen.

»Hersteller unbekannt«, die judikativen Organe der Bundesrepublik sehen sich vor einem unlösbaren Problem. Es können
nur Vermutungen bezüglich der Täter geäußert werden. Die eingeleiteten Ermittlungsverfahren mußten in den meisten Fällen
wieder eingestellt werden, weil weder Hersteller noch Vertreiber
zu ermitteln waren; sie verbergen sich hinter Bezeichnungen wie
»Verein deutscher Anti-Neger«, »Adolf Hitler Software Ltd.«
oder »Men at Work Crew«.

Anders als die Computerspiele können sich Druckerzeugnisse
nur schwer der Kontrolle der staatlichen Organe entziehen. Die
Verfasser rechtsextremistischer Fanzines mit rassistischem und
antisemitischem Inhalt, die etwa ein Drittel der Skinhead-Szene-
Blättchen ausmachen, haben aufgrund verschärfter Verfolgung
durch Polizei und Verfassungsschutz sowie zahlreicher Strafverfahren[29] ihre Aussagen inzwischen stark abgemildert. Sie bedienen sich nun harmlos klingender Anspielungen, deren tatsächlich rassistisch antisemitischer Hintergrund für Szeneangehörige
leicht zu entschlüsseln ist. Das Mitte 1993 erstmals erschienene
Fanzine ›Brauner Besen‹ kennt derlei Zurückhaltung allerdings
nicht. Hier verbinden sich rassistische und antisemitische Agitation: »Der Braune Besen ist allen politisch Aktiven gewidmet,
die von diesem Scheiß-Judenstaat unterdrückt und verfolgt werden!«[30]

Der Fanzine-Bereich gehört zu jenen Aktionsfeldern, wo sich
die Vernetzung zwischen Skinheads und neonazistischen Gruppen manifestiert. Mitglieder der »Freiheitlichen Deutschen Ar-
beiterpartei« (FAP) beeinflussen mit den von ihnen herausgege-
benen Fanzines die Szene: ›Frontal‹ erschien von 1991 bis 1993 in
Essen und wurde inzwischen von ›Moderne Zeiten‹ abgelöst, die

---

[29] Anfang September 1994 teilte die Bundesregierung mit, daß in den ersten drei Monaten dieses Jahres 4163 Ermittlungsverfahren aufgrund rechtsextremistischer oder aus-
länderfeindlicher Straftaten eingeleitet worden seien. Die Hälfte der Verfahren sei wegen des Verbreitens von Propagandamitteln verfassungsfeindlicher Organisationen geführt worden; bei 730 Fällen handele es sich um Volksverhetzung und Aufstachelung
zum Rassenhaß. 529 Täter wurden bereits verurteilt (SZ, 7. 9. 1994).
[30] Zit. nach Verfassungsschutzbericht BMdI 1994 (Manuskriptfassung), Rechtsextremistische Bestrebungen, S. 24.

1991 gegründete ›Proißens Gloria‹ kommt in Berlin heraus.[31] Ku-Klux-Klan-Symbolik, Ausländerfeindlichkeit, Antisemitismus und Rassismus werden miteinander verknüpft. Gehetzt wird allerdings auch gegen den »Schwulenkönig Kühni«, den 1991 an Aids verstorbenen Neonazi Michael Kühnen.[32]

Der ehemalige Bundeswehrleutnant Kühnen, der jahrelang die Integrationsfigur des neonazistischen Lagers war, machte sich in der ›Neuen Front‹ vor zehn Jahren »Gedanken zum Thema Rasse«. Nach seiner Meinung sollte sich jeder nationale Sozialist »mit dem Grundbegriff und allen darauf aufbauenden Gedankenkonstruktionen« beschäftigen. »Millionen Ausländer«, so Kühnen, drohen »die biologische Substanz des deutschen Volkes zu zersetzen«. Parolen wie »Ausländer raus!« seien eine »spontane Artikulation des Volkszornes«. Im weiteren werden dem Propagandisten des Antisemitismus des 19. Jahrhunderts Graf Arthur de Gobineau »unendliche Verdienste« attestiert, da er »die überragende Bedeutung des arischen Menschen als erster herausstellte«. Hitlers Befehl der »Reinerhaltung der Rasse« in seinem politischen Testament müsse, laut Kühnen, als Vorbild dienen, zumal sie »Enkel und Enkelinnen jener Weltkriegssoldaten« seien, »von denen jeder einzelne den Treueschwur auf Adolf Hitler geleistet hat«.[33]

Kühnens zuletzt gegründete und im Februar 1989 verbotene »Nationale Sammlung« (NS) entstand als eine bundesweite Wählerinitiative der FAP anläßlich der Hessischen Landtagswahlen im März 1989. Die im März 1979 von dem ehemaligen HJ-Führer Martin Pape gegründete Partei gab sich zwar militaristisch und ausländerfeindlich, schrieb aber trotz aufgeschlossener Haltung gegenüber dem Neonazismus die Ablehnung des Antisemitismus in ihr Aktionsprogramm. Teile der Partei fühlten sich daran aber nicht gebunden. Anläßlich der Kommunalwahlen in Dortmund 1984 verteilte die FAP Aufkleber im Stürmer-Stil mit haßerfüllten Karikaturen von Ausländern, Juden und Schwarzen mit dem Aufdruck »Wir müssen draußen bleiben«.[34] Nach dem Verbot von Kühnens »Arbeitsgemeinschaft Nationaler Sozialisten/Nationaler Aktivisten« (ANS/NA) Ende 1983 traten die meisten Mitglieder dieser Kaderorgani-

[31] Fromm, Am rechten Rand, S. 83.
[32] Rainer Fromm/Barbara Kernbach, »… und morgen die ganze Welt?« Rechtsextreme Publizistik in Westeuropa. Marburg, Berlin 1994, S. 74.
[33] Die Neue Front 12 (1984).
[34] Werbung in Die Neue Front 7 (1984).

sation in die FAP ein und verliehen ihr politische Bedeutung in der Neonaziszene. Pape kritisierte den Antisemitismus der Kühnen-Gruppierungen und konnte sich in der Partei nicht weiter behaupten; im November 1988 wurde der ehemalige Vorsitzende der 1982 verbotenen »Volkssozialistischen Bewegung/Partei der Arbeit« Friedhelm Busse zum Vorsitzenden gewählt.[35]

Mehr und mehr wurde die FAP zu einer militant-terroristischen Tarnorganisation für die im Untergrund auch nach ihrem Verbot weiterarbeitende ANS/NA. Mit dieser Unterwanderung wurde gleichzeitig auch das militant antisemitische Gedankengut in die Partei getragen. Unter der Führung von Jürgen Mosler, der früher Mitglied der »Nationaldemokratischen Partei Deutschlands« (NPD) bzw. deren Jugendorganisation »Junge Nationaldemokraten« (JN) und der Wiking-Jugend war, agierte ein extrem antisemitischer Flügel in der Partei; 1990 verließ die Mosler-Gruppe die FAP.[36] Insbesondere durch die engen Kontakte zu der in Lincoln/Nebraska ansässigen »NSDAP-Auslandsorganisation« (NSDAP-AO) des Gary Rex Lauck, die mit Druckerzeugnissen, Stickern, Labels und sonstigem Propagandamaterial wüstesten Antisemitismus verbreitet, wurde dennoch die antisemitische Linie weiter fortgesetzt; viele FAP-Mitglieder sind gleichzeitig Aktivisten der NSDAP-AO.

Wohl eine der ekelhaftesten Aktionen der NSDAP-AO war die Verbreitung des Brettspiels »Jude ärgere dich nicht« mit Spielanleitung und dem polemischen Beiblatt ›Gesammelter Backofenschwindel und Gaskammersongs‹. Dieses auf dem Index stehende üble Machwerk wurde 1983 erstmals verbreitet und nochmals im August 1986 mit dem Kommentar versandt: »Das noch weitgehend unbekannte – aber bei Juden sehr beliebte – Gaskammer-Brettspiel ›Jude ärgere Dich nicht‹ wird ab sofort zum Pflichtspiel für alle Deutschen zwischen 8 und 80 erklärt. Es muß ebenso selbstverständlich benutzt werden wie Toilettenpapier...«[37]

Enge Kontakte pflegt die NSDAP-AO mit der Kaderorganisation »Gesinnungsgemeinschaft der Neuen Front« (GdNF), die als Sammelbecken von NS-Aktivisten gilt. Welche Rolle der An-

[35] Fromm, Am rechten Rand, S. 81; Georg Christians, »Die Reihen fest geschlossen«. Die FAP – Zu Anatomie und Umfeld einer militant-neofaschistischen Partei in den 80er Jahren. Marburg 1990, S. 26.
[36] Fromm, Am rechten Rand, S. 81.
[37] Christians, »Die Reihen fest geschlossen«, S. 144 f.

tisemitismus in diesem Dunstkreis früherer Kühnen-Anhänger spielt, zeigt die Tatsache, daß die GdNF zu Schulungszwecken Jugendlichen den NS-Propagandafilm ›Der ewige Jude‹ vorführt. Vertreiber ist die NSDAP-AO, er kann aber auch über eine faschistische Buchhandlung in Mailand völlig unproblematisch bezogen werden. Der amerikanische Vertreiber Gary Lauck von der NSDAP-AO »mag den Film, weil er die Wahrheit zeigt. ... Er ist eigentlich viel zu zahm«. Auf die Frage, ob der Vergleich von Juden und Ratten nicht Haß sei, antwortete Lauck: »Ich stimme zu, daß es unfair gegenüber den Ratten ist, sie mit Juden zu vergleichen, und ich entschuldige mich bei den Ratten. Aber Ratten gelten nun mal als schmutziges und unerwünschtes Element, und das ist eine genaue Beschreibung davon, was Juden sind.«[38]

Heute ist die GdNF, die nach dem Tod Kühnens immer mehr an Bedeutung verlor, nicht viel mehr als das Redaktionskollektiv des »Kampforgans der nationalsozialistischen Bewegung in Deutschland«, der ›Neuen Front‹, die inzwischen über Kontaktanschrift anonym von den Niederlanden aus verbreitet wird. Rassistische und antisemitische Karikaturen finden sich dort ebenso wie die Feststellung, das Anne-Frank-Tagebuch sei eine Fälschung, und die Verehrung eines Saddam Hussein als Helden der Araber.[39] Auch die Antizionistische Aktion (AZA), eine Vorfeldorganisation der FAP, die sich der ›Neuen Front‹ als Publikationsmedium bedient, glorifiziert den irakischen Präsidenten. Logische Konsequenz ist der Vorwurf an den Zionismus, einen Weltherrschaftsanspruch zu vertreten, deshalb sei »ohne Lösung der Judenfrage keine Erlösung der Menschheit« möglich.[40] Sympathiekundgebungen für den Irak sind keine Seltenheit. Immer wieder taucht bei Aufmärschen und Demonstrationen der Neonazi-Szene die irakische Flagge auf. Selbst bei Friedhofsschändungen lassen sich solche Zusammenhänge nachweisen. Im Januar 1991 fand man im süddeutschen Raum Schmierereien wie »Tschau Judensau, Irak kämpfe!« oder »PLO besser wie Adolf SS«. Die verwendete grüne Farbe war noch ein weiteres Indiz dafür, daß es sich hier um eindeutige Bezüge zur PLO/Intifada handelte.[41] Während

---

[38] Zit. nach Drahtzieher im braunen Netz, S. 45.
[39] Astrid Lange, Was die Rechten lesen. Fünfzig rechtsextreme Zeitschriften. Ziele, Inhalte, Taktik. München 1993, S. 90.
[40] Drahtzieher im braunen Netz, S. 60.
[41] blick nach rechts, 12. 2. 1991.

des Golfkriegs haben viele Rechtsextremisten die Möglichkeit wahrgenommen, ihre eindeutig antisemitische Gesinnung verbrämt mit Anti-Amerikanismen öffentlich zu machen. Die Deutsche Bürgerinitiative e. V. hetzte in ihrem »weltweiten« Organ über die »amerikanisch-jüdische Weltherrschaft, die zu errichten das eigentliche Ziel der Judäo-Angloamerikaner ist und wozu der Golfkrieg letztlich geführt wird«.[42]

Eine vermeintliche Bedrohung glauben die Rechtsextremisten auch weiterhin in der Verbindung von Juden und Amerika zu erkennen. Antisemitismus wird gekoppelt mit Antiamerikanismus. Eine in der Szene kursierende Karikatur zeigt dieses Ineinandergreifen beider Stereotype anschaulich: Ein fratzenhaft dargestellter, durch Schläfenlocken und Bart als Jude gekennzeichneter Mann, dem die deutlich antisemitischen Attribute große Ohren und breite Hakennase beigefügt sind, trägt auf seiner Stirn die Aufschrift »USA«.[43] Eine ähnliche Fratze blickt einem aus der Zeitschrift ›Die Bauernschaft‹ im September 1991 entgegen. Die Abbildung eines ebenfalls mit sämtlichen einschlägigen antisemitischen Attributen versehenen Menschen, dessen Hände nach etwas greifen wollen, soll den Eindruck erwecken, er stünde kurz davor, sich die USA einzuverleiben. Deren Umrisse sind mit einer Kette umwickelt, an der ein Dollarzeichen hängt.[44] Auch die ›Berlin-Brandenburger-Zeitung‹ der »Nationalen« macht sich die vereinigte antisemitisch-antiamerikanische Hetze zu eigen. »R. Z./kommando F.« berichtet unter der Überschrift ›Truman Memorial Center. Gedenkstätte für Massenmörder eingerichtet‹ ausführlich: »In dem 1891 erbauten Haus am Griebnitzsee beriet sich der dem 33. Freimaurergrad angehörende Truman (eigentlich Samuel Treumann) unter anderem mit seinem Nachfolger Eisenhower (ebenfalls jüdischer Abstammung).«

Über die Tatsache, daß weder Truman noch Eisenhower jüdischer Abstammung waren, sollte man eigentlich kein Wort verlieren müssen, zumal dies in jeglicher Hinsicht völlig unerheblich ist, aber es erscheint doch wichtig im Zusammenhang mit einem anderen Beitrag in derselben Zeitung. Dort wird wohl aus Angst vor rechtlichen Konsequenzen von jenem »Frankfurter Immobilienspekulant volksfremder Abstammung, der uns täglich mit griesgrämiger Miene an unsere dunkle Ver-

---

[42] Verfassungsschutzbericht BMdI 1991, S. 103.
[43] Vgl. Abbildung in Drahtzieher im braunen Netz, S. 60.
[44] Die Bauernschaft, September 1991, S. 80.

gangenheit erinnert«, gesprochen, ohne ihn beim Namen zu nennen.[45]

Die führenden jüdischen Repräsentanten, allen voran die Mitglieder des Zentralrats der Juden in Deutschland, stehen laufend im Mittelpunkt antisemitischer Agitation. Als »Judenführer« oder »Judenhäuptling« bezeichnet die militant antisemitische Zeitschrift ›Die Bauernschaft‹ des Altnazis Thies Christophersen den Vorsitzenden des Zentralrats Ignatz Bubis.[46] In dem bis vor kurzem in Brighton erscheinenden ›Deutschland Report‹ aus dem Dunstkreis des Otto Ernst Remer erhält Ignatz Bubis grundsätzlich den Beinamen »Judenführer«.[47] Die ›Deutsche National-Zeitung‹ glaubt unter der Überschrift »Bubis als Bundespräsident?« seine »wahre Vergangenheit« aufdecken zu müssen.[48] Im August 1994 versandte ein anonymer Aktionskreis »Gegenwind« Flugblätter, auf denen neben einem Foto von Ignatz Bubis zu lesen stand: »Wer solche ›Freunde‹ hat, braucht keine Feinde mehr!«[49]

Operieren Neonazi-Gruppen immer noch zu einem erheblichen Teil mit antisemitischer Propaganda, so haben sich Parteien wie die NPD, die »Deutsche Volksunion« (DVU) oder die »Republikaner« längst hauptsächlich auf Ausländerfeindlichkeit verlegt. Zwar spielt auch hier der Rassegedanke eine wesentliche Rolle, aber mit antisemitischen Äußerungen hält man sich eher zurück. Verpackt in rechtlich möglichst unverfängliche Topoi gehört die Forderung nach einem Schlußstrich unter die NS-Vergangenheit zu den Standardphrasen. Die öffentliche Stigmatisierung des Antisemitismus ließ Parteien wie die »Republikaner« lange Zeit davor zurückschrecken, deutlich antijüdische Statements abzugeben. Nicht nur die drohende Aufnahme in den Verfassungsschutzbericht, sondern auch das Bemühen, sich den Anschein einer populistisch-rechtskonservativen Partei zu geben, gebot Vorsicht; eine deutliche Abgrenzung von offen antisemitisch agierenden Gruppierungen schien opportun. Der langjährige Parteivorsitzende Franz Schönhuber sprach sich wiederholt öffentlich gegen derartige Vorurteile aus, verriet seine wahre Gesinnung jedoch in seinen »Ja aber«-Argumentationen: »REPUBLIKANER werden nicht vergessen, was Deutschland jüdi-

[45] Berlin-Brandenburger-Zeitung, Juli/August 1994.
[46] Die Bauernschaft, März 1994, S. 31.
[47] Deutschland Report 1993–1994.
[48] Deutsche National-Zeitung, 26. 11. 1993.
[49] Flugblatt im Archiv des Zentrums für Antisemitismusforschung.

schen Wissenschaftlern zu verdanken hat. Lebenserfahrung aber lehrt uns, daß verordnete, ja erzwungene Liebe zum Gegenteil führt, nämlich zur Ablehnung, in extremen Fällen zu Haß. Und deshalb weigern wir uns, jeden jüdischen Funktionär mögen zu müssen. Und wir meinen, manche wären gut beraten, ihre permanenten Demütigungsversuche an unserem Volk aufzugeben, damit sie nicht zu Schrittmachern eines Antisemitismus werden, den wir REPUBLIKANER mit allen Mitteln zu verhindern suchen.«[50]

Nachdem Franz Schönhuber mehrmals darauf hingewiesen hatte, daß er »Galinski nicht mögen« müsse, forderte er den inzwischen verstorbenen damaligen Vorsitzenden des Zentralrats der Juden in Deutschland anläßlich des Rep-Parteitages am 13. und 14. Januar 1990 auf, mit der Verleumdung »deutscher Patrioten« aufzuhören. »Schalom, Herr Galinski, lassen Sie uns endlich zufrieden, stellen Sie Ihr Geschwätz ein... Wir lassen uns nicht länger demütigen... Herr Galinski, Sie sind schuld, wenn es wieder verachtenswerten Antisemitismus in diesem Land geben sollte.«[51] Auf dem ein Jahr später am 15./16. März 1991 stattfindenden Rep-Parteitag in Berlin wird der Zentralrat der Juden in Deutschland als »5. interne Besatzungsarmee« diffamiert.[52]

Die neueste Variante ist die Umkehr des Vorwurfs der Volksverhetzung: Am 26. März 1994, einen Tag nach dem Brandanschlag auf die Lübecker Synagoge, hat Franz Schönhuber auf dem Landesparteitag der »Republikaner« in Erding Ignatz Bubis der Volksverhetzung bezichtigt, weil dieser am Tag zuvor von »geistigen Brandstiftern« als Verursachern der Tat gesprochen hatte. »Derjenige, der in Deutschland für den Antisemitismus sorgt«, so Schönhuber bei der Pressekonferenz in Erding, »ist der Herr Bubis.«[53] Diese Äußerungen waren in der Öffentlichkeit auf harsche Kritik gestoßen und von der Staatsanwaltschaft bezüglich rechtlicher Konsequenzen geprüft worden. Trotzdem wiederholte Schönhuber diese Erklärung mehrmals, u. a. erklärte er am 28. August 1994 auf einer Wahlkampfveranstaltung

[50] Auszüge aus dem Leitartikel ›Wen sollen wir wählen?‹ von Franz Schönhuber in: Der Republikaner 12 (1986), abgedruckt in: Hajo Funke, »Republikaner«. Rassismus, Judenfeindschaft, nationaler Größenwahn. Zu den Potentialen der Rechtsextremen am Beispiel der »Republikaner«. Berlin 1989, S. 41.
[51] Zit. nach Jürgen Elsässer, Antisemitismus – Das alte Gesicht des neuen Deutschland. Berlin 1992, S. 131.
[52] Zit. ebenda, S. 138.
[53] taz, 28. 3. 1994.

in der Nähe von Dachau: »Wenn ein Herr Bubis die Anhänger der Republikaner zu Brandstiftern macht, dann sage ich heute und morgen und bis ans Ende meiner Tage: Herr Bubis, dies ist Volksverhetzung.«[54] Bereits in einer Presseerklärung am 18. April 1994 schlug Schönhuber in die gleiche Kerbe: »...es muß aber auch Schluß sein mit der erneut geäußerten verleumderischen Leerformel des Herrn Bubis, Republikaner seien geistige Brandstifter... Herr Bubis, ist Ihre moralische und geschäftliche Weste wirklich so weiß, daß Sie sich ein solch erhabenes Verdikt leisten können?«[55] Die gebetsmühlenartige Wiederholung der immer gleichen Anschuldigungen erhärten die Vermutung, daß Schönhuber ganz bewußt gehandelt und die latente Stimmung ausgenutzt hat. Mit derlei Verunglimpfungen kann er sich des Beifallklatschens der Rechtsextremisten und Antisemiten sicher sein.

Eine im Auftrag des American Jewish Committee im Januar 1994 durchgeführte Umfrage hat ergeben, daß 32% der Deutschen der Meinung sind, die Juden seien mitschuldig, »wenn sie gehaßt und verfolgt werden«.[56] Welchen Stellenwert derartige Äußerungen im Dunstkreis der »Republikaner« haben und zwar nicht nur auf der Führungsebene, sondern auch bei den Wählern dieser Partei, hat eine Umfrage von Emnid im Februar 1994 ergeben. Zwischen 50 und 70% der traditionellen Republikaner-Wähler antworteten positiv auf antisemitische und gegen Israel gerichtete Stereotype.[57] 40% der Rechtswähler stimmten der Aussage, »die Juden seien andersartig«, zu und mehr als 50% halten den »Einfluß von Juden für zu groß«.[58] Als wohl wichtigstes Ergebnis dieser Untersuchungen ist die Erkenntnis zu werten, daß die Wähler der »Republikaner« (jeder dritte) oder der »Deutschen Volksunion« (DVU), selbst wenn sie nur aus Protest diesen Parteien ihre Stimme geben, über ein relativ geschlossenes rechtsextremistisches Weltbild verfügen.[59]

[54] FAZ, 29. 8. 1994.
[55] Der Republikaner 5 (1994).
[56] Emnid-Institut, Umfrage zur gegenwärtigen Einstellung der Deutschen gegenüber Juden und anderen Minderheiten, im Auftrag des Amerikanischen Jüdischen Komitees, durchgeführt 12.–31. Januar 1994; vgl. Süddeutsche Zeitung, 28. 3. 1994.
[57] Antisemitism World Report 1994, hrsg. v. Institute of Jewish Affairs. London 1994, S. 41.
[58] Jürgen W. Falter, Wer wählt rechts? Die Wähler und Anhänger rechtsextremistischer Parteien im vereinigten Deutschland. München 1994, S. 149.
[59] Ebenda, S. 156.

Eine wesentlich größere Rolle als bei den »Republikanern« spielt der Antisemitismus in der DVU und NPD. Vor allem die Publikationen aus Freys Presseimperium, insbesondere die ›Deutsche National-Zeitung‹ verraten die rassistische und antisemitische Einstellung, die sich vor allem in den beigeordneten Adjektiven manifestiert: »unverschämte« Polen, »erpresserische« Juden, »kriminelle« Ausländer. Die Themen »Juden« und »Israel« werden miteinander verquickt und in negative Zusammenhänge gestellt. Zentrale Bedeutung hat die Verharmlosung des Holocaust. Enge Verbindungen bestehen deshalb zu dem britischen »Historiker« und Revisionisten David Irving. Es findet aber auch ein reger Meinungs- und Besuchsaustausch zwischen Gerhard Frey und dem russischen Demagogen Wladimir Schirinowskij statt, der für seine antisemitischen Ausfälle bekannt ist.[60]

Die »Entkriminalisierung« und Entsorgung der Geschichte, die Parteien wie die DVU, die NPD und die »Republikaner« fordern, bleibt nicht auf Publikationen und verbale Äußerungen beschränkt. Angriffe auf Mahnmale und Gedenkstätten sind Versuche, die deutsche Geschichte reinzuwaschen und die Erinnerung an die Vergangenheit auszulöschen, also in die Praxis umzusetzen, was rechtsextreme Parteien und Druckerzeugnisse des Spektrums regelmäßig thematisieren. Deshalb lassen sich fast immer auch enge Verbindungen zu ausländerfeindlichen Einstellungen nachweisen. Das Mahnmal an der Putlitzbrücke in Berlin zur Erinnerung an die Deportation der Berliner Juden wurde bereits mehrmals Objekt antisemitischer Aktionen, zuletzt detonierte am 30. August 1992 ein Sprengsatz. Einer der beiden aus rechtsextremem Umfeld stammenden Täter gab an, »etwas gegen Ausländer und Juden zu haben«.[61] Das Gericht befand die beiden Männer im März 1993 für schuldig, auch einen Anschlag auf ein Asylbewerberheim im Berliner Stadtteil Wedding verübt zu haben.[62] Ähnliche Mechanismen zeigt der folgende Fall: In der Nacht vom 12. auf den 13. November 1992 haben zwei Skinheads im Alter von 18 und 24 Jahren, die bereits im August einen afrikanischen Asylbewerber angegriffen hatten, einen 53jährigen Mann in einem Lokal zusammengeschlagen, mit Alkohol über-

[60] Schirinowskij sprach am 16. April 1992 auf einer DVU-Veranstaltung in Mühlhausen/Thüringen (Verfassungsschutzbericht BMdI 1992, S. 58).

[61] Verfassungsschutzbericht BMdI 1992, S. 79.

[62] Karin Schittenhelm, Mahnmal Putlitzbrücke: Ein antisemitischer Bildersturm und seine Folgen. In: Jahrbuch für Antisemitismusforschung 3 (1994), S. 121–139, hier 134.

gossen und angezündet. Zwischen den stark angetrunkenen Skinheads und dem Opfer war es zu einem Streit gekommen, als letzteres behauptete, seine Mutter sei Jüdin gewesen. Der Gastwirt hatte die Skinheads bei ihrer Tat auch noch verbal unterstützt, als er rief »Der Jude soll brennen«.[63]

Beim Brandanschlag auf die jüdische Baracke 38 im ehemaligen Konzentrationslager Sachsenhausen am 26. September 1992 hingegen scheint einzig ein antisemitischer Hintergrund vorzuliegen. Auch in der Folgezeit wurde Sachsenhausen wiederholt zum Ziel antisemitischer Schmierereien und randalierender rechtsorientierter Jugendlicher. Am 2. September 1994 nahm die Polizei vier Skinheads fest, die einen Stein auf dem Gelände der Gedenkstätte Sachsenhausen bespuckt, rechtsextreme Parolen gegrölt und den »Hitlergruß« gezeigt hatten.[64] Nur zwei Tage später meldete die Presse einen erneuten Brandanschlag auf die ehemalige Bäckerei des Konzentrationslagers.[65]

Auch die Gedenkstätte Buchenwald blieb vor Übergriffen nicht verschont. Ein Bus mit 22 rechtsextremen Jugendlichen, unter denen sich anscheinend auch die Mitglieder der Skinheadband »Oithanasie« befanden, war am 23. Juli 1994 vorgefahren. Fensterscheiben und Ausstellungsvitrinen gingen zu Bruch; »Sieg heil«-Rufe ertönten und eine Mitarbeiterin wurde bedroht.[66]

Die Statistik bestätigt, daß Anschläge dieser Art zunehmen. 1993 sind antisemitische Übergriffe gegenüber dem Vorjahr angestiegen, die meisten Gewalttaten ereigneten sich in der ersten Hälfte des Jahres, als die 1992 begonnene Mobilisierung der rechtsextremen Kräfte noch anhielt.[67] Von Pannen abgesehen, verfolgen Polizei und Justiz gewalttätige Übergriffe mit antisemitischem Hintergrund mit allen ihnen zur Verfügung stehenden Mitteln. Die bisher gefaßten und verurteilten Täter sind fast durchweg zu Strafen verurteilt worden, die vergleichsweise hoch lagen. Nicht so positiv ist die Bilanz der Bestrafung von Beleidigungs- und Volksverhetzungsdelikten. Die Justiz scheint sich immer noch schwer zu tun, die vorhandenen gesetzlichen Möglichkeiten auszuschöpfen. Demgegenüber haben verschärfte Maßnahmen von Polizei und Verfassungsschutz in diesem Be-

---

[63] Verfassungsschutzbericht BMdI 1992, S. 73f.
[64] SZ, 3./4. September 1994.
[65] taz, 6. 9. 1994.
[66] taz, 26. 7. 1994 und 27. 7. 1994.
[67] Antisemitism World Report 1994, S. 39.

reich zu einer Verringerung der Dunkelziffer und einer höheren Anzeigenbereitschaft der Bevölkerung geführt, was letztlich auch auf das Täterpotential nicht ohne Folgen geblieben ist. Die Szene wagt es nicht mehr, entsprechende Inhalte offen zu propagieren.

Wolfgang Benz
Realitätsverweigerung als antisemitisches Prinzip:
Die Leugnung des Völkermords

Den infamen Ausdruck »Auschwitz-Lüge« – ein Unwort, mit dem unterstellt wird, die Realität des nationalsozialistischen Völkermords an den Juden existiere nicht – verdankt die Öffentlichkeit einer Broschüre des gerichtsnotorischen deutschen Neonazi Thies Christophersen. Der war 1944 nach Auschwitz kommandiert worden, und zwar in eine Versuchsabteilung für Pflanzenzucht. Die Kompetenz des Augenzeugen in Anspruch nehmend, mischt Christophersen Selbsterlebtes (mit dem Mordprogramm hatte er nichts zu tun, sein Arbeitsplatz befand sich an der Peripherie des Lagerkomplexes) mit Argumenten des Rechtsextremismus. Bewiesen werden soll damit, daß es in Auschwitz für alle, auch für Häftlinge, eigentlich recht nett gewesen ist. Bei der Arbeit sei getanzt und gesungen worden, und es habe einige Zeit gedauert, bis sich die in unterernährtem Zustand eingelieferten Häftlinge in Auschwitz »herausgefuttert« hätten.[1]

Die »Auschwitz-Lüge« hat die zentrale Funktion im Konzept des »Revisionismus«, jener Ideologie des Negierens der Verbrechen des NS-Staats, mit der die Hitler-Apologeten, Alt- und Neonazis und nationalistische Überpatrioten das historische Bild des Nationalsozialismus retuschieren – in ihrer Diktion: die deutsche Geschichte entkriminalisieren – wollen.

Der »Revisionismus« ist eine Hilfsideologie im Dienste rechtsextremer Ziele, entsprechend wird er von der Bundesregierung eingeschätzt: »Als Revisionismus im weiteren Sinne werden Bestrebungen bezeichnet, die angeblich in der Nachkriegszeit falsch dargestellte Geschichte des Zweiten Weltkrieges und des Dritten Reiches zu Gunsten des Nationalsozialismus zu korrigieren. Das rechtsextremistische Lager ist sich weitgehend darin einig, daß wesentliche Erkenntnisse zur jüngeren deutschen Geschichte, speziell hinsichtlich der Alleinschuld Hitlers am Zweiten Weltkrieg und der massenhaften Ermordung von Juden in deutschen Konzentrationslagern, revidiert werden

---

[1] Thies Christophersen, Die Auschwitz-Lüge. Mohrkirch 1973 (zahlreiche weitere Auflagen).

müßten. Als Revisionismus im engeren Sinne ist die Leugnung der erwiesenen geschichtlichen Tatsache zu verstehen, daß im Verlauf des Zweiten Weltkrieges Millionen europäischer Juden auch in Gaskammern ermordet wurden.«[2]

Zu den Autoritäten, auf die sich die »Revisionisten« berufen, gehört der Franzose Paul Rassinier, der bereits in den 60er Jahren mit einschlägiger Schriftstellerei Aufsehen erregte.[3] Sein Epigone Robert Faurisson, der zuletzt Dozent für Literaturwissenschaft in Lyon war und von seinen Anhängern als »Professor für Text- und Dokumentenkritik« und, seit seiner Entlassung durch die Universität, als Märtyrer gefeiert wird,[4] stützt sich u. a. auf den Juristen Wilhelm Stäglich, der ein Buch ›Der Auschwitz-Mythos‹ schrieb und dem die Universität Göttingen den Doktortitel aberkannte.[5] Schließlich gehören dazu der amerikanische Professor im Fachgebiet Elektrotechnik Arthur R. Butz[6] und der vom Journalisten zum neonazistischen Apologeten Hitlers denaturierte Brite David Irving. Bemerkenswert, daß alle diese Autoritäten, die als »Wissenschaftler« auftreten und die in der einschlägigen Literatur als Experten, Doktoren, Professoren tituliert werden, damit sie als professionell und seriös figurieren, keinerlei Fachkompetenz in Anspruch nehmen können. Das gilt auch für die in Kalifornien angesiedelte revisionistische Zentrale, das Institute for Historical Review. Ernstzunehmende Historiker gehören dieser Einrichtung nicht an. Ziel der »Revisionisten« ist ja auch nur Propaganda, und zwar gegen die historische Wahrheit. Die Polemik, die sich streng »wissenschaftlich« gibt, erfolgt in Arbeitsteilung. Die Erwähnten spielen dabei die Rolle der wissenschaftlichen Autoritäten, sie verfassen Schriften und Bücher, deren Inhalt von Kolporteuren wie Ernst Zündel in Kanada,

---

[2] Antwort der Bundesregierung auf die kleine Anfrage der Abgeordneten Ulla Jelpke und der Gruppe der PDS/Linke Liste in: Bundestagsdrucksache 12/2470, 27. 4. 1992.

[3] Paul Rassinier, Was ist Wahrheit? Die Juden und das Dritte Reich. Leoni 1963 (zahlreiche weitere Auflagen); vgl. dazu Lothar Baier, Französische Zustände. Berichte und Essays. Frankfurt a. M. 1982.

[4] Robert Faurisson, Ich suchte – und fand die Wahrheit. Die revisionistische These eines französischen Forschers. Mohrkirch 1982.

[5] Wilhelm Stäglich, Der Auschwitz-Mythos – Legende oder Wirklichkeit? Eine kritische Bestandsaufnahme. Tübingen 1979.

[6] Arthur R. Butz, Der Jahrhundertbetrug. Vlotho 1977; zur gleichen Kategorie gehören: Emil Aretz, Hexen-Einmal-Eins einer Lüge, Verlag Hohe Warte, o. O. 1984; Richard Harwood, Starben wirklich sechs Millionen? Vlotho 1975; Erich Kern, Die Tragödie der Juden. Schicksal zwischen Propaganda und Wahrheit. Preußisch Oldendorf 1979.

Gary Rex Lauck in den USA, Walter Ochsensberger und Gerd Honsik in Österreich, Manfred Roeder, Udo Walendy und vielen anderen in Deutschland unters Volk gebracht werden – in Pamphleten, Flugblättern, Zeitschriften.[7]

Im November 1992 verurteilte das Landgericht Mannheim den Oberstudienrat a. D. Günter Deckert wegen Volksverhetzung, Aufstachelung zum Rassenhaß, Verleumdung und Beleidigung der Opfer des Holocaust zu einem Jahr Gefängnis auf Bewährung und 10 000 DM Geldstrafe. Der Verurteilte hatte bereits mehrere Disziplinarverfahren hinter sich (er wurde 1988 aus dem Schuldienst entlassen), parallel dazu machte er Karriere in der rechtsextremen NPD, der er 1965 beigetreten war, deren Delegierte ihn 1991 zum Bundesvorsitzenden wählten. Deckert war verurteilt worden, weil er in Weinheim eine »Revisionismus-Tagung« veranstaltet hatte, bei der er die Ausführungen eines amerikanischen »Experten« übersetzt und kommentiert hatte. Fred Leuchter, dubioser Hinrichtungsfachmann und selbsternannter Ingenieur, gilt unter Neonazis als Autorität, weil er mit einer Expertise bewiesen haben will, daß die Morde in den Gaskammern in Auschwitz technisch gar nicht möglich waren. Der »Leuchter-Report«, im Auftrag eines kanadischen notorischen Neonazi verfaßt, kursiert seit 1988. Mit ihm haben die Leugner des Völkermords und Apologeten des Nationalsozialismus eine neue Taktik der Anzweiflung historischer Realität eingeführt, nämlich das Hantieren mit naturwissenschaftlichen und technischen Argumenten, mit denen bewiesen werden soll, daß die Morde in Auschwitz, Treblinka, Majdanek und allen anderen Vernichtungsstätten aus technischen Gründen gar nicht möglich gewesen sind.

In einem weiteren Elaborat[8] beschäftigte sich Leuchter mit den Konzentrationslagern Dachau und Mauthausen sowie der Euthanasie-Mordstätte Hartheim. Dank reichlicher Publizität im rechten Lager (wo die Produkte dilettantischen Eifers als

---

[7] Zur Auseinandersetzung mit den Topoi der rechtsextremistischen Propaganda vgl. Dokumentationsarchiv des österreichischen Widerstandes/Bundesministerium für Unterricht und Kunst (Hrsg.), Amoklauf gegen die Wirklichkeit. NS-Verbrechen und »revisionistische« Geschichtsschreibung. Wien 1992; Wolfgang Benz (Hrsg.), Legenden, Lügen, Vorurteile. Ein Wörterbuch zur Zeitgeschichte, München 1992.

[8] Der zweite Leuchter-Report. Dachau, Mauthausen, Hartheim. Erstellt auf Veranlassung von Ernst Zündel, 15. 6. 1989, Samisdat Publishers. Hamilton, Ontario.

»wissenschaftliche Sensation« gefeiert wurden) fanden sich Epigonen, die politischen Fanatismus aus apologetischen Motiven als Erkenntnisdrang im Dienst ihres Verständnisses von historischer Wahrheit propagierten.

»Naturwissenschaftliche Sachbeweise« sollen neuerdings historische Dokumente (deren Echtheit anzuzweifeln unter Revisionisten schon längere Tradition hat) entwerten und ersetzen, um historische Realitäten ungeschehen zu machen. Zu den Methoden des Revisionismus gehören Spekulationen über die Wirkung des in Auschwitz verwendeten Giftgases Zyklon B ebenso wie »Berechnungen« über den Koksverbrauch und die Kapazität der Krematorien in den Vernichtungslagern oder Rechenstücke über die Brenndauer von Leichen. Das Ziel ist der Nachweis, daß die Massenmorde an den Juden gar nicht möglich waren. So vertiefte sich ein Interessent (promovierter Naturwissenschaftler) in das Problem der Wirkung und Entsorgung von Zyklon B, weil er vermutete, daß »selbst bei hohen Temperaturen ein mit Zyklon B vergaster Raum nach 2 Stunden noch voll unter Gas steht«. Damit sollen Berichte über den Tötungsvorgang in Auschwitz falsifiziert werden, nach denen unmittelbar nach dem Tod der Opfer die Gaskammern geöffnet wurden. Zur Stützung seiner These, die den Zweck hat, nachzuweisen, daß in Auschwitz nicht in der Dimension gemordet wurde, wie tatsächlich geschehen, operiert er wie andere Revisionisten mit dem Argument, die zur Entwicklung des Giftgases erforderliche Temperatur habe gar nicht entstehen können. Er ließ es, eigenen Angaben zufolge, nicht bei theoretischen Erwägungen bewenden, sondern erprobte seine Vorstellungen im praktischen Experiment, das er folgendermaßen schildert: »Ein kleiner – sicher dilettantischer – eigener Pilotversuch mit 2 Digitalthermometern in einem, mit einer Person besetzten, leidlich abgedichteten Holzverschlag brachte nach einer Viertelstunde am Holzfußboden einen absolut vernachlässigbaren Temperaturanstieg.«

Zur Begründung seiner Fragestellung führt er an, es sei für Naturwissenschaftler »ein ehernes Gesetz, daß eine herrschende Auffassung, Theorie o. ä. zu falschen Schlüssen kommt, wenn eine einzige Eingangsvoraussetzung falsch war – hier im übertragenen Sinn die Unmöglichkeit der Entsorgung des Zyklon B bei Massenvergasungen«. Und als Motiv seines Forschens führt er an, er habe »im Weimarer Staat die steigende Entfremdung zwischen Deutschen und Juden erlebt – zum großen Teil hervorgerufen durch die jüdische Einwanderung aus dem Osten« – sein Wunsch sei es, »wieder ein so unbefangenes Verhältnis zwischen Deutschen und Juden herzustellen, wie es in der Kaiserzeit selbstverständlich war«.[9]

Das Urteil professioneller Naturwissenschaft über solche Fragestellungen revisionistischer Herkunft ist vernichtend, es handele sich um eine »Mischung aus Heuchelei, kleinkarierter Spießigkeit und plump aufgesetzter Naivität mit scheinbarer naturwissenschaftlicher Objektivität«, lautet die Quintessenz des Befundes.[10]

Nach dem Vorbild des Leuchter-Reports stellte auch der Altnazi Otto Ernst Remer (Generalmajor a. D. und seit 1945 einer der Protagonisten der Neonazi-Szene) einen privaten Gutachter an, als er sich 1992 wegen Leugnens des Völkermords vor Gericht verantworten mußte. Ein Diplom-Chemiker, damals am Stuttgarter Max-Planck-Institut für Festkörperforschung beschäftigt, hatte in Remers Auftrag ein »Gutachten über die Bildung und Nachweisbarkeit von Cyanidverbindungen in den ›Gaskammern‹ von Auschwitz« geschrieben.[11] Vom Gericht wurde es nicht akzeptiert, statt dessen versandte es Remer als aufwendig ausgestattete Hochglanzbroschüre zunächst an »1000 der wichtigsten Persönlichkeiten in Deutschland«. Mit Tabellen und Kurven, Zahlen und »chemischen Analysen« sollte einmal mehr bewiesen werden, daß die Morde in Auschwitz naturwissenschaftlich gar nicht möglich waren. Die eigentliche Absicht war eindeutig. Von Remer im Begleitbrief formuliert, demonstriert sie mit Hilfe alter Klischees neuen antisemitischen Eifer: »Im Zeitalter der Religionsfreiheit müssen wir uns alle gegen die uns von den Gerichten zwangsverordnete ›Holocaust-Religion‹ wehren. Die Wahrheit ist ein Urrecht. Ein Urrecht für jeden Menschen. Wir dürfen es nicht zulassen, daß eine kleine, mächtige

[9] Korrespondenz Dr. S. mit dem Verfasser, August/Oktober 1992.

[10] Schreiben TU Berlin, Fachbereich Synthetische und Analytische Chemie an den Verfasser, November 1992.

[11] Nach ihrem Verfasser heißt diese Schrift auch Rudolf-Report, sie hatte mit dem Copyright-Vermerk Germar Rudolf 1992 eine »3. erweiterte und korrigierte Auflage« erreicht. Rudolf wurde von der Max-Planck-Gesellschaft entlassen, er betätigt sich weiterhin einschlägig. Im Juni 1994 sandte er an den Vorsitzenden des Zentralrats der Juden in Deutschland die Einleitung zu einem Sammelband, der unter dem Titel ›Licht in die Vergangenheit. Eine interdisziplinäre Gesamtbetrachtung zur NS-Judenvernichtung‹ die Linie apologetischer Holocaust-Leugnung fortsetzt.

Minderheit unser Wesen, unseren Geist, unser Seelen-Leben mit einer Zwangsreligion zerstört.«[12]

Die Leugner des Holocaust gewinnen mit solchen Methoden im öffentlichen Diskurs Boden, weil sie auf die Unsicherheit des Publikums gegenüber den historischen und moralischen Problemen bauen können und weil sie verbreitete Vorbehalte gegen Juden ansprechen und in ihre Argumentation einfügen. Der Fall Deckert ist ein Schulbeispiel dafür.

Der Bundesgerichtshof hatte am 15. März 1994 dem Revisionsbegehren des verurteilten NPD-Chefs Deckert stattgegeben, das Mannheimer Urteil vom November 1992 aufgehoben und die Sache zu neuer Verhandlung und Entscheidung an eine andere Kammer des Landgerichts Mannheim zurückverwiesen. Das höchstrichterliche Urteil stieß auf erheblichen öffentlichen Protest, obwohl darin bestätigt war, daß der Massenmord an Juden, begangen in Gaskammern in Konzentrationslagern unter nationalsozialistischer Herrschaft, als geschichtliche Tatsache offenkundig und eine Beweiserhebung darüber, wie sie Deckert verlangt hatte, nicht mehr notwendig sei. Das Urteil gegen Deckert wurde zurückgewiesen, weil es zu pauschal gefaßt war und weil der Nachweis, daß der Angeklagte sich mit der nationalsozialistischen Rassenideologie identifiziere, nicht geführt war. Nach gängiger Rechtsprechung ist dieser Nachweis Voraussetzung der Verurteilung wegen Volksverhetzung.[13] Das Urteil war also im wesentlichen aus formalen Gründen aufgehoben, die Mannheimer Richter hatten sich bei der Begründung nicht genug Mühe gegeben, die öffentliche Aufregung war nicht unbedingt gerechtfertigt. Zum Skandal wurde der Fall erst mit dem neuen Urteil des Landgerichts Mannheim im Juni 1994, in dessen Begründung die Richter den Angeklagten als »charakterstarke, verantwortungsbewußte Persönlichkeit mit klaren Grundsätzen« würdigen. Die politische Überzeugung sei ihm Herzenssache und seine Tat sei »von seinem Bestreben motiviert, die Widerstands-

---

[12] Otto Ernst Remer, Verteiler: Gutachten über die behaupteten Gaskammern von Auschwitz. Bad Kissingen, Oktober 1992.
[13] Am 20. Mai 1994 verabschiedete der Deutsche Bundestag das Verbrechensbekämpfungsgesetz, das u. a. die Auschwitz-Lüge unmittelbar unter Strafe stellt. Bisher konnte dieser Tatbestand nur verfolgt werden, wenn das Leugnen des Holocaust im Zusammenhang mit ausdrücklicher Verleumdung der Juden stattfand (»qualifizierte Auschwitz-Lüge«).

kräfte im deutschen Volk gegen die aus dem Holocaust abgeleiteten jüdischen Ansprüche zu stärken. Nicht außer acht gelassen wurde auch die Tatsache, daß Deutschland auch heute noch, rund fünfzig Jahre nach Kriegsende, weitreichenden Ansprüchen politischer, moralischer und finanzieller Art aus der Judenverfolgung ausgesetzt ist, während die Massenverbrechen anderer Völker ungesühnt blieben, was, jedenfalls aus der politischen Sicht des Angeklagten, eine schwere Belastung des deutschen Volkes darstellt.«[14]

Die Reaktion auf das Urteil bestand in öffentlicher Empörung, die die Entrüstung über das Urteil vom März berechtigterweise überstieg. Im Gegensatz zum Bundeskanzler, der den Richterspruch eine Schande nannte und zur Bundesjustizministerin, die wegen ihrer Urteilsschelte von der ›Frankfurter Allgemeinen Zeitung‹ heftig gerügt wurde, riet das Blatt zunächst zu »ruhiger Betrachtung« des Urteils, schwenkte dann aber auf die Linie allgemeiner Empörung ein und entrüstete sich grundsätzlich: Deckert, der den Judenmord leugnet, »bestreitet der Bundesrepublik ihre Legalität«.[15] Gemeint war damit wohl die Verletzung des historischen Grundkonsens einer auf den Trümmern des nationalsozialistischen Staates errichteten Demokratie.

Die einfühlende Würdigung des »subjektiven Tatbestandes« in der umfangreichen Karlsruher Urteilsbegründung macht indessen deutlich, daß im Weltbild der Richter Übereinstimmungen mit den Intentionen des Auschwitz-Leugners Deckert vorhanden sind. Das ist von grundsätzlicher Bedeutung, denn hier liegen zum einen Motive für die Verweigerung gegenüber historischer Realität zutage – verletztes Nationalgefühl, zerstörte Ideale nationalsozialistischer oder deutschnationaler Observanz –, zum anderen ist die Tradition antisemitischer Stereotypen sichtbar: »Der politisch rechtsstehende Angeklagte ist kein Antisemit im Sinne der nationalsozialistischen Rassenideologie, die den Juden in letzter Konsequenz das Lebensrecht abgesprochen hat, er verurteilt vielmehr die Entrechtung und Verfolgung, der die Juden deutscherseits in den Jahren 1933 bis 1945 ausgesetzt waren. Aufgrund seiner betont nationalen Einstellung jedoch nimmt er den Juden ihr ständiges Insistieren auf dem Holocaust und die von ihnen aufgrund desselben auch nach nahezu fünfzig Jahren nach Kriegsende immer noch erhobenen finan-

[14] Landgericht Mannheim, Strafkammer 6, Urteil in der Strafsache Deckert vom 22.6.1994, S.62f.
[15] FAZ, 11.8.1994 (Betroffenheiten); 15.8.1994 (Objektive Selbstzerstörung).

ziellen, politischen und moralischen Forderungen Deutschland gegenüber bitter übel. ... Im übrigen bekennt sich der Angeklagte zum Revisionismus, d. h. er hält es für geboten, auch als gesichert geltende historische Thesen immer wieder mittels der Forschung zu überprüfen.«[16] Und schließlich heißt es in der Begründung, eine starke emotional gesteigerte feindselige Haltung »wollte der Angeklagte aus seinem bitteren Ressentiment gegen die Juden heraus in den Angesprochenen auch hervorrufen, um auf diese Weise im deutschen Volk die Widerstandskräfte gegen die aus dem Holocaust abgeleiteten jüdischen Forderungen zu stärken ...«[17]

Mehrfach ist im Urteil auch von Juden als »Parasiten« die Rede, die von ihrer Situation als Überlebende oder Nachkommen der Verfolgten des Holocaust nachhaltigen Gebrauch machten; der Begriff »Parasiten« war aber erst durch die Richter eingeführt worden, der Angeklagte hatte das Wort selbst gar nicht verwendet. Selbstverständlich hatte er, wie alle Holocaust-Leugner, aber genau das gemeint, die Schlußfolgerung jedoch anderen überlassen. Denn die Argumentation hat ja den Zweck, »die Juden« als Verursacher unbehaglicher Gefühle (Schuldbewußtsein und Scham), als Nutznießer unberechtigter Forderungen und Leistungen (Wiedergutmachung, Entschädigung) und Störer des gesellschaftlichen Friedens (Nichtruhenlassen der Vergangenheit), als an sich Schuldige im öffentlichen Diskurs zu brandmarken. (Urteilstext: »Dem Angeklagten war bei der Veranstaltung klar, daß die Ausführungen Leuchters die Massenvernichtung der Juden während des Nationalsozialismus jedenfalls mittels Vergasung als Erfindung darstellten, absichtlich aufgebracht und aufrechterhalten zur Knebelung des deutschen Volkes. Er selbst, der eben diese Auffassung teilt, identifizierte sich durch sein geschildertes Auftreten während der Tagung willentlich und für jeden erkennbar mit dem Inhalt von Leuchters Darlegungen.«[18])

Das Leugnen des Holocaust ist damit nicht nur Ausfluß nationalistischer oder neonazistischer Verschrobenheit, es dient als Chiffre für einen neuen Antisemitismus, als Chiffre der ausgrenzenden Verständigung gegen eine bestimmte Minderheit. Der Vorsitzende des Zentralrats der Juden in Deutschland hat die Mannheimer Urteilsbegründung mit der Feststellung in den Zu-

[16] Deckert-Urteil, S. 7 f.
[17] Ebenda, S. 9.
[18] Ebenda, S. 48.

sammenhang eingeordnet, »daß rechtsradikales Gedankengut inzwischen längst nicht mehr bloß von extremen Randgruppen und -figuren öffentlich lauthals vertreten wird, sondern offenbar Eingang in die Mitte der Gesellschaft gefunden hat«.[19] Das Urteil wurde am 15. Dezember 1994 vom Bundesgerichtshof unter heftiger Kritik seiner Begründung wegen »rechtsfehlerhafter Erwägungen« aufgehoben. Politische Verblendung mindere nicht die strafrechtliche Schuld dessen, der vor der historischen Wahrheit die Augen schließe, konstatierten die Bundesrichter und verwiesen den Fall Deckert zur Neuverhandlung an das Landgericht Karlsruhe.

Den traditionellen Kern der Verleugnung des Holocaust bildet die Anzweiflung der Opferzahlen. Die Hartnäckigkeit, mit der die »Sechs-Millionen-Lüge« von Revisionisten bekämpft wird, reicht zurück in die unmittelbare Nachkriegszeit. Die Argumentation ist seither, obwohl immer aufs neue widerlegt, unverändert geblieben, lediglich neue »Beweisstücke« tauchen von Zeit zu Zeit auf. Es geht stets darum, durch Anführung scheinbar unumstößlicher Beweise, durch Hinweise auf vermeintliche Experten oder Augenzeugen, deren Glaubwürdigkeit über jede Kritik erhaben ist, und durch Zitate aus angeblich wissenschaftlicher Literatur Verwirrung zu stiften, Tatsachen zu negieren und an ihrer Stelle eine erfundene Pseudorealität zu schaffen. Zur Zahl der sechs Millionen jüdischer Opfer, die zweifelsfrei feststeht,[20] werden immer wieder Statistiken vorgeführt, die mit der Opferbilanz gar nichts zu tun, statt dessen die auf der Welt lebenden Juden zum Gegenstand haben. In bunter Mischung ganz verschiedener Quellen, ohne nachprüfbare Angabe ihrer Herkunft, soll suggeriert werden, die Weltpopulation der Juden sei von 15,3 Millionen im Jahre 1933 auf 17,8 Millionen im Jahre 1986 angestiegen. Deshalb könne es keinen Holocaust gegeben haben, lautet die Schlußfolgerung.

Daß die Historiker aus begreiflichen Gründen Mühe haben, die Zahl der jüdischen Opfer des Nationalsozialismus exakt zu

---

[19] Ignatz Bubis, Alles was Recht(s) ist. Wenn die Justiz versagt: Das Mannheimer »Deckert-Urteil« und seine Folgen. In: Allgemeine Jüdische Wochenzeitung 25. 8. 1994.
[20] Vgl. Wolfgang Benz (Hrsg.), Dimension des Völkermords. Die Zahl der jüdischen Opfer des Nationalsozialismus. München 1991; Franciszek Piper, Die Zahl der Opfer von Auschwitz. Aufgrund der Quellen und der Erträge der Forschung 1945 bis 1990. Oswiecim 1993.

bestimmen, wird als weiterer Beweis genommen, daß der Völkermord gar nicht stattgefunden habe, und die Tatsache, daß auf einer Gedenktafel in Auschwitz irrtümlich eine zu hohe Zahl der Todesopfer dieses Lagers angegeben war, wurde mit ebensolchem Triumph vermerkt wie die Korrektur dieses Irrtums: Die Entfernung der Gedenktafel galt den »Revisionisten« nicht als Eingeständnis eines im Übereifer erfolgten Irrtums, sondern sie feierten es als »Beweis« dafür, daß in Auschwitz gar kein Massenmord erfolgt sei. Der Irrtum mit der Zahl in Auschwitz Ermordeter ging übrigens auf keinen Geringeren als den früheren Kommandanten dieses Todeslagers, den SS-Führer Rudolf Höß zurück, der im Nürnberger Hauptkriegsverbrecherprozeß von zweieinhalb Millionen Mordopfern allein in Auschwitz gesprochen hat. (Gegen die überhöhten Angaben von Höß lautet der revisionistische Einwand, er habe die Aussagen gemacht, nachdem er gefoltert worden sei.)

Damit nicht neue Irrtümer entstehen, seien die Zahlen der in den Vernichtungslagern mit Giftgas ermordeten Juden hier genannt, es sind Minimalzahlen, wie sie von Historikern und Juristen mit aller Akribie und Professionalität anhand aller zur Verfügung stehenden Quellen ermittelt und immer wieder überprüft worden sind. In Chelmno (Kulmhof) waren es 152000, in Belzec 600000, in Sobibór 250000, in Auschwitz-Birkenau eine Million, in Treblinka 900000, in Majdanek 60000 bis 80000. Das heißt, allein in diesen großen Vernichtungslagern sind fast drei Millionen jüdische Menschen ermordet worden. Dazu kommen die Opfer der Einsatzgruppen der SS (nach deren eigenen Angaben sind von diesen Mordkommandos mindestens 535000 Juden ermordet worden), die in Ghettos und Konzentrationslagern Ermordeten, die durch Zwangsarbeit, Unterernährung, Schikanen, Mißhandlungen oder auf andere Weise Getöteten. Es sind insgesamt kaum weniger als sechs Millionen, eher mehr.

Betrachten wir die Technik, mit der diese Bilanz des Holocaust zur »Lüge« gestempelt werden soll. Die älteste »Quelle«, auf die sich die Revisionisten bis zum heutigen Tage berufen, stammt angeblich vom Roten Kreuz, einer außer jedem Verdacht stehenden integren und unabhängigen Institution. Das Rote Kreuz soll nach dem Zweiten Weltkrieg offiziell festgestellt haben, daß es insgesamt nicht mehr als 300000 Opfer rassischer, religiöser und politischer Verfolgung durch das nationalsozialistische Regime gegeben habe.

Die Schweizer Zeitschrift ›Der Turmwart‹ hatte im Dezember

1950 berichtet, daß alles in allem weniger als 1,5 Millionen durch die Nationalsozialisten und ihre Helfer umgebracht worden seien. Als Quelle für diese Behauptung wurde ein Bericht in den ›Baseler Nachrichten‹ vom 12. Juni 1946 angeführt, der mit dubiosen Rechentricks operierte. Als Beweis waren »jüdische Statistiken« genannt worden. Ab Januar 1955 griff ein neonazistisches Blatt, das damals unter dem Titel ›Die Anklage‹ in Bad Wörishofen erschien, die Angelegenheit in einer Artikelserie wieder auf. Jetzt war als »Experte« ein »universell bekannter Nordamerikaner« neu in die Debatte eingeführt worden, dem die Zahlen in den Mund gelegt waren: Es war wieder von nur 300 000 Opfern die Rede.

Die Schweizer Quellenangabe wurde als »Beweis« im umgekehrten Verhältnis zur weiter verharmlosten Zahl der Opfer aufgepäppelt, es hieß nämlich jetzt: »Die Schweizer Zentrale des Roten Kreuzes hat nunmehr mit der Herausgabe einer amtlichen Meldung die Angaben des Amerikaners Warwick Hesters, die wir in unserem Artikel ›Die gemeinste Geschichtsfälschung‹ veröffentlichten, bestätigt. In der amtlichen Mitteilung der Schweizer Zentrale des Roten Kreuzes heißt es ganz eindeutig: ›Opfer politischer, rassischer und religiöser Verfolgung in den Gefängnissen, Konzentrationslagern usw. zwischen 1939 und 1945: 300 000 (dreihunderttausend).«[21]

Ermuntert durch diese seriös erscheinende Quellenangabe berichteten nun auch unverdächtige Magazine über die Opfer des Zweiten Weltkriegs und übernahmen die angebotenen Zahlen. ›Das Grüne Blatt‹, ein Unterhaltungsmagazin der Regenbogenpresse, brachte 1955 einen Artikel, in dessen Vorspann es hieß: »Seit 1946 hat die Schweizer Zentrale des Roten Kreuzes amtliche Meldungen über die Kriegsverluste der einzelnen Länder gesammelt. Die jetzt vorliegenden Zahlen sind eine Bilanz des Grauens, eine ernste Mahnung an die Politiker von heute, alles zu tun, damit sich ein solches Blutbad nicht wiederholen kann.« In der Gesamtzahl der »57 Millionen Opfer!« (so die Überschrift des Artikels) war dann wieder die Zahl von 300 000 Juden enthalten.[22]

›Das Grüne Blatt‹, das durch die Veröffentlichung zu Unrecht

---

[21] Beweis aus der Schweiz: Was nun, Herr Staatsanwalt? In: Die Anklage. Organ der entrechteten Nachkriegsgeschädigten, 1. 4. 1955.
[22] Das Grüne Blatt, 6. 3. 1955.

in den Verdacht neonazistischer Tendenz geriet, distanzierte sich in einem Brief vom 6. Februar 1956 an den damaligen Direktor des Münchener Instituts für Zeitgeschichte, der um Aufklärung über die Quellen des Artikels gebeten hatte, entschieden von dieser Zahlenangabe und machte dabei aufschlußreiche Angaben über das Zustandekommen solcher Publikationen: »Wir brachten den von Ihnen zitierten Beitrag ›57 Millionen Opfer‹, um im Zuge der sich abzeichnenden Remilitarisierung allen Verantwortlichen einmal eine ernste Mahnung mit auf den Weg zu geben. Wir hatten den Artikel, der sich auf Angaben des schweizerischen Roten Kreuzes stützen sollte, von unserem ständigen Kopenhagener, auch in der Schweiz und Österreich vertretenen, Mitarbeiter, mit dem wir bislang noch nie Anstände gehabt hatten. Wir hatten auch mit diesem Aufsatz keine, nur eine darin genannte Zahl – die der in Konzentrationslagern umgekommenen Opfer – macht uns arge Scherereien. Sie ist, wie sich inzwischen herausstellte, offensichtlich falsch. Wir haben in der Angelegenheit auch schon lange briefliche Unterhaltung mit dem Bundestagsabgeordneten Kalbitzer geführt, weil man uns – dem Grünen Blatt – in der Schweiz und auch in Deutschland, ein Eintreten für neofaschistische Belange unterschieben wollte, was bei uns nur erst ein Kopfschütteln, dann aber starke Verärgerung auslöste. Wir gingen der ganzen Sache energisch nach, leider verlief sie sozusagen im Sande. Die letzte Quelle wurde nicht bekannt. Unser Kopenhagener Mitarbeiter, dessen eigene Familie zum großen Teil in Konzentrationslagern umgekommen ist, der also völlig integer gegen Verdächtigungen ist, hatte den Aufsatz der ›Wiener Wochenausgabe‹ entnommen, mit der er ein Austauschabkommen hat. Der Redakteur der ›Wiener Wochenausgabe‹, der ihn geschrieben hatte, hatte die Angaben, wie er uns brieflich mitteilte, einer Schweizer Zeitung entnommen, er konnte allerdings nicht mehr angeben, ob es sich um ›Die Tat‹ oder ein anderes Blatt gehandelt hatte.«[23]

Wer das Verwirrspiel angefangen hatte, war also nicht mehr zu klären. Fest steht jedenfalls, daß den Urhebern jede Sachkenntnis fehlte und daß auch die elementarsten Regeln journalistischer Sorgfalt nicht beachtet worden waren bei dieser Art von Kolportage. Wie verhält es sich nun aber tatsächlich mit den »amtlichen Zahlen« des Roten Kreuzes? Sie haben niemals existiert, wie aus einem Brief des Chefs der Informationsabteilung des Comité In-

[23] Archiv Institut für Zeitgeschichte, München.

ternational de la Croix Rouge vom 17. August 1955 an den Direktor des Instituts für Zeitgeschichte hervorgeht: »Statistische Aufstellungen über Verluste an Militärpersonen oder Deportierten können wir nicht verschaffen, da derartige statistische Arbeiten dem Internationalen Komitee vom Roten Kreuz nicht obliegen. Einerseits verfügt das Komitee über die hierzu erforderlichen Mittel nicht und andererseits beziehen sich die in der Kriegsgefangenen-Zentrale enthaltenen Meldungen auf Gefangenschaftsnahme, Transfer in andere Lager, Freilassung usw., aber geben kein genaues Bild der gesamten Anzahl von Kriegsgefangenen. Statistiken, die diesen Angaben zu entnehmen wären, würden nicht nur eine sehr langwierige Arbeit erfordern, sondern auch ein ungenaues Endergebnis aufweisen. Bei weitem noch unvollständiger sind unsere Angaben über die sich seinerzeit in Deutschland befindenden Häftlinge der Konzentrationslagern. Wenn wir auch gegen Ende des Krieges Häftlingen Hilfe und Beistand gewähren konnten, so waren trotz zahlreicher Bemühungen Hilfsaktionen in dem gleichen Ausmaße wie zugunsten der Kriegsgefangenen nicht möglich, da dem Komitee hierzu die rechtlichen Grundlagen fehlten (Das Abkommen zum Schutz der Zivilbevökerung geht auf den 12. August 1949 zurück, an dem die in Genf tagende diplomatische Konferenz die vier Genfer Abkommen zum Schutze der Kriegsopfer annahm). Wie Sie aus diesen Ausführungen ersehen, beruhen die Angaben des deutschen Wochenblattes auf keiner vom Internationalen Komitee vom Roten Kreuz gelieferten Information.«[24]

Dieses offizielle Dementi des Internationalen Roten Kreuzes in Genf nützte freilich wenig. Zehn Jahre später beriefen sich Rechtsradikale in einem offenen Brief an den Münchener Kardinal Döpfner, der im NPD-Blatt ›Deutsche Nachrichten‹ abgedruckt wurde, wieder auf Zahlenangaben des IRK; und wiederum distanzierte sich das Internationale Komitee vom Roten Kreuz kategorisch von dieser Fälschung: »Wir möchten eindeutig klarstellen, daß das Internationale Komitee vom Roten Kreuz in Genf überhaupt nichts mit diesen Behauptungen zu tun hat. Die Statistiken über die Kriegsverluste und die Opfer politischer, rassischer oder religiöser Verfolgungen fallen nicht in sein Zuständigkeitsgebiet und haben nie dazugehört. Selbst wenn es sich um Kriegsgefangene handelt (die seit 1929 durch ein internationales Abkommen geschützt sind und für die wir, wie Sie wissen,

[24] Ebenda.

einen Zentralen Suchdienst besitzen), wagen wir keine Zahlen zu nennen, da wir uns wohl bewußt sind, daß wir nicht im Besitze sämtlicher Auskünfte betreffend diesen Personenkreis von Kriegsopfern sein können. Um so mehr sind wir verpflichtet, uns jeglicher Schätzung zu enthalten, wenn es sich um Zivilpersonen handelt, die zu jener Zeit durch keinerlei Konvention geschützt waren und sich somit der Aktion des Roten Kreuzes fast vollständig entzogen.«[25]

Über den Brief vom 11. Oktober 1965 an das Institut für Zeitgeschichte, aus dessen Original diese Sätze zitiert sind, berichtete im Januar 1966 die Tagespresse, einschließlich zahlreicher Provinzzeitungen. Gestört hat das den Betrieb der revisionistischen Propagandamaschinerie bis zum heutigen Tag nicht im geringsten, allenfalls machen sich neonazistische Pamphletisten die Mühe, neue »amtliche« Angaben zu erfinden. Heinz Roth zum Beispiel fragte in einer 1973 verteilten Broschüre ›Warum werden wir Deutschen belogen?‹: »Wußten Sie, daß die sicher beklagenswerte Verluste des jüdischen Volkes – nach Feststellungen der UNO, die keinen Grund hat, irgendein Volk besonders in Schutz zu nehmen – zweihunderttausend betragen haben?«[26]

Die Vertretung der Bundesrepublik Deutschland bei der UNO teilte am 1. August 1974 auf eine entsprechende Anfrage mit, daß die »erwähnte Zahl von 200 000 jüdischen Opfern des NS-Regimes mit Sicherheit nicht auf Feststellungen der Vereinten Nationen beruht«.[27] Solche Beispiele ließen sich schier endlos fortsetzen. Daß die behauptete Quelle als Erfindung erwiesen ist, deren Herkunft im dunkeln liegt, hindert die Interessenten an der Minimierung der Zahl der Opfer nicht, sie gebetsmühlenartig zu wiederholen. Zur Technik revisionistischer Propaganda gehört es ja, solche Feststellungen immer wieder zu zitieren, bis sie scheinbar fester Bestandteil des Quellenmaterials sind und nicht mehr weiter überprüft, sondern als bekannt und selbstverständlich vorausgesetzt und geglaubt werden.[28]

Ein Flugblatt, verbreitet in deutscher Sprache vom »Institute for Historical Review« faßt den aktuellen Stand der revisionisti-

[25] Ebenda.

[26] Heinz Roth, Warum werden wir Deutsche belogen? Witten 1973.

[27] Archiv Institut für Zeitgeschichte, München.

[28] Vgl. die Vorbemerkung von Martin Broszat zur Kritik der Publizistik des antisemitischen Rechtsextremismus zum Aufsatz von Ino Arndt/Wolfgang Scheffler, Organisierter Massenmord an Juden in nationalsozialistischen Vernichtungslagern. Ein Beitrag zur Richtigstellung apologetischer Literatur. In: Vierteljahreshefte für Zeitgeschichte 24 (1976), S. 105–112.

schen Argumentation zusammen. Unter dem Titel ›66 Fragen und Antworten über den Holocaust‹ wird die Leugnung des Völkermords als geschlossenes System offeriert. Die Eingangsfrage lautet, welche Beweise es dafür gebe, daß »die Nationalsozialisten Völkermord begingen oder sechs Millionen Juden umbrachten«? Als Antwort wird, in der Absicht, dieses Argumentationsmuster im öffentlichen Diskurs zu verankern, behauptet, die Geschichtsforschung stütze sich ausschließlich auf die Berichte von Opfern, die nicht ernst zu nehmen seien, da sie sich widersprächen. Es gebe »keine anderen konkreten Beweise irgendwelcher Art, wie etwa Aschenablagen erheblichen Ausmaßes, Krematorien mit entsprechender Kapazität, übriggebliebene Kleidung, schriftliche Unterlagen, statistische Daten, Lampenschirme aus Menschenhaut, Seife aus Menschenfetten etc.«[29]

Mit Ausnahme der Seife, die als Legende längst abgetan ist, existieren die Beweise alle, sogar präparierte Häute, Produkte des perversesten Sadismus, wurden im KZ Buchenwald gefunden.[30] Die Vermengung monströser, aber marginaler und legendärer, jedenfalls irrealer Details in der Argumentation hat die Funktion, die historischen Tatsachen insgesamt unwirklich erscheinen zu lassen. Die Behauptung, es gebe keine Beweise außer den »Aussagen gewisser ›Überlebender‹, deren Aussagen sich widersprechen« ersetzt den Revisionisten jede weitere Auseinandersetzung darüber, daß die Geschichte des Holocaust durch Dokumente der Täter, durch Statistiken der SS, durch Lagerkarteien usw. belegt ist und daß es auch an materiellen Überresten des Geschehens nicht mangelt.

Mit apodiktischen Feststellungen soll der Anschein erweckt werden, die revisionistischen Behauptungen seien längst erwiesen, wie in der Frage, ob es Beweise dafür gebe, daß die Nationalsozialisten keine sechs Millionen Juden umbrachten: »Es gibt dafür umfangreiches Beweismittel. Das Datenmaterial gerichtsmedizinischer, bevölkerungsstatistischer, analytischer und vergleichender Art bezeugt die absolute Unmöglichkeit einer derartigen Statistik. Es handelt sich dabei um einen Wert, der um das tausendfache höher ist als die tatsächliche Größenordnung.«[31]

Was damit gemeint ist, bleibt im dunkeln, die mangelnde Be-

---

[29] Flugblatt: ›66 Fragen und Antworten über den Holocaust. Verlegt vom Institute for Historical Review‹. Cosa Mesa, Kalifornien o. J. (1994).

[30] Vgl. Benz (Hrsg.), Legenden, Lügen, Vorurteile S.137.

[31] Siehe Anm. 29.

weiskraft der Feststellung wird durch die Behauptung übertönt, die Opferzahlen des Holocaust seien tausendfach überhöht. Danach hätten 6000 Juden ihr Leben verloren als Folge nationalsozialistischer Politik. Das steht freilich im Widerspruch zu der auch hier angeführten Zahl von 300000 Opfern. Auf die Frage, was aus den europäischen Juden geworden ist, wenn man davon ausgehe, daß sie nicht von den Nationalsozialisten ausgerottet worden seien, heißt es im Pamphlet des Institute for Historical Review: »Sie befanden sich nach Kriegsende immer noch in Europa mit Ausnahme von etwa 300000, die während des Krieges umkamen oder nach Israel, Amerika, Argentinien oder Kanada ausgewandert waren. Die meisten verließen Europa erst nach dem Krieg. Diese Auswanderer sind alle statistisch erfaßt.«[32]

Zwei Millionen Juden seien, so die nächste Behauptung »in die entferntesten Regionen der Sowjetunion geflüchtet« und hätten sich nie im deutschen Einflußbereich befunden und »mehr als eine Million« sei außerdem vor Kriegsbeginn ausgewandert. Das Abstruse solcher Behauptungen wird schon daran deutlich, daß in Stalins Sowjetunion keine fluchtartige Bevölkerungsbewegung in dieser Größenordnung möglich war und daß eine weitere Million Menschen weder einfach auswandern noch ohne weiteres irgendwo einwandern konnte. Für jüdische Emigranten gab es keine Freizügigkeit, sondern nur bescheidene Einwanderungsquoten und Wartezeiten. Die »Beweisführung«, daß es keinen Völkermord gegeben habe, besteht aus Behauptungen, die mit den Tatsachen ebenso wie mit der Logik im Widerspruch stehen, und in erster Linie auf ein Publikum zielen, das die Bereitschaft mitbringt, das Vorgetragene zu glauben, da es in ein bereits gefestigtes Weltbild paßt. Bei den anderen sollen Zweifel geweckt und genährt werden, in der Hoffnung, sie schließlich für die propagierte Ideologie der Rehabilitierung des Nationalsozialismus zu gewinnen.

Der »Revisionismus« mit seiner Kernthese, der Holocaust habe nicht stattgefunden, bedient sich pseudowissenschaftlicher Argumente und trägt im Gegensatz zum Getöse grölender Neonazis bei übereinstimmenden Absichten sein Anliegen in bürgerlicher Sprache vor. Die Imitation von Wissenschaft durch Übernahme ihrer Formen – Abhandlung und Fußnote, Vortrag und Seminar, Tagung und Zeitschrift usw. – konstituiert nicht Wissenschaftlichkeit und Seriosität. Im Gegenteil. Die Forderung,

[32] Ebenda.

offenkundige geschichtliche Tatsachen immer wieder aufs neue zu diskutieren und das Verlangen, auf jeden beliebigen Zweifel von Böswilligen und Dilettanten, die sich auf die Freiheit der Wissenschaft berufen, zu reagieren, dient lediglich einem Zweck, nämlich dem, Verwirrung zu stiften und Zweifel zu kreieren.

Wenn ein Sektierer mit der Behauptung an die Öffentlichkeit tritt, die Sonne drehe sich um die Erde oder die Erde sei keine Kugel, und wenn er als Stütze seiner Behauptung anführt, kein Mensch könne die Erde als Kugel wahrnehmen, so wird sich kein Naturwissenschaftler die Mühe machen, darauf einzugehen.

Auf historischem Gebiet ist das anders, insbesondere wenn politische Emotionen im Spiele sind. Nicht nur fühlen sich viele Mitlebende aufgrund ihres Geburtsjahrgangs ohnehin sachkundig, sondern im Falle des Völkermords an den europäischen Juden gibt es ganz entschiedene Interessen: Empfindungen von Schuld und Scham, patriotische Gefühle, mit denen das Bewußtsein monströser Verbrechen in staatlicher Regie schwer zu vereinbaren ist, Abwehr moralischer Diskriminierung, die von Angehörigen der daran unbeteiligten Folgegenerationen als ungerecht und unzulässig empfunden werden.

Solchen Interessen dienen nicht nur Schuldzuweisungen an die Opfer als Vehikel – die Juden hätten Deutschland den Krieg erklärt, lautet eine häufig verwendete Phrase –, sondern vor allem die Leugnung des ganzen historischen Befunds. Absicht und Technik der revisionistischen Desinformationsstrategie sind gründlich entlarvt[33] und ihre Argumente en detail widerlegt worden[34]; die Urheber beeindruckt dies freilich nicht, da ihr Interesse ja nur in der Ideologieproduktion besteht. Um so betrüblicher, wenn sich ein Gelehrter von Rang wie der Historiker Ernst Nolte in ihren Troß begibt und mutmaßt, daß die »radikalen Revisionisten«, wie er die Auschwitz-Leugner nennt, »Untersuchungen vorgelegt haben, die nach Beherrschung des Quellenmaterials und zumal in der Quellenkritik diejenigen der etablier-

---

[33] Deborah E. Lipstadt, Betrifft: Leugnen des Holocaust. Zürich 1994; vgl. Hermann Graml, Alte und neue Apologeten Hitlers. In: Wolfgang Benz (Hrsg.), Rechtsextremismus in Deutschland. Frankfurt a. M. 1994, S. 30 ff.

[34] Jean-Claude Pressac, Die Krematorien von Auschwitz. Die Technik des Massenmordes. München 1994.

ten Historiker in Deutschland vermutlich übertreffen«.[35] Allerdings verweigert Nolte die Kenntnisnahme quellenkritischer Untersuchungen (etwa zur Zahl der jüdischen Opfer des Nationalsozialismus), wenn sie seine Spekulationen behindern, und er wird sich deshalb, trotz seiner Beteuerungen, die Objektivität der Wissenschaft sei sein Anliegen, gefallen lassen müssen, daß man ihn selbst zu den Ideologiefabrikanten rechnet und als Historiker nicht mehr ernst nimmt.

Nach Form und Inhalt ist die revisionistische Argumentation vollkommen antisemitisch, sie folgt unter Inanspruchnahme historischer Ereignisse traditionellen Mustern: Zum Konstatieren einer »Judenfrage« durch Antisemiten im 19. Jahrhundert gehörte logischerweise das Plädoyer nach der »Lösung der Judenfrage«, und es kulminierte in der »Endlösung der Judenfrage«, wie sie von der nationalsozialistischen Ideologie propagiert und im Völkermord praktiziert wurde.

Wenn es des Beweises bedarf, daß die Leugnung des Völkermords an den Juden Prinzip und Motiv eines neuen praktizierten Antisemitismus bildet, so liefert ihn die detailreiche Beschreibung der Weinheimer Veranstaltung mit dem US-Neonazi Leuchter und dem NPD-Vorsitzenden Deckert, referiert von der ›Frankfurter Allgemeinen Zeitung‹: »Denn auf jener Veranstaltung wurde in der Hauptsache unablässig gegen die Juden gehetzt. Das war offenkundig vorwiegender Zweck der Zusammenkunft und ideologisches Bindemittel der Versammelten. Mal sind es Bemerkungen über ›eine Gruppe, ich sage nicht mehr, Sie wissen, was ich damit sagen will‹, gedehnte Betonungen jüdischer Namen in herabwürdigendem Zusammenhang, unsägliche Witze über die jüdischen Vernichtungsopfer oder den ›Holo‹; immer die Selbstdarstellung der Redner als Opfer angeblicher Verfolgung durch die Juden, die Bewertung der Judenvernichtung nicht allein als Lüge, sondern als Erfindung und geradezu eigene Veranstaltung der Juden. Die Juden sind die Täter: ›Hört damit auf und der Holo ist beendet!‹ Und immer sind es diese Bemerkungen, die Beifall, frenetischen Beifall hervorrufen.«[36]

Mit traditionellen antisemitischen Stereotypen – wie der Welt-

[35] Ernst Nolte, Streitpunkte. Heutige und künftige Kontroversen um den Nationalsozialismus. Berlin 1993, S. 304.
[36] Volker Zastrow, Die Verderber der Jugend und das Wunder der Straße. Verdienste eines befremdlichen Urteils. In: FAZ, 13. 8. 1994.

verschwörungslegende oder der Behauptung, »die Juden« übten insgeheim Herrschaft aus – wird die verbindende Brücke vom alten zum neuen Antisemitismus geschlagen, dazu apostrophiert die einschlägige Presse den Vorsitzenden des Zentralrats der Juden in Deutschland etwa als »neuen (jüdisch-alliierten) Hochkommissar von und über Deutschland«.[37] Gleichzeitig ist die Verknüpfung von antisemitischem Ressentiment und nationalistischem Inferioritätskomplex zu konstatieren, die auch den Kern des historischen Antisemitismus (»die Juden sind unser Unglück«) bildete.

Agiert wird der neue wie der alte Antisemitismus mit Ausgrenzungswünschen. Wegen einer einschlägigen Forderung, die juristisch den Tatbestand der Volksverhetzung erfüllt und intellektuell und moralisch an die durch den Nationalsozialismus verwirklichten Vertreibungsphantasien des politischen instrumentalisierten Rassenantisemitismus anknüpft, wurde gegen den NPD-Vorsitzenden Deckert im Herbst 1994 erneut Anklage erhoben. Er hatte an ein Präsidiumsmitglied des Zentralrats der Juden in Deutschland geschrieben, die Heimat der Juden sei seit Jahrzehnten Israel und nicht Deutschland: »Wäre es nicht das Natürlichste und Nächstliegende, wenn Sie und die Ihren Ihre Koffer packen und dorthin gehen würden, wo Sie hingehören: nach Israel.«[38]

Das ist genau der Punkt, an dem die Nationalsozialisten 1933 mit politischen Mitteln begannen, was sie in ihrer antisemitischen Propaganda längst gefordert und angekündigt hatten: die Ausgrenzung der Juden aus der deutschen Gesellschaft, als sie zuerst zu Fremden und Feinden erklärt, dann entrechtet und vertrieben und schließlich ermordet wurden.

---

[37] Günter Deckert, Zwischenrufe. In: Deutsche Stimme. Nationaldemokratische Zeitung 9 (1994).
[38] Neue Anklage gegen NDP-Chef Deckert, SZ, 12. 10. 94.

Marion Neiss
Diffamierung mit Tradition – Friedhofsschändungen

Beim Abriß eines Wohn- und Geschäftshauses im Würzburger Stadtteil Pleich fand man 1987 in den Mauern und Fundamenten des Gebäudes annähernd 1500 jüdische Grabsteine. Sie stammten aus dem etwa 1147 angelegten jüdischen Friedhof, der im 14. Jahrhundert, nachdem die jüdische Gemeinde Würzburg untergegangen war, als herrenloses Gut vom Würzburger Bischof an die Dominikanerinnen des Markusklosters übergeben worden war. Die Grabsteine wurden vom Friedhof abgeräumt und von den Nonnen zum Bau der Klosterkirche verwendet. 1446, nach der Wiederansiedlung von Juden in Würzburg, wurde das alte Friedhofsareal von der jüdischen Gemeinde zwar »auf ewige Zeit« wieder angekauft, 130 Jahre später jedoch – auf Initiative des Fürstbischofs – eingeebnet und an seine Stelle das Juliushospital errichtet. Proteste von jüdischer Seite blieben erfolglos. Auf einer Inschrift ließ der Fürstbischof wissen, daß eine Kultstätte der Ungläubigen nun dem Werk christlicher Barmherzigkeit diene.[1]

Ein christliches Spital, errichtet auf den Gebeinen jüdischer Verstorbener, eine christliche Kirche, fundamentiert und gemauert aus jüdischen Grabsteinen. Mittelalterlicher Antijudaismus? Mitnichten. Auch nach der Vernichtung und Vertreibung der Juden in Europa scheut man sich nicht, jüdische Grabmale als Baumaterial zu verwenden. Der jüdische Friedhof einer kleinen Gemeinde unweit der Universitätsstadt Gießen wurde Ende der 1960er Jahren eingeebnet, die Gebeine der Verstorbenen exhumiert und mit den noch vorgefundenen Grabsteinen auf den jüdischen Friedhof nach Wetzlar umgebettet. Zwei der ehemals dort vorhandenen Grabstellen gelangten nicht in die nahegelegene Kreisstadt, sondern blieben im Dorf und stützen noch heute das Kellerwerk eines Zweifamilienhauses. In den Akten beim Landesverband der Jüdischen Gemeinden in Hessen ist der Verlust beider Steine nicht registriert, was den Schluß zuläßt, daß der Häuslebauer schneller war als der Rabbiner, unter dessen Leitung die Umbettung stattfand. Offen wurde darüber niemals

---

[1] Roland Flade, Die Würzburger Juden. Ihre Geschichte vom Mittelalter bis zur Gegenwart. Würzburg 1987, S. 55.

gesprochen, bis Ende der 80er Jahre ein Karnevalsgeck mit einem Zweizeiler aus der Bütt heraus den Anwesenden die Sache wieder in Erinnerung rief. Auf Nachfragen von Nicht-Einheimischen hüllt man sich bis heute in Schweigen. Während der etwa 500 Jahre, die zwischen diesen beiden Beispielen liegen, erlangten jüdische Friedhöfe niemals die uneingeschränkte Achtung der christlichen Umwelt; die Profanierungen jüdischer Grabstätten waren keine Ausnahmeerscheinungen, die Art und Weise der Schändungen ist variantenreich.

Nach der Vertreibung der Juden aus Deutschland im 14. Jahrhundert wurden ihre Grabanlagen meist zur Gänze abgeräumt und die Grabmale zum Bau von sakralen oder profanen Gebäuden verwandt. In der Zitadelle Spandau (Berlin) konnten bis heute 66 Grabsteine geborgen werden, der älteste datiert von 1244.[2] Die Lambertikirche zu Münster wurde mit Hilfe jüdischer Grabmale aus dem 14. Jahrhundert errichtet, und die Benutzer des Aborts im Verlies des Alten Rathauses in Regensburg nahmen seit 1533 Platz auf einem Stein mit dem Epitaph: »(Gr)abstein der Gutel, der Tochter des He(rrn) David, die (gegangen ist in ihre) Welt am… des Jahres 97 im 6. Jahrtausend«.[3] Gutel verstarb im Jahre 1337.

Vor allem im Rahmen des Kirchenbaus und der Errichtung öffentlicher Gebäude wurden jüdische Grabsteine nicht nur aufgrund ihrer aufbereiteten, d. h. behauenen Form geschätzt, sondern sie dienten auch als Trophäen zum Beweis der Niederlage der jüdischen Religion im christlichen Abendland. Diesem Triumph wurde deutlich Ausdruck verliehen, indem man nicht selten jüdische Grabsteine mit ihren Beschriftungen sichtbar in die Mauern einfügte oder sie als Treppenstufen oder Türschwellen verwendete. So finden sich auf deutschem Boden lediglich in Mainz, Worms und Ulm Grabsteine aus dem 11. bis 14. Jahrhundert.

Die ältesten noch erhaltenen jüdischen Friedhöfe (etwa 1700) wurden im 18. und bis ins 19. Jahrhundert angelegt, nachdem Juden wieder das Niederlassungsrecht in deutschen Städten erhielten. Die ersten Bemühungen einer jüdischen Gemeinde galten der Errichtung einer Begräbnisstätte, da diese – sobald ein Bet-

---

[2] Michael Brocke, Die mittelalterlichen jüdischen Grabmale in Spandau 1244–1474. In: Ausgrabungen in Berlin. Forschungen und Funde zur Ur- und Frühgeschichte 9 (1994), hrsg. vom Archäologischen Landesamt Berlin, S. 8.
[3] Stadt und Mutter in Israel. Jüdische Geschichte und Kultur in Regensburg. Ausstellungskatalog zur Regensburger Geschichte, Bd. 2, Regensburg 1990, S. 77.

saal vorhanden war – Vorrang hatte vor dem Bau einer Synagoge, denn die Bestattung Verstorbener ist par exellence eine religiöse und ethische Pflicht. Das Grab soll dem Toten die ungestörte Ruhe sichern, und die Unversehrtheit der Grabstätte läßt ihn an der Auferstehung teilnehmen. So ist auch eine Exhumierung nur in Ausnahmefällen gestattet, und die Gräber werden nicht, wie auf christlichen Friedhöfen, nach Ablauf einer gewissen Zeit, wieder neu belegt. Die Toten sollen in ihren Gräbern auf ewig ruhen, denn der jüdische Friedhof ist ein »Beith Olam«, ein ewiges Haus, ein »Beith HaChaim«, ein Haus des Lebens für die Toten.

Im Gegensatz zu den Christen, die bis ins 19. Jahrhundert in unmittelbarer Nähe der Kirche oder z. T. innerhalb derselben ihre Toten bestatteten, wurden jüdische Friedhöfe meist außerhalb der Ortschaft angelegt. Das ergibt sich einerseits aus der religiösen Vorschrift, daß der Friedhof mindestens 40 Ellen von der Synagoge entfernt sein muß, andererseits aber auch durch den erschwerten Erwerb von Grund und Boden von den Kommunen, die dem Wunsch der Juden nach einem Bestattungsort oft nur widerwillig entsprachen. Die Verachtung der Christen gegenüber den Juden wird deutlich darin, daß man ihnen oft einen entwürdigenden Platz zur Bestattung ihrer Toten zuwies. So mußten z. B. die Juden von Rödelheim bei Frankfurt, »auf dem Sedam, wo vormals der Galgen gestanden, jetzo aber die verreckte Schind-Aeser hingeschmissen werden«[4] ihre Toten bestatten; aber auch in Hechingen (Württemberg) begruben sie ihre Glaubensgenossen »unter dem Hohn der Bürger«[5] neben dem Hochgericht.

Hohn und Spott war auch nicht selten die Begleitmusik jüdischer Leichenbegängnisse, und sie gestalteten sich für die Trauergäste oft zum Spießrutenlauf. Als die Judenschaft in Heidingsfeld bei Würzburg im April 1801 dem Verstorbenen Joseph Levi das letzte Geleit gab, »lief ein Schwarm der Heydingsfelder Jugend von 9 bis 18 Jahren zusammen, verspotteten die Juden auf eine ausgezeichnete Art, schrien und lärmten aus vollem Halse, erdreißten sich sogar die Juden zu stoßen und Steine auf die Sarg, Wagen und dessen Begleiter zu werfen.«[6] Der Chronist Joan Peter Delhoven schildert ähnliches anläßlich einer protestantischen

---

[4] Johann Jacob Schudt, Jüdische Merekwürdigkeiten. Leipzig 1713, S. 349.

[5] Manuel Werner, Die Juden in Hechingen als religiöse Gemeinde. In: Zeitschrift für Hohenzollerische Geschichte 20 (1985), S. 160.

[6] Staatsarchiv Würzburg, Gebr. Amt Akten VII, Nr. 442.

Bestattung 1814 im katholischen Dormagen, als jauchzende Kinder der Leiche vorausliefen, »und lärmten, als wenn sonst ein Jude begraben wird«.[7] Noch 1896 wurde eine jüdische Beerdigung in Stolberg (bei Aachen) massiv durch Steinwürfe gestört.[8]

Der Höhepunkt der Verachtung war dann erreicht, wenn Christen die Totenruhe jüdischer Verstorbener verletzten, ihre Gräber und Grabsteine mutwillig zerstörten oder gar Leichen ausgruben. Letzteres mag aus dem abergläubischen Wahn einfältiger Menschen geschehen sein, die glaubten, Leichen oder Leichenteile besäßen magische Kräfte, die Krankheit und Tod abwenden oder zu übernatürlichen Fähigkeiten verhelfen könnten.[9] Auch der gezielte Grabraub, genährt durch das Vorurteil, man gebe verstorbenen Juden einen Geldsack mit ins Grab, damit diese auch dann Handel treiben können, wenn »sie über die grüne Wiese kommen«[10], oder die freventliche Öffnung des Grabes, um andere Grabbeigaben oder Totenkleider der Verstorbenen zu rauben, geschah meist bald nach der Beisetzung der Toten, und die Täter unterschieden hierbei nicht zwischen Christen und Juden.

Weniger aus der Absicht der Bereicherung, vielmehr zur Belustigung wurde im Mai 1773 der jüdische Friedhof in Aschaffenburg geschändet. Der Kurfürstlich Mainzerischen Hohen Landesregierung wurde mitgeteilt, es sei »auf allhiesiger Juden begräbnis ein sträflicher Frevel geschehen, indehme das an der Thür stehende Häußlein (d. i. das Leichenhaus) gantz verwüstet, die mauer von dem begräbnis an einem großen stück abgerissen, die grab stein aus ihrem platz geborsten und zerschlagen, auch sogar ein grab aufgewühlet, der kopf von dem körper abgerissen und auf einen pfahl gestecket worden«.[11] Als drei Jugendliche der Tat bezichtigt und vernommen wurden, erklärten diese, lediglich auf dem Friedhof spazieren gegangen zu sein, um zu sehen, wie es dort ausschaue, und versicherten, nichts Ungebührliches getan zu haben. Auf den Leichenfrevel angesprochen beteuerten sie, »die Sach seye nicht so arg als man sie mache, sondern als sie einen Grabstein umgerissen, seye ein Todten Kopf dagelegen,

---

[7] Hermann Cardauns und Reiner Müller (Hrsg.), Die rheinische Dorfchronik des Joan Peter Delhoven aus Dormagen (1783–1823). Dormagen 1966, S. 220.

[8] Im Deutschen Reich, 2. Jg. Nr. 1, März 1896.

[9] Vgl. hierzu: Hermann L. Strack, Das Blut im Glauben und Aberglauben der Menschheit. München 1900.

[10] Heinrich Höhn, Sitte und Brauch bei Tod und Begräbnis. In: Karl Bamberger, Volkstümliche Überlieferungen in Württemberg. Stuttgart 1980, S. 196.

[11] Kreisarchiv Würzburg, Mz. Polizeiakt Mz 1932.

143

diesen hätten sie mit einem Stock welcher auf dem Platz gelegen, herausgeholet und hätten den Stock also hineingestecket«.[12] Die Jugendlichen hinterließen darüber hinaus 20 umgestürzte und neun zerborstene Grabsteine. Der Untersuchungsbeamte vertritt nach der Vernehmung der Jugendlichen die Ansicht, die Tat sei »mehr aus einem bübischen muthwillen, als einer boßheit« geschehen, und somit seien »die Eltern, welche ihre Kinder besser in der Zucht halten sollen« zu Schadenersatzleistungen heranzuziehen.

Weitaus häufiger wurden jüdische Friedhöfe bis Mitte des 19. Jahrhunderts jedoch von Erwachsenen profaniert. Bauern benutzten das Gelände als Weidefläche oder begruben verendetes Vieh dort, Dorfbewohner entwendeten Eisenbeschläge, Holz und Grabsteine, um sie für ihre eigenen Zwecke zu verwenden. Hausfrauen schätzten das Grundstück zum Bleichen ihrer Wäsche, Soldaten schlugen nicht selten ihr Nachtlager dort auf. Betrachteten Kinder und Jugendliche, wie in Aschaffenburg, den jüdischen Friedhof als Abenteuerspielplatz, so benutzten ihn Erwachsene als Schuttabladeplatz.

Eingaben, Beschwerden oder auch Anzeigen jüdischer Gemeindevorstände an die Kommunen wurden zwar immer wieder vorgebracht, und die Obrigkeit ging den Hinweisen in der Regel auch nach, doch wurden die Täter meist nicht ermittelt. Aber selbst den von den Kommunen veröffentlichten Strafandrohungen schenkten vor allem Wiederholungstäter keine Beachtung. Konnten die Täter ermittelt werden, stritten sie zumeist ihre Tat ab oder beteuerten ihre Unkenntnis über die Strafbarkeit ihrer Handlung. Waren die Täter jugendlichen Alters, ging die Bevölkerung davon aus, daß es sich nur um einen Lausbubenstreich gehandelt haben konnte. So betrachtete die christliche Bevölkerung die Schändungen jüdischer Friedhöfe meist als Kavaliersdelikte oder Bubenstücke. Oft mögen diese Profanierungen wohl aus Unwissenheit und Gedankenlosigkeit geschehen sein, sie zeigen aber auch die Geringschätzung, mit der die christliche Bevölkerung die Juden betrachtete.

Offener christlicher Antijudaismus des 18. und 19. Jahrhunderts wird hingegen deutlich in der gezielten Zerstörung jüdischer Grabstätten. Im mutwilligen Herausreißen und Zertrümmern von Grabsteinen wird einem Haß Ausdruck verliehen, dem Aberglauben, Ignoranz und Angst zugrunde liegen. Denn

[12] Ebenda.

war es den Christen nicht gelungen, die Juden zu Lebzeiten auf den richtigen Weg zu bringen, sollten die »Verstockten« und »Ungläubigen« auch keine Grabesruhe erhalten. Eingedenk der Auffassung, daß der Mensch mit seinem Tode in eine Gemeinschaft mit Gott tritt, soll durch die Schändung des Grabes der Verstorbene nicht nur entehrt und seine Grabstätte entweiht werden, sondern der Bruch dieser Gemeinschaft soll herbeigeführt werden.

Die Schändung jüdischer Friedhöfe zielte somit auf die Diffamierung der Gesamtheit der Juden, die Zerstörung ihrer Grabstätten sollte als Beweis der Auflösung des Bundes mit Gott dienen und ihre Auferstehung zunichte machen.[13]

Die mutwillige Zerstörung und das Beschmieren von Grabsteinen, das bis zur Jahrhundertwende vorzugsweise mit Exkrementen geschah, setzte Mitte des 19. Jahrhunderts ein. Mit dem Beginn der Forderungen von Gleichberechtigung und Bürgerrechten für Juden offenbart sich der Judenhaß immer deutlicher. Als man im Mai 1845 den jüdischen Friedhof in Regensburg verwüstete, die Türen des Leichenhauses ihrer Eisen beraubt und die Fenster eingeschlagen hatte, hinterließ der Täter ein Schreiben »voll glühendem Judenhasse«.[14] Dies ist einer der wenigen Hinweise aus der ersten Hälfte des 19. Jahrhunderts, der die Motivation des Täters preisgibt.

Mit der politischen und rechtlichen Gleichstellung der Juden in Deutschland 1869 begann auch eine organisierte antisemitische Bewegung, die sich im Gegensatz zu dem früheren religiösen Antijudaismus auf wirtschaftliche und politische Vorurteile gründete. Dem Eintritt der Juden in die öffentlichen Berufe begegnete man mit Mißtrauen. Der Finanzkrise (Börsenkrach) von 1873, die sich allerdings nicht nur auf Deutschland beschränkte, folgte eine Absatzkrise und somit eine Stagnation der Industrieproduktion. In bürgerlichen Kreisen waren die Juden als Verursacher der »Gründerkrise« schnell ausgemacht, und Otto Glagau konstatierte 1874/75 in mehreren Artikeln der ›Gartenlaube‹, daß 90% aller Börsianer Juden seien und somit für den Börsenkrach verantwortlich zeichneten. »Es (das Judentum) kennt nur den Handel und auch davon nur noch den Schacher und Wucher. Es arbeitet nicht selbst, sondern es läßt andere für sich arbei-

---

[13] Vgl. hierzu Philippe Ariès, Geschichte des Todes. München 1982, Kap. 2. Ad sanctos; apud ecclesiam.
[14] Stadtarchiv Regensburg, Akt 20, Fach 127.

ten... Sein Zentrum ist die Börse.«[15] Vorzugsweise aus Juden rekrutierten sich die Wucherer und »Halsabschneider, die Kuppler und Hehler, die Polizeispione und politischen Denuncianten. Betrügerischer Bankerott, Wechsel- und Depeschenfälschung, grosse Cassendiebstähle und Unterschlagungen aller Art sind Verbrechen, deren sich in den letzten Jahren besonders Juden schuldig machten«.[16]

In den 90er Jahren des letzten Jahrhunderts läßt sich ein deutlicher Wendepunkt bei den Zerstörungen jüdischer Friedhöfe feststellen. Es wurden nun nicht mehr lediglich Grabanlagen zerstört und beschädigt, mit antisemitischen Parolen diskreditierte man nun die Gesamtheit der jüdischen Bevölkerung. Wenn auch die Friedhofsschändungen des ausgehenden 19. Jahrhunderts von politischem Antisemitismus geprägt waren, basierte dieser doch auf dem alten christlichen Antijudaismus. Es waren nicht nur die »kapitalistischen« Juden, denen man die Schuld an der wirtschaftlichen Misere gab und denen man den Kampf ansagte, es war die gesamte Judenheit, die man ohne Beachtung ihrer sozialen und wirtschaftlichen Stellung als »Feinde des Volkes« diffamierte. Der als moderner Antisemitismus verbrämte christliche Judenhaß konnte mit Hilfe angeblich politischer Argumentation immer mehr um sich greifen. Für die Zeit von 1722 bis 1899 konnten etwa 90 Friedhofsschändungen belegt werden, von denen 27, also fast ein Drittel, in den Jahren von 1892 bis 1899 begangen wurden. Eine nicht unbedeutende Rolle mag hier der Xantener Ritualmordvorwurf[17] von 1891 gespielt haben, da neun der 27 Schändungen im Rheinland verübt wurden.

Beschränkten sich Friedhofsschändungen bis Anfang der 90er Jahre noch meist auf die Zweckentfremdung des Geländes, wurden seit 1892 in der Regel die Grabsteine zertrümmert und immer häufiger mit Exkrementen beschmiert. Als in Grabow (Posen) im September 1895 zehn Grabsteine umgeworfen und zertrümmert wurden, kommentierte das ›Freie Blatt‹: »Man glaubt diesen Act antisemitischer Rohheit mit einer vom dortigen evangelischen Seelsorger gehaltenen, antisemitisch durchtränkten

[15] Kurt Wawrzinek, Die Entstehung der deutschen Antisemitenparteien 1873–1890. Berlin 1927, S. 9.
[16] Otto Glagau, Der Börsen- und Gründungs-Schwindel in Berlin. Gesammelte und stark vermehrte Artikel der ›Gartenlaube‹. Leipzig 1876, S. 345.
[17] 1891 fand man in Xanten die Leiche eines fünfjährigen Knaben, dessen Kehle bis zum Rückenwirbel durchgeschnitten war. Die christliche Bevölkerung war sich sicher, daß der Knabe von Juden ermordet worden war, die das Blut des Toten zu rituellen Zwecken verwendeten. Vgl. hierzu Stefan Rohrbacher, Juden in Neuss. Neuss 1988.

Sonntagspredigt in Verbindung bringen zu dürfen. Die Störung der Friedhofsruhe gehört bekanntlich zu den Glanzleistungen der antisemitischen Thatpropaganda.«[18] Im September 1898 hinterließen in Düsseldorf die Friedhofsschänder 50 umgestürzte und z. T. zerstörte Grabmale und ritzten »Antisemit« in einen der Steine.

Farbtopf und Pinsel hielten Anfang des 20. Jahrhundert Einzug auf jüdischen Friedhöfen. Die Täter plakatierten damit ihre antisemitische Gesinnung auf den Grabsteinen. Gerade in der Zeit der Weimarer Republik, in der die völlige Gleichstellung der Juden in Deutschland erreicht war, die zu einem regen jüdischen Engagement in Politik, Wirtschaft, Kunst und Kultur führte und in der das religiöse Bekenntnis zunehmend unerheblicher wurde, äußerte sich der Antisemitismus immer perfider. Der Central-Verein deutscher Staatsbürger jüdischen Glaubens (CV) dokumentiert in seiner Publikation ›Friedhofsschändungen in Deutschland 1923–1931. Dokumente der politischen und kulturellen Verwilderung unserer Zeit‹ für den angegebenen Zeitraum 107 Ausschreitungen gegen jüdische Friedhöfe. Der Dokumentation zufolge wurde jeder Fall von der Polizei verfolgt, die Täter konnten aber nur in wenigen Fällen ermittelt werden. Im Falle der erfolgreichen Ermittlung stellte sich heraus, daß die Täter meist dem völkischen oder nationalsozialistischen Umfeld angehörten. Als im Juni 1924 neben dem Friedhof in Binswangen bei Augsburg 58 Nationalsozialisten biwakierten, hinterließen sie 30 aus der Verankerung gerissene Grabsteine, die sie teilweise zertrümmert hatten. Ein Teil der Täter konnte verhaftet werden und der Hauptschuldige, Mitglied des Schlageterbundes, wurde zu drei Monaten und einer Woche Gefängnis verurteilt.[19] Als 1929 zwei Friedhofschänder in Gladbeck gestellt werden konnten, waren diese »wenige Tage zuvor aus der NSDAP, mit der Begründung, die Bewegung sei ihnen nicht radikal genug, ausgetreten«.[20] Aber auch viele nicht ermittelte Schändungen sind diesem Milieu hinzuzurechnen, vor allem dann, wenn Täter ihren antisemitischen Fingerabdruck durch Hakenkreuze, Parolen wie »Juda verrecke« und gelegentlich auch »Heil Hitler« hinterließen.

[18] Freies Blatt. Organ zur Abwehr des Antisemitismus, 1. 12. 1895.
[19] Friedhofsschändungen in Deutschland 1923–1931. Dokumente der politischen und kulturellen Verwilderung unserer Zeit. Zusammengestellt vom Central-Verein deutscher Staatsbürger jüdischen Glaubens e. V. 4. Aufl. Berlin 1932, S. 4.
[20] Ebenda, S. 21 f.

Die Appelle des Central-Vereins deutscher Staatsbürger jüdischen Glaubens führten 1931 zu einer Verlautbarung des Reichsministers des Innern an die Landesregierungen: »Nach zuverlässiger Mitteilung sind im Deutschen Reiche in den letzten Jahren nicht weniger als hundert Fälle von Schändungen jüdischer Friedhöfe vorgekommen, unter Hinweis hierauf darf ich den Landesregierungen erneut nahelegen, die Landesbehörden anzuweisen, um die Aufklärung und Verfolgung von Störungen des Gräberfriedens nachdrücklich bemüht zu sein. Ich halte schärfstes Einschreiten gegen solche verabscheuungswürdigen Straftaten für nöthig und bin nach den Erfahrungen der letzten Jahre der Auffassung, daß es nicht möglich ist, ihnen ohne empfindliche Strafe mit Erfolg zu begegnen.«[21]

Über das Ausmaß von Friedhofsschändungen während der Zeit des Nationalsozialismus gibt es bislang keine Untersuchung. Julius H. Schoeps schätzt jedoch, daß ca. 80 bis 90 Prozent der insgesamt ca. 1700 jüdischen Friedhöfe geschändet, zerstört, enteignet oder eingeebnet wurden.[22] Nach Beschädigung oder Zerstörung jüdischer Grabanlagen – sei es durch einzelne Personen oder politische Organisationen wie die Hitlerjugend oder die SA – folgte nicht selten der erzwungene Verkauf des Grundstücks an die Kommunen, die das Gelände einebnen ließen, um es später zu bebauen oder an Dritte zu veräußern.[23] Systematische Zerstörungen jüdischer Friedhöfe erfolgten sowohl nach dem Pogrom im November 1938 als auch im Rahmen der »Reichsmetallspende« 1939. »Von fast allen jüdischen Friedhöfen wurden die Buntmetallplatten- und Inschriften, sowie Grabmalumrandungen und andere Zier, gewaltsam entfernt. Vielerorts wurden zu diesen Demontagearbeiten Jugendliche eingesetzt, die in vielen Fällen nicht nur die Buntmetalle mit Brechstangen und Hämmern abrissen, sondern auch noch Grabsteine beschädigten, umwarfen und zerstörten.«[24] Ziel der

---

[21] In: Der Friedhof. Friedhofskunst, Erd- und Feuerbestattung. Verband der Friedhofsbeamten Deutschlands. Berlin (5) 1931.

[22] Julius H. Schoeps, Ein Stein aufs Grab. Die Zerstörung und Schändung jüdischer Friedhöfe in Deutschland. In: Die Zeit, 9. Nov. 1984.

[23] So kaufte z. B. am 25. April 1944 die Gemeinde Luckenwalde den dortigen 2098 qm großen jüdischen Friedhof für 1550,– RM, mit der Absicht, auf dem Gelände Siedlungsbauten zu errichten. (Brandenburgisches Landeshauptarchiv, Pr. Br. Rep. 36 A OFP, Nr. 4411. Teilweise Abschrift der Akte durch Pfarrer Detlev Riemer, Luckenwalde, 4 Blätter)

[24] Adolf Diamant, Jüdische Friedhöfe in Deutschland – eine Bestandsaufnahme. Frankfurt a. M. 1982, S. III.

Nationalsozialisten war die vollständige Eliminierung jüdischer Grabanlagen, wie es im Erlaß des Württembergischen Ministerium des Innern vom 30. Juni 1943 (AZ: IV 597) deutlich zum Ausdruck kommt: »Angesichts der Aufhebung der Reichsvereinigung der Juden in Deutschland, welche seinerzeit angewiesen wurde, jüdische Friedhöfe an Gemeinden zu verkaufen, sind nunmehr diese Friedhöfe als staats- und volksfeindliches Vermögen anzusehen. Die Ortsgemeinden sollen daher die jüdischen Friedhöfe frei machen und sie für andere Zwecke vorbereiten.«[25] Die Leichenhallen wurden in der Regel gesprengt, die Steine zweckentfremdet.

Antisemitische Übergriffe auf jüdische Friedhöfe wurden aber auch nach Kriegsende in den drei westlichen Besatzungszonen fortgesetzt. So sind für das Jahr 1945 mindestens 10 Friedhofsschändungen überliefert.[26] Bis zum Jahr 1980 verzeichnet Adolf Diamant insgesamt 431 Friedhofsschändungen auf dem Boden der Bundesrepublik.[27] Für den gleichen Zeitraum weisen Rainald Becker und Alexander W. Vennekel 503 Schändungen auf. Anhand einer Tabelle lassen sich sogenannte Wellen von Friedhofsschändungen für die Jahre 1950/51 (insgesamt 26), 1965/66 (insgesamt 42) 1977/78 (insgesamt 72) feststellen.[28]

»Eine niederträchtige Untat. Verbrecherhände schändeten den isr. Friedhof in Bamberg in geradezu unglaublicher Gemeinheit«, titelte das ›Bamberger Volksblatt‹ am 16. Juni 1965. Ein ehemaliger Bamberger, der die Gräber seiner Familie besuchen wollte, entdeckte Grabsteine mit den Schmähungen »Sieg Heil«, »Juden fahrt in die Hölle«, »Es lebe der Führer«, »SD Heydrich hoch«, »Ein Lob für Eva Braun«, »Glaubt ihr, daß der Führer tot ist wir nicht«, »Wir protestieren gegen das Denkmal in Bamberg«. Über sechs Grabsteine zog sich die Aufschrift »Es lebe die SS – 6 000 000 sind zu wenig«. Auf einer weiteren Grabstele

[25] Joseph Walk, Das Sonderrecht für die Juden im NS-Staat. Eine Sammlung der gesetzlichen Maßnahmen und Richtlinien – Inhalt und Bedeutung. Karlsruhe 1981, S. 399. Vgl. hierzu auch: Dokumente über die Verfolgung der jüdischen Bürger in Baden-Württemberg durch das nationalsozialistische Regime 1933–1945. Bearbeitet von Paul Sauer. Stuttgart 1966, Bd. 2, S. 355 ff.

[26] Sieghard Bußenius, Inseln des Friedens oder Grundstücke ohne Verkehrswert? Jüdische Friedhöfe und ihre Schändungen. In: Informationen zur Schleswig-Holsteinischen Zeitgeschichte, 21 (1991), S. 19.

[27] Diamant, Jüdische Friedhöfe in Deutschland, Anhang II, S. 204 f.

[28] Rainald Becker und Alexander W. Vennekel, Schändungen und Zerstörungen jüdischer Friedhöfe in der Bundesrepublik Deutschland nach 1945. Ms. Diplomarbeit an der Gesamthochschule Duisburg 1985, Kap. II.3.

klebte ein Bild Adolf Hitlers mit der Bemerkung: »Der Führer sagt, hier ruht ein Saujud.«

Die Bamberger Polizei wurde sofort alarmiert, die Kripo sicherte die ersten Spuren, der Spürhund Cai wurde herbeigeschafft um die weitere Spurensuche aufzunehmen. Eine Sonderkommission des Landeskriminalamtes – später auch des Bundeskriminalamtes – wurde in die Ermittlungen eingeschaltet und auf die Ergreifung der Täter eine Belohnung von 10 000 DM, später 20 000 DM ausgesetzt. Der Oberstaatsanwalt versicherte: »An dieser Sache und ihrer Ermittlung sind mehr Kräfte gebunden worden, dafür sind mehr Anstrengungen aufgeboten worden als für jeden Mordfall erster Klasse etwa!«[29]

Der Bürgermeister Bambergs ordnete Trauerbeflaggung an und rief die Bevölkerung auf, ihre Trauer und Erschütterung über die in verbrecherischer Weise geschändeten 23 Grabsteine durch ihre Teilnahme an der abendlichen Kundgebung deutlich zu machen. »Bürger Bambergs, denkt daran: Es geht um den guten Namen und Ruf unserer Heimatstadt«.[30] Den Aufruf unterzeichneten die Gesamtdeutsche Partei und die Bayern-Partei, die Bamberger Liste, CSU, SPD, FDP sowie beide christliche Kirchen. Das ›Bamberger Volksblatt‹ widmete der abendlichen Kundgebung mehr als eine Druckseite: »...obwohl sich kurz nach 19 Uhr ein heftiges Gewitter, begleitet von unaufhörlichen Wolkenbrüchen, über der Stadt zu entladen begann und obwohl auch noch zu Beginn und während der Kundgebung der Himmel alle seine Schleusen geöffnet hatte – so, als wolle er die Bamberger prüfen –, begann sich der weite Maxplatz um die 20. Stunde immer mehr mit Menschen zu füllen. Und als die Glocken der Bamberger Kirchen verklungen waren, die zehn Minuten lang ihre eherne Stimme voller Schmerz und bitterer Klage erhoben hatten, da drängten sich über den vollgefüllten Platz nach Schätzungen der Polizei über 5000 Menschen unter den Regenschirmen.«

Die Bürger Bambergs fragten sich, wie solch eine Schändung möglich sei, in einer Stadt »mit bester deutscher Kultur und christlich-abendländischer Geschichte, mit bester bürgerlicher Gesinnung, dem Sitz und Hort besten Bürgertums?«[31] Bereits zwei Tage nach der Trauerbekundung wurden die Bamberger durch eine weitere Schmieraktion aufgeschreckt: »Bürger Bam-

[29] Kölner Stadtanzeiger, 17. 6. 1965.
[30] Bamberger Volksblatt, 16. 6. 1965.
[31] Ebenda.

bergs! In unserer Stadt herrscht seit dem Kriege der Jude. Bamberg wurde eine Hurenstadt. Wir fordern, daß in Bamberg nicht nur Denkmäler für Juden aufgestellt werden, sondern auch für die im Krieg gefallenen deutschen Soldaten... Wir in Bamberg brauchen keine Juden. Schickt die Krummbeinigen nach Israel.«[32]

Den Zeitungsberichten zufolge herrschte in Bamberg erhebliche Nervosität, die in Mutmaßungen über den Charakter des oder der Täter überging. Handelte es sich um wild gewordene Halbstarke, um eingefleischte Nationalsozialisten oder um Kinder derselben, war es ein Psychopath oder aber, wie der Generalstaatsanwalt andeutete, steckten nicht gar Ostagenten dahinter? Der ›Generalanzeiger für Bonn und Umgebung‹ vom 16. Juli wollte dies nicht von der Hand weisen und hob hervor, daß solche Taten, die in der dunklen Nacht geschehen, doch eher von Männern ausgeführt werden, »zu deren Beruf es gehört, im dunklen und verborgenen zu arbeiten. Meist haben sie ja einen guten Draht nach Pankow, das ja auch erhebliches Interesse hat, die endlich beginnende Aussöhnung der Bundesrepublik mit dem jüdischen Volk unter ein gezieltes Störfeuer zu nehmen«. Doch über allen Spekulationen stand die bange Frage: War es einer von uns?

Am 4. Juli – es war die letzte Aktion des gesuchten Friedhofschänders – prangte auf der Mauer der ehemaligen Munitionsanstalt, die nach dem Krieg von der US-Armee benutzt wurde, die Forderung: »Wir brauchen keine US-Bastarden-Armee, die von Juden angestachelt wird, deutsche Frauen und Mädchen zu vergewaltigen«.[33] Daraufhin gibt der Leiter des Landeskriminalamtes München Schießbefehl, da die Parolen des Täters auf eine Volksaufwiegelung hinwiesen.[34]

Nachdem die Fahndungsbeamten bis zum 29. Juli 25 000 km zurückgelegt und 20 000 Namen überprüft hatten, 3247 Fingerabdrücke genommen und 1227 Schriftvergleiche ausgewertet hatten, etwa 100 Söhne, Neffen und Enkel bekannter Nazis überprüft und 33 auswärtige Pinselfabriken aufgesucht hatten, konnte der Täter am 30. Juli verhaftet werden. Es war ein 20 Jahre alter stellungsloser Zahntechniker ohne Berufsabschluß. Er war, worauf die Presse nicht vergaß hinzuweisen, kein Bamberger, sondern ein Flüchtling aus Schlesien, der sich erst 1963 in

---

[32] Fränkischer Tag, 19. 6. 1965.
[33] Die Welt, 22. 12. 1965.
[34] Süddeutsche Zeitung, 30. 7. 1965.

Bamberg niedergelassen hatte. Nach anfänglichem Leugnen gestand er schließlich, sämtliche antisemitischen Schmierereien in Bamberg alleine ausgeführt zu haben. Nach seiner Motivation gefragt, entgegnet er, er habe »eben einen Haß auf die Juden, die nach Israel gehören und nicht nach Deutschland«[35]. Auf die Frage des Staatsanwaltes, was er unter Jude verstehe, die Rasse (sic!) oder die Religion, antwortet er: »Den Charakter.«[36]

Den Haß auf Juden habe er vom Vater, der – ehemaliger Angehöriger der SS und Leiter eines Konzentrationslagers – 1957 aus polnischer Kriegsgefangenschaft nach Deutschland zurückkehrte und 1961 in Untersuchungshaft kam. Der Sohn wollte stolz sein auf den Vater, der doch so viele Kriegsauszeichnungen hatte, aber statt dessen saß dieser im Gefängnis. Die eigentlichen Schuldigen an seiner Inhaftierung, so versicherte der Vater dem Sohn immer wieder, seien die Juden.

Die politischen Ansichten des Vaters nimmt der Sohn, der keinerlei Kontakt zu Gleichaltrigen sucht, begierig auf. Unterstützt von nationalsozialistischen Publikationen begeistert er sich immer mehr für die NS-Ideologie und konstatiert während seiner Vernehmungen, »die ungläubigen Juden hätten (keinen) Anspruch auf Wiedergutmachungsleistungen eines christlichen Staates«[37]. In seinem Tagebuch vermerkt er, daß »anständige Deutsche von diesem Weltjudentum hinters Licht geführt werden«[38].

Die Aussagen des 20jährigen offenbaren zwei komplementäre Argumentationsstränge. Zum einen den christlich geprägten antijüdischen Vorwurf der »Ungläubigkeit« (die Verstocktheit der Juden, die den Tod der Taufe vorzogen) und zum anderen die politisch antisemitische Unterstellung eines »Weltjudentums« als einer Verschwörung, die die Weltherrschaft anstrebt. Der längst überwunden geglaubte religiöse Vorwurf des »Antichristen« amalgamiert sich mit dem Bedrohungswahn des vermeintlichen Griffs der Juden zur Weltmacht und dient als Rechtfertigung von Diskriminierung und Übergriff.

Aufgrund der Nachfolgetaten – Schändungen jüdischer Friedhöfe in Neuss, Koblenz, Königswinter und Höchstadt an der Aisch – regte der damalige Innenminister Höcherl die Herausgabe eines Weißbuches über Schmiereien an, das der Weltöf-

[35] Kölnische Rundschau, 7. 8. 1965.
[36] Die Welt, 22. 12. 1965.
[37] Frankfurter Rundschau, 21. 12. 1865.
[38] Die Zeit, 31. 12. 1965.

fentlichkeit beweisen sollte, mit welchem Abscheu die Bürger Bambergs und das gesamte deutsche Volk diese Schmierereien verurteilen. Von 1965 bis 1970 verzeichnen Vennecke und Bekker 87 Schändungen jüdischer Friedhöfe, eine Zahl, die in den darauffolgenden fünf Jahren auf 74 absinkt und von 1976 bis 1980 auf 182 anwächst. Für die letzten vier Jahre ihres Untersuchungszeitraums, also von 1981 bis 1984, registrieren sie 147 Verwüstungen auf jüdischen Friedhöfen.

Als am 19. April 1977 auf dem jüdischen Friedhof in Hannover annähernd 200 Grabsteine, die Wände der Friedhofsmauer und -kapelle mit »SS«, »SA«, »HJ«, »Judas Verräter«, »Heil Hitler«, »Es lebe die NSDAP« und mit bis zu 1,50 m hohen Hakenkreuzen beschmiert wurden, konnte der Täter wenige Tage später gefaßt werden. Es war ein 42jähriger Angehöriger der NPD, der im September 1977 zu 15 Monaten Haft verurteilt wurde.[39] Der Schändung im April folgte im Sommer ein Plakatterror gegen hannoversche Geschäftsleute und Privatpersonen, Drohungen und Beleidigungen gegen Juden und öffentliche Provokationen in Gaststätten. Als sich der Vorsitzende der Jüdischen Gemeinde Hannover nach der Friedhofsschändung in einem Brief an den niedersächsischen Innenminister wendete, teilte dieser ihm zwar seine Empörung und Abscheu mit, forderte den Vorsitzenden jedoch auf, daß die »Schmiererei… einiger unbelehrbarer Rechtsradikaler in der Öffentlichkeit nicht dramatisiert werde«[40].

Seit 1977 werden Friedhofschändungen vom Verfassungsschutz unter der Rubrik »Ausschreitungen mit rechtsextremistischem Hintergrund« registriert. Aber nicht alle Schändungen werden als Taten »mit eindeutigem antisemitischem Charakter« gewertet, oft werden umgestürzte und zerschlagene Grabsteine dem »Übermut« Jugendlicher und Kindern zugerechnet, deren Taten »keinen politischen Hintergrund« aufweisen. So werden von 1984 bis 1991 nur etwa die Hälfte der geschändeten jüdischen Friedhöfe als eine Tat mit »antisemitischem Charakter« registriert. Erst seit 1992 werden alle Schändungen jüdischer Friedhöfe als antisemitische Aktionen definiert.

Nachdem im Mai 1990 auf dem jüdischen Friedhof der französischen Gemeinde Carpentras 37 Gräber verwüstet, darunter sechs geöffnet worden waren und man eine Leiche geschändet

---

[39] Verfassungsschutzbericht 1977, Hrsg. Der Bundesminister des Innern, Bonn 1978.
[40] Hannoversche Allgemeine, 21. Dezember 1977.

hatte, überzog eine Welle von Friedhofsschändungen mehrere europäische Staaten. In Deutschland setzte die Serie Mitte Juli 1990 in Tübingen ein. Allein in Baden-Württemberg wurden bis zum Herbst etwa ein Dutzend Friedhöfe und Gedenkstätten (u. a. in Bad Cannstatt, Ihringen und Hechingen) geschändet. Die schlimmsten Verwüstungen hinterließen die Täter auf dem Ihringer Friedhof im August. Von den knapp über 200 Grabsteinen fand man 177 zerschlagen und zerhackt, zum Teil vom Sockel oder mit den Fundamenten aus dem Erdreich gerissen. An den Mauern prangten Hakenkreuze, SS-Runen und antisemitische Sprüche wie: »Komm du Jude, wir fahren nach Dachau«, »Judenvotze« und »Judenschweine vereket (sic!)«.[41] Während der 51. Sitzung des Landtags von Baden-Württemberg am 20. September 1990 drückten alle Parteien ihr Entsetzen, ihre Empörung, ihren Schmerz und ihre Trauer über die vorangegangenen Schändungen aus. Der Abgeordnete der CDU stellte die Frage: »Wie können heute einzelne Menschen nach den Erfahrungen des Dritten Reichs den Rassenwahn der Nationalsozialisten zum Vorbild ihres eigenen Handelns machen?«[42] Um »diesem fanatischen Wahn« entschieden zu begegnen, müsse man »rassistischen und totalitäten Tendenzen mit aller Entschiedenheit gemeinsam entgegentreten… und dem politischen Extremismus, egal aus welcher Richtung, geschlossen die Stirn bieten«[43]. Der Abgeordnete der SPD-Fraktion Geisel zweifelte hingegen, daß die notwendige Aufklärung über die Gefahren des Nationalsozialismus und Antisemitismus in pädagogischem und politischem Sinne stattgefunden hat. Darüber hinaus merkt er kritisch an, daß »die Häufung bedauerlicher Justizpannen bei der Verfolgung rechtsextremistischer und antisemitischer Straftaten… rechtsextremistischen und rassistischen Tendenzen möglicherweise Vorschub leisten«.[44] Auch Ministerpräsident Späth faßt seine Empörung über die Schändungen »ehemaliger jüdischer Friedhöfe«, die nicht zuletzt Anschläge seien auf »die gesellschaftliche und politische Kultur des neuen Deutschland nach 1945, auf das Selbstverständnis und das wiedergewonnene Ansehen dieses neuen Deutschlands und seiner Bürger«, in Worte. Die Schändungen würfen einen Schatten »auf unsere von

---

[41] Badische Zeitung, 28. 8. 1990.
[42] Protokoll über die 51. Sitzung des Landtags von Baden-Württemberg, Donnerstag, 20. September 1990, S. 4253.
[43] Ebenda.
[44] Ebenda, S. 4254.

großer Ernsthaftigkeit und Beharrlichkeit getragenen Bemühungen zur Aussöhnung mit dem jüdischen Volk... unseren jüdischen Mitbürgern eine wirkliche Heimat zu bieten, auf unser Ansehen und auf unsere Ehre«.[45]

Stand 1965 noch der Name und der gute Ruf Bambergs auf dem Spiel, ist man in den 90er Jahren darum besorgt, »daß das Ansehen und die Vertrauenswürdigkeit Deutschlands Schaden leiden«[46]. Dem Delikt der Friedhofsschändung, das laut § 168 des Strafgesetzbuches mit bis zu drei Jahren Gefängnis geahndet wird, gehen sicherlich Polizei und Justiz mit der nötigen Aufmerksamkeit nach, wenngleich dies oft nicht einfach ist, da Zerstörungen nicht selten erst Tage oder Wochen später entdeckt werden. Die Verlautbarungen der Politiker hinterlassen jedoch den unangenehmen Beigeschmack, daß die erste Sorge dem Verlust an Ansehen gilt und die Strafbarkeit und moralische Verwerflichkeit der Handlung als sekundär betrachtet werden. So werden die Täter zumeist auch als Chaoten, Spinner, unpolitische Heranwachsende oder alkoholisierte Jugendliche bezeichnet. Einordnungen, die, so scheint es, dem Täter ein »vermindertes Unrechtsbewußtsein« bescheinigen und ihm einen Teil der Verantwortung entziehen sollen.

Seit der Vereinigung der beiden deutschen Staaten formieren sich Rechtsextremisten, Nationalisten und Deutschtümelnde, deren Forderung, »Deutschland den Deutschen – Ausländer raus«, mit Brandstiftung und Totschlag einhergeht. Der in der deutschen Gesellschaft stets latent vorhandene Antisemitismus offenbart sich nun wieder mit Parolen wie »Juden raus«, »Juda verrecke« und »Tod den Juden« auf jüdischen Friedhöfen, KZ-Gedenkstätten und Mahnmalen für die Opfer der nationalsozialistischen Gewaltverbrechen. Nach dem Motto: »Die Gräber unserer Feinde verdienen von unserer Seite keine Achtung« wurden seit 1990 bis September 1994 annähernd 190 jüdische Friedhöfe geschändet. In den ersten neun Monaten des Jahres 1994 fanden Übergriffe auf Grabstätten in Guben, Dortmund, Pretzfeld, Kirn (Bad Kreuznach), Dresden, Bad Kissingen, Höchberg, Beerfelden, Hamburg, Nordhausen und Berlin statt.

Angesichts der zunehmenden Überfälle auf Menschen ohne deutschen Paß beschränken sich die überregionalen Tageszeitungen auf meist nicht mehr als fünf Zeilen der Berichterstat-

[45] Ebenda, S. 4256.
[46] Ebenda, S. 4257.

tung. Der kulturpolitische Sprecher von Bündnis 90/Grüne im hessischen Landtag regte im Mai 1994 an, jüdische Friedhöfe und Synagogen unter Denkmalschutz zu stellen. Eine Absicht, die nachdenklich stimmt, denn entsprechend den grundlegenden ethischen Werten unserer christlich-abendländischen Gesellschaft verlangt das Denkmal für Verstorbene ohnehin unseren respektvollen Umgang. Der Vorschlag des rheinland-pfälzischen SPD-Landtagsabgeordneten Axel Redmer, einen Fonds zur Wiederherstellung geschändeter jüdischer Friedhöfe und Synagogen zu gründen, der sich überwiegend aus Spenden speisen soll, hinterläßt einen mehr als bitteren Nachgeschmack. So einfach sollte sich dieses Land nicht aus der Verantwortung ziehen, denn noch sind wir alle der Bewahrung des Erbes unserer Geschichte verpflichtet.

DANIEL GERSON
Der Jude als Bolschewist. Die Wiederbelebung eines
Stereotyps

Als im Mai 1945 Deutschland und Europa vom Nationalsozialismus befreit waren, verschwand auch eines der bis dahin virulen-
testen antisemitischen Stereotypen aus dem öffentlichen Diskurs: das des Juden als Bolschewisten. Die Identifikation von Judentum und Bolschewismus/Kommunismus[1] ist fast so alt wie
die Geschichte der kommunistischen Bewegung. Vor allem im
zaristischen Rußland erfolgte bereits Ende des 19. Jahrhunderts
eine weitgehende Gleichsetzung der jüdischen Bevölkerung mit
den linksrevolutionären Kräften, die das autokratische Regime
stürzen wollten. Mit der erfolgreichen bolschewistischen Revolution vom November 1917 und den kurzlebigen revolutionären
Räterepubliken in Bayern und in Ungarn, 1919, bekam die
Furcht antisemitischer Kreise vor einer jüdisch-bolschewistischen Machtergreifung eine ganz neue Qualität und Intensität.
Die Virulenz des Stereotyps erreichte ihren Höhepunkt mit dem
Angriff der Wehrmacht des nationalsozialistischen Deutschen
Reiches auf die Sowjetunion vom Juni 1941. Der Krieg wurde
mit dem klar definierten Ziel geführt, die Juden, die aus national-
sozialistischer Sicht für das bolschewistische System verantwort-
lich waren, zu vernichten. Genau im Kontext der historischen
Auseinandersetzung mit dem Krieg des nationalsozialistischen
Deutschland gegen die Sowjetunion taucht »Der Jude als Bol-
schewist« im antisemitischen Diskurs wieder auf.

Mit dem Anspruch, bis dahin tabuisierte Vergleiche zwischen
Nationalsozialismus und anderen politischen Bewegungen des
20. Jahrhunderts anzustellen, wurde seit den 80er Jahren eine sogenannte »Historisierung« des »Dritten Reiches« propagiert.[2]

[1] Der Begriff Kommunismus wurde 1847 zum Schlagwort durch die Veröffentlichung des ›Kommunistischen Manifests‹ von Marx und Engels. Der Begriff Bolschewismus entstand erst 1903, als die russische Sozialdemokratie sich in die radikalere Bolschewiki – Mehrheitsfraktion (vom russisch *bolsche*: mehr) und in die gemäßigtere
Minderheitsfraktion – Menschewiki (von russisch *mensche*: weniger) – spaltete. Die
Bolschewiki übernahmen im November 1917 die Macht in Rußland und bestimmten
von da an die kommunistische Bewegung.
[2] Ernst Nolte betrieb schon mit seinem Werk ›Der Faschismus in seiner Epoche‹
(München 1963) eine verharmlosende Relativierung des Nationalsozialismus. Das
Schlagwort »Historisierung« wurde 1985 in einem Artikel von Martin Broszat geprägt,

Seit dem Ende der kommunistischen Herrschaft in Ost- und Mitteleuropa und der deutschen Vereinigung wird von einigen Historikern und Publizisten der Versuch unternommen, die deutschen Massenmorde in Osteuropa als antibolschewistischen Abwehrkampf zu beschreiben. Die Einmaligkeit der Judenvernichtungspolitik im »Dritten Reich« wird geleugnet, und die Juden werden als Träger des bolschewistischen Systems diffamiert. Der Holocaust wird als Teil eines umfassenderen Kampfes gegen den Bolschewismus betrachtet und damit in letzter Konsequenz zur verständlichen, antibolschewistischen Verteidigungsstrategie umgedeutet.

Mit diesem Beitrag soll deshalb einerseits die historische Dimension des Stereotyps »Der Jude als Bolschewist«[3] in Deutschland skizziert und andererseits gezeigt werden, wie das Stereotyp nach dem Ende der kommunistischen Herrschaft in Osteuropa und der deutschen Vereinigung in einer revisionistischen und antisemitischen Geschichtsschreibung erneut lanciert wird, um die Verantwortung Deutschlands für den Völkermord beiseite schieben zu können.

Judentum und Sozialismus: Von den Ursprüngen eines Stereotyps

1847 hatte Karl Marx zusammen mit Friedrich Engels das Kommunistische Manifest veröffentlicht. Dieses Dokument markiert den Beginn einer radikalen sozialistischen Bewegung. Ein direkter Zusammenhang zwischen dem Kommunistischen Manifest und dem Judentum besteht nicht. Marx war zwar jüdischer Herkunft, doch wurde er bereits mit sechs Jahren getauft, und auch seine Eltern waren zum Protestantismus konvertiert.

Marx ging in seinen Schriften davon aus, daß mit Hilfe des Kommunismus das Judentum obsolet würde und sich in einer befreiten und gerechten Gesellschaft von selbst auflösen werde. In dieser vollständigen Entwertung jüdischer Existenz zeigte sich deutlich, daß seine intellektuelle Inspiration primär durch

---

siehe: Martin Broszat, Plädoyer für eine Historisierung des Nationalsozialismus, Merkur 39 (1985), S. 373–385, und Hermann Graml/Klaus Dietmar Henke (Hrsg.), Nach Hitler. Der schwierige Umgang mit unserer Geschichte. Beiträge von Martin Broszat. München 1986, S. 159–173.

[3] Mit dem männlichen Begriff »Jude« konnten auch jüdische Frauen, wie Rosa Luxemburg, gemeint sein.

christliche, idealistische Philosophen, wie beispielsweise Hegel, erfolgte. Spezifisch jüdische Denk- und Glaubensformen waren Marx vollständig fremd.[4]

Moses Hess, ein mit Marx zunächst eng befreundeter deutschjüdischer Sozialist, trennte sich nach der Veröffentlichung des Kommunistischen Manifestes von Marx. Er empfand Marx als zu radikal, und auch dessen antisemitisch gefärbte Haltung zur sogenannten »Judenfrage« mißfiel ihm. Hess suchte mit seinem 1862 erschienenen Buch ›Rom und Jerusalem. Die letzte Nationalitätenfrage‹ jüdisch-nationale Inhalte mit sozialistischen zu verbinden, was ihm die Bezeichnung »Kommunistenrabbi« eintrug.[5] 1863 gründete der aus einer jüdischen Familie stammende Ferdinand Lassalle den »Allgemeinen Deutschen Arbeiterverein«, der entscheidende Impulse für die spätere deutsche Gewerkschaftsbewegung und Sozialdemokratie geben sollte.[6]

Die Resonanz, die revolutionäre Ideologien bei einzelnen Juden fanden, hing auf das engste mit der innenpolitischen Entwicklung der jeweiligen Länder zusammen. Dies läßt sich am eindrücklichsten für das zaristische Rußland belegen. Zar Alexander II. hatte zwar versucht, das autokratische System von oben her zu reformieren. So wurden Anfang der 60er Jahre die bis dahin leibeigenen Bauern befreit und den Juden mehr Rechte eingeräumt. Da aber die führenden gesellschaftlichen Schichten des Imperiums, insbesondere die aristokratischen Großgrundbesitzer und die kleine, aber einflußreiche christliche Bourgeoisie, sich gegen den Verlust ihrer Privilegien erfolgreich wehrten, kam es zu keiner durchgreifenden Modernisierung der Gesellschaft. Als der halbherzige Reformer Alexander II. von Anarchisten ermordet wurde, setzte sein Nachfolger Alexander III. wieder ganz auf eine repressive Politik, um das feudale und autokratische Regime zu konservieren. Während seiner Regentschaft und der seines Nachfolgers Nikolaus II. kam es zu verschiedenen von den Behörden erzeugten Pogromwellen. Eine Emigration vieler russischer Juden nach den USA sowie nach West- und Mitteleuropa setzte ein.[7]

[4] Edmund Silberner, Kommunisten zur Judenfrage. Zur Geschichte von Theorie und Praxis des Kommunismus. Opladen 1983, S. 122 ff.

[5] Andreas Nachama/Gereon Sivernich (Hrsg.), Jüdische Lebenswelten. Berlin 1991, S. 568.

[6] Jacob Toury, Soziale und politische Geschichte der Juden in Deutschland 1847–1871. Düsseldorf 1977, S. 192.

[7] Heinz Dietrich Löwe, The Tsars and the Jews. Reform, Reaction and Anti-Semitism in Imperial Russia, 1772–1917. Oxford 1993, S. 27 ff.

Die zaristische Unterdrückungspolitik konnte aber bei manchen der in Rußland verbliebenen Juden und Jüdinnen eine zunehmende Politisierung nicht verhindern. An politischen und revolutionären Bewegungen beteiligten sich auch nichtjüdische Kreise des russischen Imperiums, welche die Forderungen der französischen Revolution von 1789 nach Freiheit, Gleichheit und Brüderlichkeit auch in ihrem Land verwirklicht sehen wollten. Ende des 19. Jahrhunderts kam es zur Gründung verschiedener sozialistischer Parteien auf russischem Boden. So wurde 1892 die Sozialdemokratie Polens und Litauens, eine radikal sozialistische Partei, gegründet. In ihr waren zwar einige Menschen jüdischer Herkunft, wie Rosa Luxemburg, an prominenter Stelle vertreten, doch mit dem Judentum oder der jüdischen Gemeinschaft als solcher hatte diese Partei nichts zu tun. Sie gab sich, wie alle sozialistischen Parteien, betont religionsfeindlich. In den Juden wurde ein unterdrücktes Volk unter vielen gesehen, das beim Sieg eines gerechteren Gesellschaftssystems von seinen Fesseln erlöst werden würde.[8]

Die Attraktivität, die sozialistische Ideen auf manche jüngeren jüdischen Intellektuellen in Mittel- und Osteuropa ausübte, lag zu einem nicht geringen Maße daran, daß die meisten nicht-sozialistischen Parteien einem antisemitischen Nationalismus frönten. Politisch bürgerlich, nationaler Deutscher, Pole oder Russe zu sein und nicht einem christlichen Bekenntnis anzugehören, war für die meisten nichtjüdischen bürgerlichen Politiker schwer vorstellbar. Die liberalsten Kräfte waren noch bereit, eine Integration vollständig assimilierter Juden in die nationale Gemeinschaft zuzulassen. Die meisten konservativen nationalistischen Gruppierungen duldeten kaum Juden in ihren Reihen.

So erstaunt nicht, daß nach dem Scheitern des Liberalismus im Deutschen Kaiserreich und dem damit verbundenen Entstehen eines virulenten politischen Antisemitismus viele Menschen jüdischer Herkunft, die sich politisch engagierten, im Rahmen der Sozialdemokratie aktiv wurden. Die Tatsache, daß führende Persönlichkeiten der sozialistischen Bewegung in Deutschland, wie beispielsweise Eduard Bernstein und Rosa Luxemburg, jüdisch waren[9], wurde schon vor 1918 von manchen bürgerlich-konser-

[8] Heiko Haumann, Geschichte der Ostjuden. München 1990, S. 147 ff.
[9] Hans Günter Zmarzlik, Antisemitismus im Kaiserreich 1871–1918. In: Bernd Martin/Ernst Schulin (Hrsg.), Die Juden als Minderheit in der Geschichte. München 1981, S. 249–270, hier 258 ff.

vativen Deutschen als Zeichen eines umfassenden »jüdisch-zer-
setzenden« Geistes gesehen.

Sozialistische Aktivisten blieben aber innerhalb der jüdischen
Gemeinschaften vor den Revolutionen von 1917/18 eine win-
zige Minderheit. Sie wurden sowohl vom assimilierten jüdischen Establishment als auch von den traditionellen Gruppen
innerhalb des Judentums mit größtem Mißtrauen betrachtet.
Die überwältigende Mehrheit der Juden hatte keinerlei revolutionäre Ambitionen oder distanzierte sich sogar von der kleinen
Gruppe radikaler Reformer, die zwar aus ihren Reihen
stammte, mit dem traditionellen Judentum jedoch zumeist völlig gebrochen hatte und äußerlich das Leben von Nichtjuden
führte.[10]

Die Revolutionen 1917 bis 1919: Das Feindbild verfestigt sich

Historische Bedeutung sollte die Vorstellung vom »jüdischen
Bolschewismus« jedoch erst nach dem erfolgreichen Staats-
streich der Bolschewisten, einer radikal-sozialistischen Splitter-
gruppe unter der Führung Lenins, vom 6./7. November 1917
gewinnen. In einem Staat, der bis dahin Menschen jüdischer
Konfession von jeglicher Mitarbeit in den staatlichen Behörden
ausgeschlossen hatte, gab es nun Juden an der Spitze der revolutionären Regierung. Zum Inbegriff des jüdischen Bolschewisten
wurde der Oberbefehlshaber der erfolgreichen Roten Armee,
Leo Trotzki.[11] Daß die Truppen der »weißrussischen« Armeen
große Massaker unter der jüdischen Bevölkerung anrichteten,
wurde für die meisten Juden Rußlands zum Motiv, aktive oder
zumindest passive Anhänger der Bolschewisten zu werden, die
ihnen ihr Überleben sicherten.[12]

Die russische Revolution und der darauf folgende blutige Bürgerkrieg hatten große Auswirkungen auf die revolutionären Bewegungen und ihre Feinde im restlichen Europa. Besonders be-

[10] Werner T. Angress, Juden im politischen Leben der Revolutionszeit. In: Werner
Mosse (Hrsg.), Deutsches Judentum in Krieg und Revolution 1916–1923. Tübingen
1971, S. 137–315, hier 301 ff.
[11] Arno J. Mayer, Der Krieg als Kreuzzug. Das Deutsche Reich, Hitlers Wehrmacht
und die »Endlösung«. Reinbek 1989, S. 70 ff.
[12] David Engel, Das sowjetische Judentum zwischen den Kriegen. In: Eli Barnavi
(Hrsg.), Universalgeschichte der Juden. Wien 1993, S. 214 ff.

einflußt wurden die labilen Verhältnisse in den Staaten der im Ersten Weltkrieg unterlegenen Mittelmächte. Nach dem Sturz der Monarchie im November 1918 und den darauf folgenden bürgerkriegsähnlichen Wirren im Winter 1918/19 kam es auch zu einer stark antisemitisch geprägten Hetze im Deutschen Reich gegen Vertreter der radikalen Linken, der Unabhängigen Sozialdemokraten, der Spartakisten beziehungsweise der Kommunisten, die am 15. Januar 1919 in der Ermordung Karl Liebknechts und Rosa Luxemburgs in Berlin gipfelte.[13] Wohl noch deutlicher antisemitisch geprägt waren die Reaktionen auf die bayerische Revolutionsregierung (November 1918–Februar 1919) und die Räterepublik (April–Mai 1919). Viele der führenden Politiker Bayerns unmittelbar nach dem Sturz der Wittelsbacher waren linksintellektuelle Juden wie der am 21. Februar 1919 ermordete Ministerpräsident Kurt Eisner. Eisners Mörder, der Monarchist Anton Graf Arco-Valley, rechtfertigte die Erschießung des linkssozialistischen, aber nicht kommunistischen Politikers jüdischer Herkunft mit folgenden Worten: »Eisner strebt nach der Anarchie, er ist Bolschewist, er ist Jude, er ist kein Deutscher, er fühlt nicht deutsch, er untergräbt jedes deutsche Gefühl, er ist ein Landesverräter.« Diese Einstellung wurde von vielen Deutschen geteilt, und seine Ermordung fand in den bürgerlichen Kreisen breite Zustimmung. Im Kontext dieser antisemitisch und antibolschewistisch aufgeladenen Atmosphäre muß auch die Hinrichtung von jüdischen Politikern wie Gustav Landauer und Eugen Leviné, die prominente Stellungen in der Räteregierung innehatten, gesehen werden.[14]

Fast parallel zu den Ereignissen in Bayern verlief die Entwicklung in Ungarn, wo von März bis August 1919 eine Räteregierung existierte, die von rumänischen Truppen und konservativen ungarischen Einheiten zerschlagen wurde. Weil der Anführer der ungarischen Räteregierung, Bela Kun, jüdischer Herkunft war, wurden nach dessen Sturz viele Juden ermordet und zur Flucht gezwungen. Nur weil ein prominentes Mitglied der kommunistischen Partei jüdische Vorfahren hatte, wurde die gesamte Minderheit diffamiert und verfolgt. Die Tatsache, daß die allermeisten Juden aufgrund ihrer Zugehörigkeit zum liberalen Bür-

---

[13] Angress, Juden im politischen Leben, S. 230 ff.
[14] Werner Jochmann, Die Ausbreitung des Antisemitismus. In: Mosse (Hrsg.), Deutsches Judentum, S. 409–510, hier 464 ff. Rudolf Herz/Dirk Halfbrodt, Revolution und Photographie. München 1918/10. München 1988, S. 115.

gertum vehemente Antikommunisten waren, konnte das antisemitische Weltbild vieler Ungarn nicht relativieren.[15]

Im Deutschen Reich hatten die Niederlage und die revolutionären Ereignisse im In- und Ausland die bereits im Kaiserreich stark antisemitisch geprägte Gesinnung eines Großteils der zivilen und militärischen Elite des Landes noch vertieft. Viele antisemitische Organisationen gelangten jetzt zu größerer Bedeutung. Der antisemitische Diskurs radikalisierte sich. Insbesondere die Angst vor der Masseneinwanderung von Juden aus Rußland und Polen, »minderwertige mongolisierte Menschen«, wurde geschürt.[16] Die eingewanderten Juden wurden als eine Art bolschewistischer fünfter Kolonne verunglimpft. In dieser »Ostjudenfrage« verband sich die allgemeine Furcht vor den »fremden« Juden mit der generellen Stigmatisierung Osteuropas als einer Deutschland zivilisatorisch weit unterlegenen Region. Bereits 1922 wurde die Errichtung von Konzentrationslagern für osteuropäische Juden in Deutschland erwogen.[17]

Damit waren die Voraussetzungen für einen radikalisierten und brutalisierten Antisemitismus, wie ihn die Nationalsozialisten praktizieren sollten, gegeben: »Schon um 1918 verdichtete sich ein Gebräu von Ideologie und Phantasie, Mordmentalität und moralischer Verkommenheit auf der radikalen Rechten zu Vorstellungen, die die Massenmorde des Zweiten Weltkrieges antizipierten. Dies gab dem Feindbild ›Jude‹ die zentrale Stellung im Bewußtsein jener Kreise, die seit dem Ende des 19. Jahrhunderts den Antisemitismus als gesellschaftliche Norm rezipiert hatten, und rationalisierte ihre Feindschaft gegen die Republik.«[18]

»Der Jude als Bolschewist« legitimiert den nationalsozialistischen Genozid

Auf die Synthese von Antibolschewismus und Antisemitismus in der nationalsozialistischen Propaganda ist es auch zurückzuführen, daß der von Hitler geführten Partei einerseits die Wähler zuliefen und andererseits die bürgerlich-konservativen Eliten die

[15] Esra Mendelsohn, The Jews of East Central Europe. Bloomington 1983, S. 94ff.

[16] Jochmann. Die Ausbreitung des Antisemitismus, S. 463ff.

[17] Ebenda, S. 463.

[18] Herbert A. Strauss, Der Holocaust als Epochenscheide der Antisemitismusgeschichte: historische Diskontinuitäten. In: Werner Bergmann/Rainer Erb (Hrsg.), Antisemitismus in der politischen Kultur nach 1945, S. 38–56, hier 45.

Nationalsozialisten bei ihrem Bemühen, die Regierungsgewalt zu erlangen, unterstützten.[19]

Nach der Machtübernahme 1933 wurden als erstes kommunistische oder kommunistischer Sympathien verdächtigte Juden verhaftet und in Konzentrationslager verschleppt. Viele von ihnen wurden in den ersten Wochen nationalsozialistischer Herrschaft ermordet.[20] Im Spanischen Bürgerkrieg von 1936 bis 1939 wurde deutlich, daß das nationalsozialistische Deutschland mit militärischen Mitteln bereit war, den ideologischen Gegner zu bekämpfen. Jedoch auch das totalitäre Regime Stalins in der Sowjetunion nahm in den 30er Jahren stark antisemitische Züge an. Die »Säuberungen« hatten zwar nicht offen antisemitischen Charakter, doch verbarg sich hinter dem Etikett des »Trotzkismus« und des »Kosmopolitismus« der alte Vorwurf, die Juden seien Vaterlandsverräter. Mit der Etablierung des stalinistischen Terrorregimes wurde deutlich, daß der atheistische Bolschewismus letztlich in der Negation einer partikularen jüdischen Kultur doch antisemitisch strukturiert war.[21]

Spätestens Ende der 30er Jahre hatte sich gezeigt, daß sich die Hoffnung auf eine gerechtere Gesellschaft für die Juden in der Sowjetunion nicht verwirklichen ließ. Die antisemitischen Züge des Sowjetregimes traten vor dem Zweiten Weltkrieg nicht deutlicher zu Tage, weil in fast allen Staaten Ost- und Mitteleuropas sich in den 30er Jahren autoritäre und faschistische Regime etabliert hatten, die zumeist ebenfalls eine antisemitische Politik betrieben.

Wie konsequent und mörderisch das ideologische »Gebräu« aus Antisemitismus und Antikommunismus sich in den führenden Köpfen des nationalsozialistischen Regimes und der Wehrmacht festgesetzt hatte, wurde bei der Planung des Überfalls auf die Sowjetunion deutlich.[22]

Im März 1941, drei Monate vor dem Angriff auf die Sowjetunion, forderte Hitler die »Beseitigung der jüdisch-bolschewistischen Intelligenz«[23]. Doch nicht nur die nationalsozialistische

---

[19] Martin Broszat, Der Staat Hitlers. München 1969, S. 12.

[20] Ebenda, S. 102.

[21] Michael Confino, Schwarze Jahre unter Stalin. In: Eli Barnavi (Hrsg.), Universalgeschichte der Juden. Wien 1993, S. 246 ff.

[22] Helmut Krausnick/Hans-Heinrich Wilhelm, Die Truppe des Weltanschauungskrieges. Die Einsatzgruppen der Sicherheitspolizei und des SD 1938–1942. Stuttgart 1981, S. 116 ff.

[23] Ebenda. S. 113.

Führung war zu einem antijüdischen und antibolschewistischen Vernichtungsfeldzug auf dem Gebiet der Sowjetunion entschlossen, sondern auch die Spitze der Wehrmacht hatte kaum Einwände, den Feldzug gegen die UdSSR auch als Kampf gegen das Judentum zu verstehen. General Jodl gab 1946 beim Nürnberger Kriegsverbrecherprozeß zu Protokoll: »Auch wir standen gewissermaßen unter dem Einfluß dessen, was eine Literatur der ganzen Welt seit 1917 über den Bolschewismus geschrieben hatte, und einige Erfahrungen hatten wir, z. B. aus der Räterepublik in München, auch.«[24]

General von Stülpnagel, der später zum Kreis der Verschwörer des 20. Juli gehören sollte, forderte 1935 in einer Denkschrift einen »vermehrten Kampf gegen das Judentum« und »das spitzelhafte Treiben der meist der jüdischen Rasse angehörenden Kommissare«[25]. 1938 sah der soeben entlassene Oberbefehlshaber der Wehrmacht, Fritsch, noch immer drei Schlachten, die das Heer zu gewinnen hätte: »Gegen die Arbeiterschaft, gegen den Ultramontanismus und gegen die Juden.«[26] Großadmiral Raeder forderte am Heldengedenktag 1939 eine »klare und schonungslose Kampfansage an den Bolschewismus und das internationale Judentum, deren völkervernichtendes Treiben wir zur Genüge am eigenen Volkskörper zu spüren bekommen haben«[27].

Das deutsche Offizierskorps, das eine Emanzipation der Juden in seinen Reihen nie wirklich vollzogen hatte und schon vor der nationalsozialistischen Machtübernahme ein Hort antidemokratischer und antisemitischer Gesinnung war, mußte sich nach 1933 kaum noch an die von der nationalsozialistischen Führung geforderte Gleichsetzung von Judentum und Bolschewismus anpassen. Es erstaunt deshalb nicht, daß kaum einer der höheren Offiziere der Wehrmacht, als der Angriff auf die Sowjetunion unmittelbar bevorstand, sich dem Ziel der nationalsozialistischen Führung widersetzte, Kommunisten und Juden systematisch zu ermorden.

In einem Befehl des Oberkommandos der Wehrmacht vom Mai 1941 wird klar ersichtlich, daß auch das Heer den Feldzug gegen die Sowjetunion als antibolschewistischen und antisemitischen Vernichtungsfeldzug plante: »Der Krieg gegen Rußland ist die zwangsläufige Form des uns aufgedrungenen Kampfes um

[24] Ebenda, S. 123.
[25] Ebenda, S. 220.
[26] Ebenda, S. 123.
[27] Ebenda, S. 124.

das Dasein und insbesondere um die wirtschaftliche Selbständigkeit Großdeutschlands und des von ihm beherrschten europäischen Raumes. Er ist der alte Kampf der Germanen gegen das Slawentum, die Verteidigung europäischer Kultur gegen moskowitisch-asiatische Überschwemmung, die Abwehr des jüdischen Bolschewismus.«[28]

Er gab jedoch auch Offiziere, die, als sie mit der Realität des Massenmordes an den Juden konfrontiert wurden, an der Richtigkeit der Maßnahmen zweifelten und sie vereinzelt sogar zu behindern trachteten. Um die Wehrmachtsangehörigen endgültig von der Richtigkeit des Vernichtungsfeldzuges zu überzeugen, erließ der Oberfehlshaber der 6. Armee, Generalfeldmarschall von Reichenau, am 10. Oktober 1941 auf eigene Initiative einen Befehl, worin er die Truppe aufrief, sich vom »hergebrachten einseitigen Soldatentum« zu befreien, und sie von der Notwendigkeit des Kampfes »gegen das jüdisch-bolschewistische System« zu überzeugen trachtete.[29]

Selbst Offiziere, die nicht zu den treuesten Gefolgsleuten Hitlers zählten, gaben ihre volle Zustimmung zum sogenannten »Reichenau-Befehl«. Die Wehrmacht, die bis dahin durch ihren Feldzug gegen die Sowjetunion die Massaker der Einsatzgruppen ermöglicht hatte, sich jedoch nur vereinzelt an den Massenmorden beteiligte, wird nun zu einem integrierten Bestandteil der Vernichtungsmaschinerie.

»Diese Kreise sind die geistigen Stützen des Bolschewismus, die Zuträger seiner Mordorganisation, die Helfer der Partisanen. Es ist die gleiche jüdische Menschenklasse, die auch unserem Vaterland durch ihr volks- und kulturfeindliches Wirken soviel geschadet hat, heute in der ganzen Welt deutschfeindliche Strömungen fördert und Träger der Rache sein will. Ihre Ausrottung ist ein Gebot der Selbsterhaltung. Wer als Soldat an diesen Maßnahmen Kritik übt, hat kein Gedächtnis für die frühere, jahrelange zersetzende und verräterische Tätigkeit jüdisch-bolschewistischer Elemente in unserem eigenen Volke.« Mit diesen Worten begründete Generaloberst Hoth am 17. November 1941 sein Einverständnis mit dem Befehl Reichenaus.

Rund zwei Millionen Juden und unzählige nichtjüdische Bürger der Sowjetunion wurden in diesem antijüdischen und anti-

[28] Ebenda, S. 217.
[29] Ebenda, S. 259.

bolschewistischen Krieg ermordet.[30] Neben Mitgliedern der Einsatzkommandos und der SS waren viele Angehörige der Wehrmacht, vom einfachen Soldaten bis zum General, an diesem Massenmord beteiligt.

Tabuisierung nach dem Ende des Zweiten Weltkrieges

Der mörderische nationalsozialistische Antisemitismus war nach dem Ende des Zweiten Weltkrieges diskreditiert. Der Antibolschewismus jedoch konnte in der Nachkriegszeit aufgrund des »Kalten Krieges«, der sich auf dem Gebiet des ehemaligen Deutschen Reiches durch die Teilung in einen westdeutschen und einen ostdeutschen Staat manifestierte, beinahe bruchlos weiterhin propagiert werden. Zudem konnten sich viele Deutsche, die nach 1945 aus den unter sowjetischer und polnischer Verwaltung stehenden früher zum Reich gehörenden Gebieten geflohen waren, als Opfer des Kommunismus betrachten.[31] Ein virulenter Antikommunismus bestand deshalb in der westdeutschen Nachkriegsgeschichte weiter. Eine Verknüpfung von Antikommunismus und Judenfeindschaft jedoch war in Deutschland nach 1945 kaum noch herstellbar.

In der DDR, wohin ebenso wie in andere osteuropäische Länder einige jüdische, kommunistische Emigranten zurückkehrten und zumindest vorübergehend sogar Führungspositionen einnahmen, kam es 1952, wie in allen Ostblockstaaten, zu einer antisemitischen Kampagne. Auch wenn, im Gegensatz zu anderen kommunistischen Staaten, keine Kommunisten jüdischer Herkunft hingerichtet wurden, führten diese »Säuberungen« zur Flucht vieler Juden aus der DDR in den Westen. Die wenigen verbliebenen Juden versuchten ihre Herkunft zu verbergen. Jüdische Belange und Antisemitismus wurden in der Folge tabuisiert.[32]

---

[30] Benjamin Pinkus, The Soviet Government and the Jews, 1948–1967. A Documented Study. Cambridge 1984, S. 26 ff.

[31] Wolfgang Benz, Flucht – Vertreibung – Zwangsaussiedlung. In: Ewa Kobylinska/Andreas Lawaty (Hrsg.), Deutsche und Polen, 100 Schlüsselbegriffe. München 1992, S. 413–420.

[32] Peter Kirchner, Die jüdische Minorität in der DDR. In: Wolfgang Benz (Hrsg.), Zwischen Antisemitismus und Philosemitismus, Juden in der Bundesrepublik. Berlin 1991, S. 29–38, hier 30 ff. Einen eindrücklichen Beleg für den tabuisierten Umgang mit Juden und Antisemitismus in der DDR findet man in der Lebensgeschichte Salomea Genins. Siehe: Salomea Genin, Wie ich in der DDR aus einer Kommunistin zur Jüdin wurde. In: Wolfgang Benz (Hrsg.), Das Exil der kleinen Leute. München 1991, S. 309–325.

In der DDR, die sich ausdrücklich als neuer deutscher Staat betrachtete, der nicht in einer Kontinuität zum »Dritten Reich« stand, war der Antisemitismus nach offizieller Lesart dank der sozialistischen Gesellschaftsform verschwunden. Das Fortbestehen antisemitischer Einstellungen wurde geleugnet. In der BRD, die sich stärker in einer rechtlichen Kontinuität zum Deutschen Reich vor 1945 betrachtete, war das Stereotyp »Der Jude als Bolschewist« noch aus anderen Gründen von der Bildfläche verschwunden. Zum einen wegen Auschwitz, zum anderen aber auch auf Grund eines gewandelten westdeutschen Selbstverständnisses. Die Regierung der BRD und bald auch die überwiegende Mehrzahl ihrer Bewohner wollte Teil der westlichen, demokratischen Welt werden. Modernität und Internationalität, Begriffe, die in Deutschland bis 1945 einen negativen Beigeschmack hatten, wurden zum Zeichen dafür, daß die BRD eine an westeuropäischen Maßstäben gemessene zivilisierte Nation sein konnte. Die Juden, die bis dahin als Vertreter eines negativ konnotierten »Kosmopolitismus« galten, konnten nun plötzlich als Vorreiter einer zeitgemäßen Weltläufigkeit und Intellektualität gelten. Spätestens seit den 70er Jahren kann in der BRD zumindest für eine breitere liberale, bildungsbürgerliche Schicht von einer philosemitischen Haltung gesprochen werden.[33]

Meinungsumfragen, die in der Bundesrepublik durchgeführt wurden, belegen zudem, daß in der öffentlichen Meinung bis 1989 »der Jude als Bolschewist« keine Rolle mehr spielte.[34] Das Gros der nach 1945 virulenten antisemitischen Vorurteile läßt sich am ehesten als ein Antisemitismus »wegen Auschwitz« beschreiben: »Es gibt Anzeichen dafür, daß antijüdisches Denken in der Bundesrepublik heute seine Dynamik am ehesten aus der Bearbeitung der nationalsozialistischen deutschen Vergangenheit erhält, daß sich ein Antisemitismus nicht trotz, sondern *wegen Auschwitz* ausbilden könnte. In einer nationalen deutschen Perspektive erscheinen ›die Juden‹ wiederum als Störenfriede, weil sie durch ihre Mahnung an die deutschen Verbrechen einer naiven und ungebrochenen Identifizierung mit der deutschen Vergangenheit und deutscher Kultur im Wege stehen. In einer

---

[33] Frank Stern, Philosemitismus statt Antisemitismus: Entstehung und Funktion einer neuen Ideologie in Westdeutschland. In: Benz (Hrsg.), Zwischen Antisemitismus und Philosemitismus, S. 47–62, hier 53 ff.

[34] Werner Bergmann/Rainer Erb, Antisemitismus in der Bundesrepublik Deutschland, Ergebnisse der empirischen Forschung von 1946 bis 1989. Opladen 1991.

solchen Sehweise ist es dann bis zur erneuten antithetischen Gegenüberstellung von ›Juden‹ und ›Deutschen‹ nur noch ein Schritt.«[35]

Wiederannäherung an ein Feindbild im »Historikerstreit«

Genau an diesem Punkt, der Diskussion um die Bewertung des deutschen nationalen Selbstverständnisses nach 1956, wird der sogenannte Historikerstreit für unser Thema bedeutsam.[36] Es sollen weder der gesamte Ablauf des Historikerstreits von 1984 aufgerollt noch alle seine Implikationen erörtert werden, doch sind einige wichtige Aspekte der Kontroverse entscheidend für das Verständnis unserer Thematik. Anhand der Thesen Ernst Noltes, die er 1980 zum ersten Mal in der Öffentlichkeit formulierte, läßt sich der Beginn einer Entwicklung deutscher Geschichtsschreibung festmachen, in der »der Jude als Bolschewist« zunächst nur latent und implizit auftaucht.

Im Kern des Historikerstreits stand das Bemühen Noltes und einiger anderer Historiker, die nationalsozialistische Herrschaft in Deutschland von 1933 bis 1945 dadurch zu relativieren, daß die Massenmorde mit anderen Massakern in der Geschichte verglichen wurden und daß behauptet wurde, die nationalsozialistische Judenvernichtung sei nur eine Reaktion auf die Brutalität des stalinistischen Terrorregimes.

Am Anfang der Debatte stand ein Artikel Noltes in der ›Frankfurter Allgemeinen Zeitung‹ vom 24. Juli 1980.[37] Seine zentrale These lautete damals: »Auschwitz resultiert nicht in erster Linie aus dem überlieferten Antisemitismus und war im Kern nicht ein bloßer ›Völkermord‹, sondern es handelte sich vor allem um die aus Angst geborene Reaktion auf die Vernichtungsvorgänge der Russischen Revolution.«[38] Einige Zeilen später spricht Nolte dann klar davon, daß »die sogenannte Judenvernichtung des Dritten Reiches eine Reaktion oder verzerrte Kopie

[35] Christhard Hoffmann, Das Judentum als Antithese. Zur Tradition eines kulturellen Wertungsmusters. In: Werner Bergmann/Rainer Erb (Hrsg.), Antisemitismus in der politischen Kultur nach 1945, S. 20–38, hier 35.
[36] Vgl. den Sammelband »Historikerstreit«. Die Dokumentation der Kontroverse um die Einzigartigkeit der nationalsozialistischen Judenvernichtung. München 1987.
[37] Zitiert nach: Ernst Nolte, Zwischen Geschichtslegende und Revisionismus? Das Dritte Reich im Blickwinkel des Jahres 1980. In: »Historikerstreit«, S. 13–35.
[38] Ebenda, S. 32.

und nicht ein erster Akt oder das Original war«[39]. Es wird bereits hier deutlich, daß in einem ersten Schritt der Holocaust als Reaktion auf die bolschewistische Russische Revolution rationalisiert und implizit entschuldigt wurde. In einem zweiten Schritt wurde der Vorgang bereits als solcher in Frage gestellt. Zuletzt wurde die »sogenannte« Judenvernichtung nicht einmal mehr als deutsches Verbrechen definiert, sondern zur »asiatischen Tat«: Vollbrachten die Nationalsozialisten, vollbrachte Hitler eine »asiatische« Tat vielleicht nur deshalb, weil sie sich und ihresgleichen als potentielle und wirkliche Opfer einer »asiatischen« Tat betrachteten? War nicht der »Archipel GULag ursprünglicher als Auschwitz«?[40] Die Nationalsozialisten wurden damit ausdrücklich zu Opfern stilisiert. In einem späteren Artikel ›Abschließende Reflexionen über den sogenannten Historikerstreit‹[41] sinnierte Nolte darüber, weshalb »die Juden« Täter sein müssen: »Und dennoch wird man den Juden schwerlich gerecht, wenn man in ihnen bloß eine schwache Minderheit sieht und nicht vielmehr ein Welt-Volk...«.[42] Damit wird eindeutig auf das antisemitische Stereotyp vom allmächtigen »Weltjudentum« angespielt. Wozu die Juden ihre vermutete Macht mißbrauchen, wird wenige Zeilen später ausgeführt: »Noch zu Beginn des Jahrhunderts wiesen jüdische Denker mit großem Stolz auf diese starke Beteiligung der Juden an den sozialistischen Bewegungen hin... Aber erst Auschwitz hat das Thema für mehrere Jahrzehnte definitiv zum Tabuthema gemacht.«[43] Die Aufgabe, die deutsche Historiographie von diesem vermeintlichen Tabu zu befreien, wird Nolte, wie wir noch sehen werden, konsequent weiter verfolgen.

Nolte stand schon damals nicht allein. Sein Kollege Andreas Hillgruber hatte zur selben Zeit den Krieg gegen die Sowjetunion und die Vernichtungslager als Verteidigungsstrategie gegen die drohenden Massaker, die Deutschland von der Roten Armee drohten, gedeutet. Bei Hillgruber wird besonders deutlich, wie das Bild eines feindlichen gefährlichen Ostens, der den »zivilisierten Westen« bedroht, seit der Herrschaft der Sowjets und der verschärften antisemitischen und antibolschewistischen Pro-

---

[39] Ebenda, S. 33.

[40] Ebenda, S. 45.

[41] Ernst Nolte, Abschließende Reflexionen über den sogenannten Historikerstreit. In: Uwe Backes/Eckhard Jesse/Rainer Zitelmann, Die Schatten der Vergangenheit, Impulse zur Historisierung des Nationalsozialismus. Berlin 1990, S. 83–109.

[42] Ebenda, S. 92.

[43] Ebenda, S. 92ff.

paganda nach 1918 in verschiedenen rechtsintellektuellen Kreisen weiter wirkt.[44]

Micha Brumlik sah diese virulent antikommunistischen Tendenzen in der deutschen Historiographie schon damals zu recht im Kontext einer latent antisemitischen Verdrängung der Judenvernichtung: »...nur wenn also in gewisser Weise unterstellt wird, es habe die Sowjetunion die Deutschen ausrotten wollen, läßt sich der Umstand, daß die kriegsführende Nation die Vernichtungslager schützte, rechtfertigen. In dieser Hinsicht ist der Antikommunismus ein geradezu notwendiger Bestandteil der Verdrängung – beide sind wechselseitig aufeinander angewiesen.«[45]

Jürgen Habermas ging in seiner Replik ›Eine Art Schadensabwicklung‹[46] auf einen weiteren wichtigen Aspekt der Verknüpfung von Antibolschewismus und Judenvernichtung ein, der 1986 noch Bedeutung hatte: »Die Nazi-Verbrechen verlieren ihre Singularität dadurch, daß sie als Antwort auf (heute fortdauernde) bolschewistische Vernichtungsdrohungen mindestens verständlich gemacht werden. Auschwitz schrumpft auf das Format einer technischen Innovation und erklärt sich aus der »asiatischen« Bedrohung durch einen Feind, der immer noch vor unseren Toren steht.«[47]

Nach dem 9. November 1989: Ein altes Stereotyp entschuldet das neue Deutschland

Der bolschewistische Feind steht spätestens seit der Öffnung der Berliner Mauer am 9. November 1989 nicht mehr vor den Toren. Die kommunistischen Regime sind an ihren inneren Widersprüchen und Defiziten zerbrochen. Der Bolschewismus ist nicht mehr eine politische Herausforderung oder Bedrohung, sondern gehört zumindest für Europa einer zu Ende gegangenen Epoche an. Auf den ersten Blick könnte man davon ausgehen, daß das Ende des Kalten Krieges auch eine Beruhigung in der Auseinandersetzung mit der Geschichte der sozialistischen Staaten bedeu-

[44] Andreas Hillgruber, Zweierlei Untergang. Die Zerschlagung des Deutschen Reiches und das Ende des europäischen Judentums. Berlin 1986.

[45] Micha Brumlik, Neuer Staatsmythos Ostfront. In: »Historikerstreit«, S. 77–83, hier 82.

[46] Jürgen Habermas, Eine Art Schadensabwicklung. In: »Historikerstreit«, S. 62–76.

[47] Ebenda, S. 71.

tet. Doch vorläufig ist offensichtlich das Gegenteil der Fall. Gerade in Deutschland lassen sich in Bezug auf Antibolschewismus und Antisemitismus nach der »Wende« einige beunruhigende Phänomene feststellen.[48]

Für viele Deutsche endete die Nachkriegszeit, die durch die Besatzung und Teilung gekennzeichnet war, mit dem Zusammenbruch der DDR und der Vereinigung der beiden deutschen Nachkriegsstaaten. Die Erinnerung an die gesamtdeutsche nationalsozialistische Diktatur, welche die nationalen Kränkungen, Besatzung und Teilung, verursacht hatte, konnte nun endgültig mit der Geschichte nach 1945 zugedeckt werden. Der 9. November war nicht mehr der Tag, an dem im Deutschen Reich 1938 ein blutiges Pogrom veranstaltet wurde, sondern der Tag, an dem die Grenzen der DDR geöffnet wurden, ein Ereignis, das schließlich die deutsche Vereinigung ermöglichte. Mit der Auflösung der DDR konnte sich die deutsche Gesellschaft auch von der Auseinandersetzung mit der eigenen »hausgemachten« nationalsozialistischen Diktatur endgültig verabschieden und sich der Aufarbeitung der SED-Diktatur in der ehemaligen DDR zuwenden. Eine Diktatur, die den Menschen in Ostdeutschland von den Sowjets und ihren deutschen kommunistischen Genossen aufgezwungen worden war. Die meisten Menschen der DDR konnten sich als Opfer eines historischen Unrechts begreifen. Es wurde vergessen, daß die Rote Armee 1945 an der Elbe stand, um Europa vom Nationalsozialismus zu befreien.

Im Kontext dieser verengten Perspektive, die nur auf die gestürzte SED-Diktatur fixiert war, konnte auch der Vorwurf des »jüdischen Bolschewisten« wieder vernommen werden. Das Feindbild ließ sich zunächst an Gregor Gysi, dem Chef der SED-Nachfolgepartei PDS, der jüdischer Herkunft ist, festmachen. Bei Demonstrationen in Leipzig, Ende 1989, wurde Gysi von Neo-Nazis als »Juden-Sau« beschimpft und mit Rufen »Gysi ist kein Deutscher« verhöhnt. Auch Demonstranten, die nicht zum rechtsextremen Spektrum zählten, äußerten sich negativ über

---

[48] Eine Wiederbelebung tabuisierter antisemitischer Vorurteile, darunter auch dem des »Juden als Bolschewisten«, läßt sich in fast allen ehemals kommunistischen Staaten beobachten. Siehe: Robert Wistrich, Nationalism and Anti-Semitism in Central and Eastern Europe. In: Michael Chase/Jan Hancil (Hrsg.), Anti-Semitism in Post Totalitarian Europe. Prag 1993, S. 28–34.

Gysi und begründeten ihre Abneigung mit seiner jüdischen Herkunft.[49]

Das Nachrichtenmagazin ›Der Spiegel‹ brachte in seiner Ausgabe vom 15. Januar 1990 einen ausführlichen Bericht über den neuen SED-PDS-Chef Gysi. Das Titelblatt zeigte unter einer großen Überschrift ›SED-Chef Gysi. Der Drahtzieher‹ einen diabolisch wirkenden Partei-Chef.[50] Im ›Spiegel‹-Artikel wurde zwar keine Verbindung zwischen Gysis Abstammung und seiner politischen Tätigkeit hergestellt. Dennoch konnten das Titelblatt und einige Passagen im Text als eine Wiederbelebung des alten Stereotyps vom fremd-feindlichen jüdischen Bolschewisten empfunden werden. So wurde er unter anderem als »Trickser«[51] und als ein Mann, »der intellektuelle Kälte ausstrahlt«[52], beschrieben.

Als Reaktion auf diese ›Spiegel‹-Ausgabe wurden zwei Wochen später einige Leserbriefe abgedruckt, die die implizite Diffamierung Gysis als jüdischen Bolschewisten anprangerten.[53] So sah der Historiker Ludger Heid eindeutige Parallelen zu den antisemitischen Darstellungen jüdischer Politiker in der bayerischen Räterepublik: »Der ›Spiegel‹ sollte in den Arsenalen deutsch-völkischer Zeitungen und Flugblätter einmal nachsehen, und -lesen, wie dort Politiker wie beispielsweise Toller, Mühsam, Landauer, Eisner und Leviné abgebildet und charakterisiert wurden. Sie alle waren nach völkischer Weltanschauung jüdisch-bolschewistische Hintermänner, revolutionäre Hetzer, Helfershelfer, politische Nutznießer – eben ›Drahtzieher‹ auf der politischen Bühne, denen man alle Schuld in die Schuhe schieben konnte. Der ›Spiegel‹ erweckt mit seinem Titelbild gespenstische Assoziationen: Indem er sich ›klassischer‹ antisemitischer Stereotypen bedient, knüpft er an die Tradition deutsch-völkischer Agitation an.«[54] Wie sensibel die Thematik »Juden als Bolschewisten« nach 1989 geworden war, zeigte sich auch am »Fall Marcel Reich-Ranicki«[55], der ab Mai 1994 die deutsche Me-

---

[49] Cornelia Dieckmann/Mario Kessler, Right Wing Extremism and Antisemitism after the Transformation: The Case of the New German States. In: Chase/Hancil (Hrsg.), Anti-Semitism, S. 259–271, hier 267 ff.

[50] Der Spiegel, Nr. 3, 15. 1. 1990.

[51] Ebenda, S. 4.

[52] Ebenda, S. 19.

[53] Der Spiegel, Nr. 5, 29. 1. 1990, S. 7 ff.

[54] Ebenda, S. 7.

[55] Mir geht es in diesem Kontext nur um den Aspekt der Denunziation Reich-Ranickis als Bolschewist. Der »Fall Reich-Ranicki« besitzt viele andere Facetten, die hier jedoch nicht zur Debatte stehen.

dienlandschaft bewegte. Ausgelöst wurde er durch einen Beitrag von Tilmann Jens im Fernsehmagazin ›Kulturweltspiegel‹ vom 27. Mai, wo zum ersten Mal über die Tätigkeit Reich-Ranickis für den polnischen Geheimdienst während seiner Zeit als Konsul in London in den Jahren 1948/49 berichtet wurde. Alle Fakten, die in diesem Bericht vorgelegt wurden, waren sachlich korrekt. Doch wurde mit einer Haltung über diese Tätigkeit berichtet, daß leicht der Eindruck entstehen konnte, daß es weniger um die an sich banale, geheimdienstliche Tätigkeit eines Diplomaten ging, sondern um die Charakterisierung eines jüdischen Holocaust-Überlebenden als kommunistischer Täter. In einem Interview mit dem Nachrichtenmagazin ›Der Spiegel‹ vom 20. Juni 1994 nahm Reich-Ranicki zu diesen Vorwürfen Stellung: »Bin ich als Jude, der ich 1938 von Deutschen nach Polen deportiert wurde und jahrelang im Warschauer Ghetto und später außerhalb des Ghettos unter deutscher Bestialität glitten habe, bin ich denn ausgerechnet der deutschen Öffentlichkeit Auskunft und Rechenschaft schuldig darüber, was ich noch während des Krieges und in den ersten Nachkriegsjahren als polnischer Staatsbürger in der polnischen Armee und in polnischen Behörden getan habe?«[56] Reich-Ranicki verwahrte sich dagegen, daß ihm unter völliger Ausblendung der Judenvernichtungspolitik des »Dritten Reiches« sein Engagement für die polnische Nachkriegsregierung von Deutschen zum Vorwurf gemacht wurde. Das akribische Aufrechnen der kommunistischen »Untaten« Reich-Ranickis ist unschwer als Versuch zu durchschauen, die Deutschen von der historischen Last zu befreien, unschuldige Menschen millionenfach ermordet zu haben. Wenn ein Ghetto-Überlebender nach seiner Befreiung für die Rote Armee arbeitete und sich für die Sache des Kommunismus engagierte, ist er in dieser Perspektive vom Opfer zum Täter geworden. Die Fernsehjournalistin Krone-Schmalz betonte im ›Kulturweltspiegel‹ vom 3. Juli 1994 noch einmal, daß alle Daten über Reich-Ranicki im Beitrag von Tilmann Jens der Wahrheit entsprächen. Es sei deshalb völlig unverständlich, weshalb man sie und Jens des Antisemitismus bezichtige. Diese Reaktion machte deutlich, daß sie nicht begriff, daß der Vorwurf des Antisemitismus sich genau an einer impliziten Gleichsetzung von Kommunismus und Nationalsozialismus festmachen ließ. Frau Krone-Schmalz konnte wie viele Deutsche nicht in ihr Geschichtsbild integrieren, daß die Rote Armee 1945

---

[56] Der Spiegel, Nr. 25, 20. 6. 1994, S. 179.

Deutschland von einer selbstverschuldeten Diktatur befreien mußte und daß dem Sieg der Sowjetunion unzählige Menschen, darunter auch Reich-Ranicki, ihr Leben verdankten.

Ähnlich geschichtsvergessen und diffamierend griff das Nachrichtenmagazin ›Focus‹ vom 4. Juli Reich-Ranicki an. Unter dem Titel ›Wofür die Orden?‹ wird Reich-Ranicki aufgefordert, die Gründe zu nennen, weshalb er drei polnische Auszeichnungen in der Zeit zwischen 1946 und 1948 verliehen bekommen hatte. Die Verleihung als solche wird zum Anlaß genommen, Reich-Ranickis Tätigkeit in London mit der Aura des Unehrenhaften zu versehen: »Wie ›harmlos‹ war seine literaturferne Tätigkeit wirklich? ... Diese höchsten zivilen Auszeichnungen wurden vom damaligen Vorsitzenden des Nationalratspräsidiums, dem stalintreuen Boleslaw Bierut, an Personen verliehen, ›die sich in Beruf und gesellschaftlicher Tätigkeit besonders ausgezeichnet haben‹.«[57] Damit wird suggeriert, Reich-Ranicki hätte die Orden wegen seiner Kollaboration mit dem implizit verbrecherischen stalinistischen Regime erhalten. Der historische Kontext, die Tatsache nämlich, daß Reich-Ranicki einem Regime diente, dem er sein Leben verdankte und das Polen von der nationalsozialistischen Herrschaft befreite, wird ausgeblendet. Ebenfalls wird unterschlagen, daß eine stalinistische Gleichschaltung und Unterdrückung in Polen erst nach 1948 erfolgte.[58]

»Wie bitte, Sie haben die Rote Armee herbeigesehnt? Sind Kommunist geworden und Capitan des polnischen Geheimdienstes? Und haben uns, die wir Sie, den polnischen Juden, dennoch aufgenommen und befördert haben, diese Verbrechen sechsunddreißig Jahre lang verheimlicht?«[59] So ironisierte treffend Hermann L. Gremliza die Kontroverse um Reich-Ranickis kommunistisches Engagement.

Das zweifelhafte Verdienst, den »Juden als Bolschewisten« erneut explizit in den antisemitischen Diskurs eingeführt zu haben, gebührt jedoch zweifelsfrei Ernst Nolte. Nolte ist inzwischen in seiner Gleichsetzung von Judentum und Bolschewismus noch einen entscheidenden Schritt weiter gegangen. In seinem jüng-

[57] Focus, 4. 7. 1994, Nr. 27, S. 11.
[58] Michel Wievorka, Les Juifs, la Pologne et Solidarnosc. Paris 1984, S. 121 ff.
[59] Hermann L. Gremliza, Der Spion, der unter die Deutschen kam, konkret 8 (1994), S. 9.

sten Werk ›Streitpunkte‹[60] betreibt er einen unverblümten Revisionismus, der primär darauf fußt, die nationalsozialistischen Verbrechen als Folge einer verständlichen Furcht vor der angeblich drohenden Vernichtung durch die bolschewistische Sowjetunion darzustellen. Bezeichnenderweise umfassen Noltes »Reflexionen« den Zeitraum von der russischen Oktoberrevolution von 1917 bis zur deutschen Vereinigung im Jahre 1990. Innerhalb dieses zeitlichen Rahmens habe sich ein europäischer Bürgerkrieg[61] abgespielt. In diesem Bürgerkrieg hätten auf der einen Seite alle antibolschewistischen Kräfte (demokratische, autoritäre, faschistische, nationalistische) und auf der anderen Seite die Sowjetunion und ihre kommunistischen Verbündeten gestanden. Die Nationalsozialisten waren sogar Antibolschewisten von »überraschender Stärke und Entschlossenheit«.[62]

Da der Bolschewismus, gemäß Nolte, stark jüdisch geprägt war, sind die Juden schon zu aktiven Tätern in diesem »europäischen Bürgerkrieg« geworden. »Ernstzunehmende Zeitzeugen, keineswegs Nationalsozialisten oder Deutschnationale, haben also dem Judentum eine außerordentlich bedeutende Rolle bei den großen Kämpfen des 20. Jahrhunderts zugeschrieben, die in der Hauptsache auf der inneren Affinität zu den revolutionären und faktisch zu den bolschewistischen Ideen beruhte.«[63]

Nolte interpretiert den ganzen Nationalsozialismus primär als Antibolschewismus, wobei der Antisemitismus und insbesondere die Vernichtungslager immer als Reaktion auf bolschewistische Untaten verstanden werden sollen. So betont Nolte den »kausalen Nexus« zwischen GULag und Auschwitz, der aus wechselseitigem »Vernichtungswillen« und entsprechender »Vernichtungsfurcht« entstanden sei.[64]

Mit dieser Sichtweise werden gerade die Massenmorde an den Juden der Sowjetunion, welche die »Endlösung« einleiteten, bei Nolte zu verständlichen, wenn nicht gar folgerichtigen Reaktio-

[60] Ernst Nolte, Streitpunkte. Heutige und künftige Kontroversen um den Nationalsozialismus. Berlin 1993. In diesem Rahmen kann ich nur auf einige der abstrusen antisemitischen Gedankengänge Noltes eingehen, mit denen das Buch durchsetzt ist. Seine Überlegungen zu den Gaskammern, die er als »humanes« Tötungsverfahren beschreibt, müssen andernorts noch erörtert werden.

[61] Bemerkenswerterweise dauerte der europäische Bürgerkrieg bei Nolte vor der deutschen Vereinigung nur bis 1945, siehe: Ernst Nolte, Der europäische Bürgerkrieg 1917–1945, Nationalsozialismus und Bolschewismus. Frankfurt a. M., Berlin 1987.

[62] Nolte, Streitpunkte, S. 11.

[63] Ebenda, S. 378.

[64] Ebenda, S. 394.

nen auf bolschewistische Verbrechen: »Die am ehesten angemessenen Begriffe sind nicht ›Massaker‹ oder ›Mord‹, sondern ›präventive Überreaktion‹ oder ›Unverhältnismäßigkeit‹ der Mittel.«[65]

Noltes Bemühen, den »rationalen Kern«[66] des nationalsozialistischen Antisemitismus in der, für ihn berechtigten, Furcht vor dem »jüdischen Bolschewisten« erfassen zu wollen, ist wohl bis dahin der deutlichste und konsequenteste Versuch, auf diese Weise die deutsche Nation aus ihrer historischen Verantwortung und damit der Auseinandersetzung mit dem Nationalsozialismus zu entlassen. Er macht deutlich, wie weit das Bedürfnis, die nationalsozialistische Judenvernichtungspolitik zu relativieren und zu rechtfertigen, im Rahmen eines vermeintlich rationalen historischen Diskurses gehen kann.

Doch Nolte steht längst nicht mehr allein mit seinen Thesen. 1992 erschien das Buch der aus Rußland in die Bundesrepublik emigrierten Jüdin Sonja Margolina mit dem ominösen Titel: ›Das Ende der Lügen. Rußland und die Juden im 20. Jahrhundert‹. Als Lüge bezeichnet Margolina, daß die sowjetischen Juden »nur Opfer und Objekte« des sowjetischen Systems gewesen seien. Bereits der Werbetext des Siedler-Verlags macht deutlich, daß mit diesem Buch der revisionistische Diskurs des Historikerstreits in seiner »Nolteschen« Variante nun durch eine »jüdische Stimme« endgültig salonfähig gemacht werden soll: »...eine solche Stimme muß sich geschult haben an der Erfahrung sowohl von Auschwitz als auch des GULagsystems; sie muß von Verbrechen am jüdischen Volk und von der jüdischen Mitverantwortung am sowjetischen Totalitarismus wissen.«[67]

In ihrem Bemühen, den nationalsozialistischen Antisemitismus als Reaktion auf den Antibolschewismus darzustellen, kommt Margolina zu folgendem grotesken Vergleich: »Die jüdischen Bankiers, die in den dreißiger Jahren auf Knien, unter dem Spott und den Beleidigungen des Mobs die Straßen Wiens putzten, waren vielleicht die Opfer einer grausamen Karnevalisierung des bolschewistischen Klassenterrors, den die Nazis als Wiederherstellung der Gerechtigkeit meinten.«[68] Es ist befremdend, daß eine solche Demütigung im Kontext des Vorfeldes der Endlö-

[65] Ebenda, S. 393.
[66] Ebenda, S. 379.
[67] Sonja Margolina, Das Ende der Lügen. Rußland und die Juden im 20. Jahrhundert. Berlin 1992.
[68] Ebenda, S. 68.

sung als Karnevalisierung abgetan wird.[69] Darüber hinaus wird
der nationalsozialistische Antisemitismus nur als Folge von
Maßnahmen des bei Margolina »jüdischen« Bolschewismus gesehen. In letzter Konsequenz sind also »die Juden« als Träger des
bolschewistischen Systems selbst verantwortlich für ihre Ermordung. Wir haben damit eine neue radikale Form eines historischen Revisionismus, der die deutsche Gesellschaft jeglicher
Verantwortung für den Massenmord an den Juden entheben soll.
Diese radikale »Entschuldung« und »Normalisierung« deutscher Geschichte läßt sich jedoch nicht mehr nur auf rechtsextreme oder deutschnationale Kreise eingrenzen. Selbst in der ansonsten für ihre Sensibilität bezüglich deutsch-jüdischer Verhältnisse beispielhaften Wochenzeitung ›Die Zeit‹ erschien eine
positive Besprechung des Buches von Frau Margolina: »Es ist die
kritische Selbstbetrachtung und Schonungslosigkeit einer Han-
nah Arendt.«[70] Wenn das wohl wichtigste bürgerlich-liberale
Presseorgan Deutschlands die Thesen eines Buches, das in Gerhard Freys rechtsextremer ›Nationalzeitung‹ zu den viel geprie-
senen »Spitzenreitern der Woche« gehört[71], lobt, wird deutlich,
daß »der Jude als Bolschewist« gegenwärtig eine zweifelhafte
Renaissance erlebt, mit dem Ziel, die Gaskammern und die Massaker an Juden als antibolschewistische Abwehraktionen darzustellen.

Fazit

»Gegenüber den emotionalen und psychologischen Abwehrme-
chanismen, die gegen die Beschäftigung mit der jüngsten Vergangenheit aufgebaut wurden und die je länger desto reibungsloser
funktionieren, sind Forschungsergebnisse wirkungslos...«[72]
Diese so zutreffende wie auch resignative Einsicht über die
sozialpsychologischen Mechanismen im Umgang mit dem Nationalsozialismus hat nach dem Ende des »Ostblocks« und der
deutschen Vereinigung ihre Gültigkeit keinesfalls eingebüßt. Die

---

[69] Juliane Wetzel, Ein Ende der Lügen? In: Jahrbuch für Antisemitismusforschung 2 (1993), S. 359–377, hier 370.

[70] Die Zeit, 4. 9. 92, zit. nach: Juliane Wetzel, Ein Ende der Lügen? S. 376.

[71] Ebenda, S. 376.

[72] Wolfgang Benz, Die Abwehr der Vergangenheit. Ein Problem nur für Historiker und Moralisten? In: Dan Diner, Ist der Nationalsozialismus Geschichte? Frankfurt a. M. 1987, S. 17–33, hier 19 ff.

gleichen Publizisten, die bereits im »Historikerstreit« mit vermeintlich wissenschaftlicher Unvoreingenommenheit die nationalsozialistischen Verbrechen zu relativieren suchten, sahen die Möglichkeit, das souveräne, vereinigte Deutschland endgültig von seinem belastenden, historischen Erbe, der Judenvernichtung im »Dritten Reich«, zu befreien, indem nun auch explizit die Juden ihren Status als kollektive Opfer des Nationalsozialismus verloren: Sie wurden als »bolschewistische Täter« gebrandmarkt. Ein erstarktes Deutschland könnte somit unbelastet von jeglicher spezifischer historischer Verantwortung in die Zukunft blicken und die Geschehnisse von 1933 bis 1945 endgültig dem Vergessen anheimfallen lassen.

Es scheint, daß das Stereotyp »der Jude als Bolschewist«, das zunächst nur in den Werken einiger rechtsbürgerlicher Publizisten Verwendung fand, doch einem größeren Bedürfnis zur Entschuldigung deutscher Geschichte entspricht. Die Reaktionen auf Gregor Gysi und auch auf die »Enthüllungen« bezüglich der kommunistischen Vergangenheit Reich-Ranickis machen deutlich, daß nach 1989 diese Facette des deutschen Antisemitismus an Bedeutung gewonnen hat.

Das Stereotyp hatte jedoch aufgrund einer Diskussion, die sich bis dahin zumeist in einem bildungsbürgerlich-universitären Rahmen abspielte, kaum Breitenwirkung. Die prominente Stellung Gregor Gysis innerhalb der PDS dürfte wohl nicht ausreichen, um dieser Partei einen jüdisch-bolschewistischen Anstrich zu verpassen. Doch muß grundsätzlich beachtet werden, daß seit dem Ende der DDR im öffentlichen Diskurs Deutschlands eine weitgehende Gleichsetzung der SED-Diktatur mit dem »Dritten Reich« stattfindet, die zu einer Verharmlosung des NS-Staates und seiner Verbrechen führt.

Darüber hinaus werden Teile des konservativen Bürgertums die Thesen von Nolte und anderen Historikern mit besonderer Genugtuung zur Kenntnis nehmen. Können sie sich doch damit ihrer Verantwortung für die jüngere deutsche Vergangenheit, beispielsweise die Beteiligung der Wehrmacht an der Vernichtung der sowjetischen Juden, entziehen. Die Wiederbelebung des Stereotyps »der Jude als Bolschewist« kann auch als Gegenreaktion auf den Umstand gewertet werden, daß es einer kritischen Geschichtsschreibung gelungen ist, die Verwicklung größerer Segmente der deutschen Gesellschaft in die Judenvernichtung in den öffentlichen Diskurs einzuführen. Um dieses neue »Schuldbewußtsein« wieder verdrängen zu können, dürften gerade die Thesen Ernst Noltes, die sich kaum noch von ansonsten marginalisierten und tabuisierten neonazistischen Parolen unterscheiden, Verbreitung finden und dem Bedürfnis vieler Deutscher nach einer endgültigen »Normalisierung« ihrer Geschichte entgegenkommen.

GERTRUD HARDTMANN
Die »jüdische Mathematik«
Psychoanalytische Beobachtungen

Als ich zum ersten Mal diese Formulierung aus dem Mund einer Frau hörte, die aus ihrem tiefsitzenden, religiös begründeten Antisemitismus keinen Hehl machte, empfand ich sie einfach nur als absurd und keiner weiteren Überlegung wert. Als Psychiaterin rückte ich sie innerlich in die Nähe von anderen »Spinnereien«, die mir aus eigener Erfahrung und Erfahrung mit Patienten vertraut sind. Es dauerte Jahre, ehe ich mich nach dem Schock durch den Holocaust intensiver und mit einem bestimmten Forschungsinteresse mit dieser antisemitischen Äußerung befaßte. Denn ich hatte als 17jährige 1950 erstmalig mit einer Gruppe von gleichaltrigen Mädchen das Konzentrationslager Flossenbürg besucht. Wir hatten keine Führung und trafen auch keine umgestaltete »Gedenkstätte«, sondern die Reste einer Todesfabrik, deren Absurdität wir weder verstehen konnten noch wollten. Auf den zerfallenen Resten sitzend fand ich, was ich seit 1943 andeutungsweise von Erwachsenen erfahren hatte und mir doch in meinen finstersten Kinderphantasien nicht hatte vorstellen können.

Dagegen nahm sich die »jüdische Mathematik« vergleichsweise harmlos aus, doch reihte sie sich ein in andere Vorurteile gegen Juden, wie »die sind einfach anders als wir«, »die glauben an den Gott des Gesetzes und nicht an den Gott der Liebe«, oder »die arme Hanna (arisch), nun hat sie Mosche (jüdisch) geheiratet«… Dieser alltägliche Antisemitismus ist mir im Nachkriegsdeutschland auf Schritt und Tritt begegnet, aber auch in der Schweiz, in der ich 1961 gearbeitet habe: »Da kauft man nicht, das (Kaufhaus) gehört einem Juden.« Er begegnete mir in der bösartigen, neidischen, direkt schädigenden, destruktiven Art und in der – auf den ersten Blick – eher komischen Variante der »jüdischen Mathematik«. Aber ist sie wirklich komisch, oder reißt nicht auch sie Gräben auf, wo keine sind? Der sektiererische Ernst, mit der die Interviewee mich zu überzeugen versuchte, daß es eine jüdische und eine nichtjüdische (sie scheute das Wort »arisch«) Mathematik gebe, ließ mich aufhorchen. Es blieben trotz aller »Bekehrungsversuche« grundlegende Zweifel.

Im Magazin ›Forschung aktuell‹ der TU Berlin erschien 1993

ein Aufsatz über Rassismus in der Mathematik[1], in dem es darum geht, ob Frauen mathematisch anders denken als Männer. Gibt es eine geschlechtsspezifische mathematische Logik, oder besser: geschlechtsspezifische Lösungen mathematischer Probleme? Und wenn es sie gibt, gehen diesen Lösungen nicht geschlechtsspezifische Erfahrungen, geschlechtsspezifische Gedanken und geschlechtsspezifisches Denken[2] voraus? Siefkes erwähnt auch noch eine andere Logik, die sich nicht nach den Gesetzen der formalen Mathematik richtet, sondern an Erlebnis- und Bedeutungszusammenhänge anknüpft. Psychologen und Pädagogen ist bekannt, daß dies der Stoff ist, aus dem Mythen und Vorurteile entstehen, Mythen und Vorurteile über sich selbst und andere. Selbstbeobachtung lehrt uns, daß Erfahrungen ständig emotional gewichtet und gewertet werden, dabei werden einige negiert (weil nicht von Interesse), anderen wird ein überaus großer Stellenwert eingeräumt. Wenn man diese Erfahrungswerte unterm Strich zusammenrechnete und bilanzierte, so wäre das Ergebnis unter dem Aspekt einer emotionalen Unempfindlichkeit gegenüber Erfahrungen und einer abstrakten Gleichgewichtigkeit aller Ereignisse natürlich absurd; als Affektrechnung genommen wäre die Bilanz jedoch höchst relevant und geeignet, affektlogische (d. h. im Denken nachvollziehbare) Zusammenhänge aufzuzeigen.[3] Solche Zusammenhänge könnten sein, daß bestimmte Erlebnisse ihren Stellenwert durch die Beziehung zu früheren Ereignissen, z. B. Traumatisierungen, erhalten, die schmerzhafte negative oder lustvolle positive Erinnerungsspuren hinterlassen haben. Haben diese früheren Erfahrungen seelische Verletzungen gesetzt und Narben hinterlassen, so können wir – mit diesem Wissen ausgerüstet – besonders heftige und schmerzhafte Reaktionen bei uns und bei anderen verstehen und nachvollziehen. Die alltäglich zu beobachtende unterschiedliche Empfindlichkeit, mitunter auch als »Überempfindlichkeit« gebrandmarkt, muß jedoch nicht notwendig zu dem führen, was Bion (1962) einen »abstrusen Gedanken« genannt hat. Ist der Proband sich seiner Empfindlichkeit bewußt, dann wird er seine Reaktionen richtig einschätzen und mit einem hohen Grad an Zuverlässigkeit bestimmen können, wo die Grenze zwischen seiner eigenen hohen Sensibilität und einer vom anderen oft nicht beabsichtigten Verletzung zu ziehen ist.

[1] Dirk Siefkes, Abgrenzung oder Beziehungen – Was hat Mathematik mit Rassismus zu tun? In: Forschung aktuell. TU Berlin 10 (1993), S. 5–8, S. 42–44.
[2] Wilfried R. Bion, Lernen durch Erfahrung. Frankfurt a. M. 1990.
[3] Luc Ciompi, Affektlogik. Stuttgart 1982.

Damit stellt sich – oberflächlich gesehen – das Problem unterschiedlicher Logiken: die Logik des Affektes richtet sich nach anderen Gegebenheiten als die Logik des Verstandes, was nicht heißt, daß sich nicht beide gegenseitig beeinflussen. Falsch ist jedoch der Schluß, daß Affekte keine Logik haben. Im Gegenteil, gerade die Verketzerung der affektiven Reaktionen als unlogisch macht uns zu Affektanalphabeten und erschwert es, ihre Logik zu erkennen, oder verhindert, daß wir uns auf den Weg machen, nach ihrer Logik zu suchen. Affekte waren bei der o. g. Interviewee zweifellos im Spiel, als sie über die »jüdische Mathematik« sprach. Der Affekt bezog sich nicht auf die Mathematik, sondern auf mich, die ungläubige Interviewerin, die ihre Skepsis nicht verbergen konnte. Warum war es ihr so wichtig, mich zu überzeugen? Es war zu sehen, daß für sie das Ereignis, auf das sie sich bezog und das in ihr den Glauben oder die Überzeugung, daß Juden mathematisch anders denken als Nichtjuden hervorgerufen hatte, auch nach fast 70 Jahren (!) nicht bedeutungslos geworden war. Allem Anschein nach handelte es sich um eine »Glaubensfrage«, und unsere gute Beziehung schien zeitweise davon abzuhängen, ob ich ihren »Glauben« teilte oder nicht. Über eine projektive Identifikation repräsentierte ich den Zweifel, den sie bei sich nicht zulassen konnte. Unter welch starkem inneren Druck sie stand, bekam ich zu spüren, als sie mit sektiererischem (und unangenehmem) Eifer versuchte, mich davon zu überzeugen, daß die Begebenheit, die sie mir erzählte, mit absoluter Gewißheit nur diese eine Interpretation zulasse.

Für mich stellte sich die Frage, in welchem logischen System sich die Antisemitin nicht nur heute, sondern auch bereits als junge Studentin, als sie auf ihr Gegenüber, einen jüdischen Mathematikprofessor Mitte der 20er Jahre traf, befand? Denn dieses Vorurteil hatte, wie sich auf genaues Befragen herausstellte, eine in ihrem *äußeren Hergang* präzise zu beschreibende Geschichte. Es hatte einen »Anfang«, und diesen konnte die Produzentin und Besitzerin dieses Vorurteils genau benennen. Folgen wir ihrer Geschichte, so beginnt diese an einer deutschen Universität Mitte der 20er Jahre, also in einer Zeit, in der das Frauenstudium generell, speziell aber Naturwissenschaften studierende Frauen einerseits mit erheblichen Vorurteilen seitens der männlichen Hälfte der Menschheit zu rechnen hatten, andererseits aber gerade in Mathematik mehr Frauen in Deutschland habilitierten als in den Geisteswissenschaften[4]. Schon 1902 schrieb Georg Simmel, »...das sublimierteste Gebilde der Geisteskultur, die Mathematik, steht jenseits von Männlich und Weiblich, und daraus erklärt sich vielleicht die auffallende Tatsache, daß gerade in ihr mehr als in anderen Wissenschaften Frauen ein tiefes Eindringen und bedeutende Leistungen gezeigt haben.«[5]

Die Interviewee hatte sich bis zum Studium bemerkenswert emanzipiert, ihr Abitur als einziges Mädchen auf einem Jungengymnasium (anstelle einer höheren Töchterschule) erkämpft und in Mathematik die gesamte männliche Konkurrenz aus dem Feld geschlagen. Ich habe keinen Zweifel, daß sie ihre Mathematik beherrschte und daß sie sich auch in männlich dominierten hierarchischen Herrschaftsformen ihrer Zeit auskannte. Die Liebe zur Mathematik blieb bis ins hohe Alter, vor allem aber die Freude an Gesprächen mit Mathematikern, bei denen es mehr um das Nachdenken über Methoden als um Ergebnisse ging. Sie war jedoch zeit ihres Lebens eine schlechte Pädagogin, konnte oder wollte das Wissen, das sie hatte, nicht anderen vermitteln. Da Wissen mitteilen auch Wissen teilen heißt, Wissen aber auch Macht bedeutet, kann dieses Nicht-mitteilen-können oder -wollen auch als eine Weigerung verstanden werden, Macht mit anderen zu teilen. Auf diese Weise könnte auch ihr – möglicherweise sehr eigenwilliger – Lösungsweg zustande gekommen sein. Trotz ihrer guten Leistungen im Abitur gehörte zur »Logik« der Zeit und zur Logik ihres Elternhauses, daß ihr danach keineswegs, wie dem wenig älteren Bruder, der direkte Weg in das Mathematikstudium offenstand. Sei es, weil man an der Ernsthaftigkeit ihres Wunsches zweifelte, sei es, weil man mit einer baldigen Heirat rechnete und die Ausgaben scheute, sei es – so auf der bewußten Ebene –, weil sie (im Gegensatz zum älteren Bruder) in einem bürgerlichen Haushalt die Mutter unterstützen sollte, oder einfach nur aus Neid (der Vater hatte seine Studienwünsche nicht realisieren können): Sie mußte mehrere Jahre zu Hause warten, ehe sie von der jüngeren Schwester abgelöst wurde und mit dem ersehnten Studium beginnen konnte. Auch dann stand ihr nicht alles offen, vielmehr wurde sie im Sinne einer männli-

---

[4] J. Ernest, Mathematics and Sex. American Mathematical Monthly 1976; zit. nach Britta Schinzel, Informatik und weibliche Kultur. In: Wolfgang Coy (Hrsg.), Sichtweisen der Informatik. Braunschweig 1992, S. 249–275; A. T. Schafer, Women and Mathematics, Mathematics Tomorrow. New York 1981; zit. nach Schinzel, Informatik und weibliche Kultur, ebenda.

[5] Zit. nach: Schinzel, Informatik und weibliche Kultur, S. 262.

chen (hier der väterlichen) Logik unter Kuratel des Bruders gestellt, der natürlich auch den Studienort bestimmte. Hübsch, jung und ausgehungert nach geistiger Beschäftigung begann sie das Studium (Mathematik und Sprachen) an einer deutschen Universität und nahm – neben der Wissenschaft – alles, was sich ein lebenslustiges Mädchen im anerkannten gesellschaftlichen Rahmen damals leisten konnte, mit: Freundinnen, Wochenendausflüge, Kontakte zu Kommilitonen über den christlichen Studentenbund. Nur ein Bedürfnis blieb unbefriedigt: Für sexuelle Beziehungen und deren (voreheliche) Erfüllung war aufgrund von Herkunft und Erziehung im Rahmen ihrer bewußten Vorstellungen kein Platz. Erzogen, diesen Bedürfnissen nicht Rechnung zu tragen, spielten sie in ihrer bewußten Lebensplanung keine Rolle, wurden negiert, verleugnet, annulliert. Aber im Gegensatz zur mathematischen Null hatte diese triebhafte »Null« in ihrem Leben – unerkannt und unbewußt – einen hohen Stellenwert.

Als das erste Semester sich dem Ende zuneigte, wurde sie mit einer Seminararbeit nicht rechtzeitig fertig und nahm das nette Angebot des jüdischen Professors an, ihm diese Arbeit persönlich am Wochenende ins Haus zu bringen. Dabei stellte sie sich vor, daß sie diese nur abgibt und geht. Doch es kam anders: Der Professor bat sie herein, warf einen kurzen Blick auf die Arbeit, bestätigte das Ergebnis, war jedoch irritiert von dem eigenwilligen Lösungsweg, der offensichtlich anders war, als er sich das vorgestellt hatte. »Wie sind Sie nur darauf gekommen?« war die immer wieder gestellte Frage, die gleichzeitig Befremden, Neugierde und eine gewisse Irritation ausdrückte. Sie antwortete: »Das steht alles da drin, Sie können das nachlesen.« Aber er wollte das nicht nachlesen, wünschte, daß sie es ihm mündlich erklärte. Mag sein, daß da Zweifel eine Rolle spielten, ob sie die Lösung selbst gefunden hatte, mag auch sein, daß er nach dem Hintergrund ihres mathematischen Denkens suchte und mehr an der Methode als an dem Ergebnis interessiert war. Ich unterstelle, und das stellte auch die Interviewee nicht in Zweifel, daß bei ihm eine echte Neugierde und ein echtes Interesse geweckt worden waren und über die direkte Beziehung befriedigt werden sollten. Bei ihr hingegen bestand überhaupt kein Interesse, sich auf diese *direkte Beziehung* einzulassen, im Gegenteil: mit einer gewissen Hartnäckigkeit bestand sie darauf, daß alles in der Arbeit drinstehe und er das nachlesen könne. Diese Hartnäckigkeit schlug jedoch bald in Hilflosigkeit um. »Ich konnte ihm das nicht erklären«. Plötzlich stand sie vor ihm – wie das Kaninchen vor der Schlange – mit einer Denkblockade, das Schreckgespenst eines jeden Prüflings. Dieser Prüfungsangst liegt nach meinen psychoanalytischen Erfahrungen mit Examenskandidaten nicht selten das zwanghafte Bedürfnis (und die Angst) zugrunde, sich dem Prüfer als absolut unwissend mit hohlem leeren Kopf, vor allem aber nicht mit einem eigenen (autonomen) Kopf, präsentieren zu müssen, um so einem phantasierten Angriff zuvorzukommen. Ich habe bei ihr solche Denkblockaden in extrem spannungsreichen Situationen beobachten können und bemerkte auch, daß sie sich dieser Mitteilung irgendwie schämte, die als das Eingeständnis einer Niederlage erlebt wurde; sie sprach nur ungern darüber, daß sie in bestimmten Momenten von Gefühlen überschwemmt wurde und es nicht schaffte, den Kopf oben zu behalten.

Offensichtlich war etwas Irritierendes in die Beziehung hineingekommen, das einer anderen Logik als der distanzierten Sachlichkeit der Mathematik folgte. Die Beziehung war unbewußt sexualisiert worden. In gefühlsbeladenen Worten – auch noch 70 Jahre später mit über 90 Jahren – beschreibt sie den *unheimlichen* Eindruck, den sie im Haus des Professors hatte, daß niemand da war, außer ihnen beiden, daß seine Freundlichkeit ihr Angst machte[6] und sie – auf der bewußten Ebene – nur den einen Wunsch hatte, aus diesem Haus herauszukommen, während sie unbewußt symbolisch gerade durch ihre Weigerung sein symbolisches »Eindringen« provozierte. Sie wurde zum Spielball ihrer unterdrückten und annullierten sexuellen Triebansprüche.[7]

Der äußere Hergang ist wieder rasch beschrieben. Sie verließ das Haus ohne die gewünschte Erklärung (»Ich konnte ihm das auch nicht erklären«) und wich damit diesem Gedankenaustausch aus. Er sah die Arbeit durch und bewertete sie mit »gut«. Damit könnte die Sache erledigt sein, wenn nicht bei ihr unter dem Strich dieses Vorurteil herausgekommen wäre, das besagte: »Juden denken anders als Arier, selbst in der Mathematik denken die anders. Deshalb konnte ich ihm das auch nicht erklären. Man kann als Nichtjude bei den Juden keine Mathematik studieren. Die haben eine andere Logik.« Herausgekommen war also der absurde und bizarre Gedanke, daß man als Arier bei einem Juden

---

[6] »...der war superfreundlich, wer weiß wie; ich war froh, als ich wieder draußen war...«

[7] Sigmund Freud, Das Unheimliche (1919). In: GW XII, S. 227–268.

nicht Mathematik studieren kann, weil Juden mathematisch anders denken als Arier.

Dieser Gedanke fügte sich in seiner Logik nahtlos in frühere bizarre Gedanken über Juden ein. Aufgewachsen in einem pietistischen Elternhaus, hatte die Interviewee einen christlichen Antisemitismus zwar nicht mit der Muttermilch – die Mutter stammte aus einer eher liberalen Kaufmannsfamilie –, aber doch mit der »Vatermilch« eingesogen. Der Vater zeigte sektiererhafte Züge, vor allem auch sektiererhaft antisemitische Züge. Solange die Juden sich nicht bekehrten und Christen wurden, waren sie für ihn die Gottesfeinde, Ketzer, die die »Wahrheit« verleugneten. In seinem Weltbild gab es keine Toleranz für verschiedene und unterschiedliche Wahrheiten, weder bei ihm selbst noch bei anderen. Es gab nur die eine »monotheistische« Wahrheit, die er vergötterte, ohne zu sehen, daß er damit unbewußt nicht nur sich selbst (als Besitzer dieser Wahrheit), sondern auch einen *Teil von sich selbst absolut setzte und vergötterte*. Psychoanalytisch ist es nicht leicht, für diesen Teil einen passenden Begriff zu finden, weil es weder ein (triebhaft verstandener) libidinöser Anteil, noch ein Anteil einer verbietenden und strafenden Über-ich-Instanz ist, die beide objektbezogen sind. Am ehesten könnte dieser Anteil mit unbewußten narzißtischen Größenphantasien und einem unbewußten Konflikt im Selbstwertgefühl (Kleinheitswahn) beschrieben werden. Dieser war auch insofern biographisch nachweisbar, als der begabte Vater sein gesundes Geltungsstreben als junger Mann vernachlässigt, auf ein Studium verzichtet und beruflich eine untergeordnete Position bezogen hatte, die er durch seine sektiererhaften Freizeitaktivitäten kompensierte. Nach seinem christlichen Verständnis praktizierte er einen Unterwerfungsglauben, der nicht unmittelbaren Triebzielen, sondern mittelbar einer narzißtischen Gratifikation diente: Wie im christlichen Verständnis der Sohn Jesus von Gott für seine Unterwerfung mit göttlichen Ehren belohnt worden war, so fühlte er sich für seinen beruflichen Verzicht durch seine missionarischen Aktivitäten aufgewertet.

Aufgewachsen mit diesem – in der Kindheit und bis ins hohe Alter hinein idealisierten und vergötterten – Vater, der ähnlichen Verzicht vor allem von seinen Töchtern forderte, aber auch ausgestattet mit einem guten Anteil bewußter Rebellion aus dem mütterlichen Erbe, gab es eine Spaltung in der Person der Interviewee: Der Versuchung, für die Unterwerfung mit Anerkennung belohnt zu werden, standen gesunde Autonomiewünsche entgegen, ein Ambivalenzkonflikt, der mit einer »Spaltung«, anstatt mit einem Kompromiß gelöst wurde. Spaltung ist ein unsicherer Abwehrmechanismus. In der Regel verfolgt das Abgespaltene das Subjekt, sucht immer wieder – besonders in relevanten Lebenssituationen – die Konfrontation, die Anerkennung, den inneren Dialog, die bewußte Auseinandersetzung. Das Ich gerät somit lebenslang unter einen starken inneren Druck, der durch äußere Einflüsse variiert, verstärkt oder vermindert werden kann.

In ihrer Logik wäre es für die Probandin leichter zu ertragen gewesen, auf einen Professor zu stoßen, der auf seinem eigenen und damit auf einem einzigen Lösungsweg bestanden und sich damit selbst als ein Gespaltener zu erkennen gegeben hätte. Das war jedoch nicht der Fall: Er hatte genügend Ich-Stärke, ihre Lösung zu überprüfen und ihren anderen Lösungsweg gutzuheißen. Er erzwang also keine Unterwerfung. Unter ethischen und wissenschaftlichen Gesichtspunkten ist diese Entscheidung nicht anfechtbar. Die damit verknüpfte Erfahrung bedeutete aber für diese Probandin innerpsychisch eine Katastrophe, erkennbar auch an der Denkblockade: Man kann sie als einen inneren Befehl verstehen, bestimmte Ich-Funktionen, hier vor allem die Funktionen der Wahrnehmung des Selbst und seiner Beziehung zum Objekt, außer Kraft zu setzen. Sich auf diese Erfahrung mit einem Mann einzulassen, der sich von seinem Alter und seiner Stellung her als Vaterfigur in der Übertragung anbot, aber – im Gegensatz zum Vater – nicht seine eigene Lösung für die allein richtige hielt und nicht Unterwerfung, sondern den Dialog und die offene Diskussion suchte, hätte eine Auseinandersetzung (und grundsätzliche Revision) mit der Vatererfahrung und der Vaterbeziehung provoziert, zu der die Interviewee bis heute nicht in der Lage ist. In ihrer unbewußten Übertragung begegnete sie in dem jüdischen Professor ihrem Vater, seinen autoritären Machtansprüchen und ihrer unbewußten Auflehnung dagegen, die sich bewußt erst als ein »ich will nicht« (Trotz), und dann als ein »ich kann nicht« (Hilflosigkeit) äußerte. Diese – man könnte fast sagen unbewußt gespielte – Hilflosigkeit brachte sie jedoch paradoxerweise mit einer schlafwandlerischen Sicherheit genau an das Ziel ihrer Wünsche, und zwar in doppelter Hinsicht: Zum einen entließ sie der Professor und bemühte sich, den Lösungsweg ohne ihre Hilfe nachzuvollziehen, wie sie es sich auch gewünscht hatte (sie hatte ihren Kopf durchgesetzt), zum anderen aber gelang es ihr, den ohnehin antisemitischen Vater mit seinen eigenen Vorurteilen zu schlagen, indem sie ihn ohne große Mühe davon überzeugte, daß sie nicht weiter bei einem »jüdischen« Professor »arische« Mathematik studieren könne. Er stimmte also dem Studienortwechsel zu, und so erreichte sie ihr Ziel, nicht mehr weiter unter männlicher Kuratel zu stehen.

Um Vorurteilen der Leser vorzubeugen: Es gab keine Nazis in ihrer Familie, und die Interviewee hatte trotz ihres unverhohlenen Antisemitismus im Dritten Reich auf der Seite des Widerstandes gestanden und zeitweilig verfolgten Juden auf der Flucht geholfen, längere Zeit auch ein jüdisches Kind versteckt gehalten. Den Vernichtungsaktionen der Nazis hatte sie entschiedenen Widerstand entgegengesetzt. Ihr Antisemitismus blieb davon jedoch unberührt; er folgte einer anderen »Logik«. Er wurde auch nicht aufgegeben, als er – zweckrational gesehen – seine Funktion erfüllt hatte. Wie bei vielen psychisch bedeutsamen Konstrukten müssen wir auch hier davon ausgehen, daß dieses vielfältig determiniert ist und sich aus einer Verdichtung zahlreicher Bedeutungszusammenhänge gebildet hat. Wäre der »Jude« nur gebraucht worden, um den obigen Zweck zu erfüllen, dann hätte sie nach Erreichung des Ziels darauf verzichten können. Doch zeigt der Verlauf, daß sie auch weiterhin – bis heute, und möglicherweise bis ans Lebensende – ihren »Juden« braucht. Sie braucht ihn als Aufhänger für Projektionen, für Übertragungen, als jemand, den sie projektiv klassifizieren, hierarchisieren, ausgrenzen und als Sündenbock in die Wüste jagen kann. Sie greift damit auf ein operationales konkretes Denken zurück, das wir alle aus unserer Kindheit kennen.[8] In diesem Denken wird der Sündenbock – konkret – als der gesehen, der die Sünde in die Wüste trägt. Moralische Probleme werden auf diese Weise »technisch« und »konkret« – ohne affektive und emotionale Auseinandersetzung mit sich selbst – gelöst. Mit anderen Worten: sie braucht oder benutzt den »Juden«, um ihren Seelenhaushalt in Ordnung zu bringen. Bis in das hohe Alter projiziert sie sexuelle Triebwünsche auf ihn und bedauert die armen, unschuldigen arischen Mädchen, die von einem Juden verführt werden. (Frauen verführen nicht.) Oder sie überträgt ihre Erfahrung mit einem autoritären Vater auf diesen »Juden«, der als höchste Autorität angeblich das Gesetz verehrt und nicht die Liebe. »Christen sind nicht autoritär. Mein Vater war ein Christ, also war er nicht auto-

[8] Jean Piaget und Bärbel Inhelder, Die Psychologie des Kindes. Frankfurt a. M. 1978.

ritär.« Dieser logische Schluß oder Fehlschluß zeigt die Grenzen der formalen Logik, sobald es um psychologisch bedeutsame Inhalte geht. Der logische Fehlschluß vermeidet einen Angst auslösenden Kontakt mit einer enttäuschenden Vater-Beziehung, von der *mit zwingender Logik* behauptet wird, daß es sie gar nicht gegeben haben könne. Zur Vermeidung dieser Konfrontation wird der »Jude« immer noch gebraucht. Britta Schinzel hat in ihrem sehr lesenswerten Aufsatz[9] für männliche naturwissenschaftlich und technisch interessierte Probanden, die mit wahrer Besessenheit eine Beziehung zu abstrakten und technischen Gegenständen aufbauen, nachgewiesen, daß diese oft lebendige Beziehungen als beängstigend erleben und ihnen aus dem Weg gehen. Ähnlich muß auch der Antisemit einer lebendigen Beziehung mit dem Juden aus dem Weg gehen, solange er ihn für seinen Seelenhaushalt braucht und beliebig einsetzen möchte (oder muß). Der »Jude« dient als Joker, der sich immer ins Spiel bringen läßt, wenn die eigenen Karten schlecht sind. Wenn der Antisemit ihn wirklich kennenlernte, würde er ihn als »Jude« nicht mehr brauchen und benutzen können. Wenn die Studentin mit dem Mathematikprofessor geredet hätte, hätte sie etwas von sich selbst (von ihrem Vorurteil) aufgeben müssen. Dazu war und ist sie bis heute nicht bereit. Stereotype Vorurteile begegnen uns nicht nur bei Antisemiten, sie lassen sich beobachten im Umgang mit Behinderten und Geisteskranken, ethnischen Minderheiten und in der Geschlechterbeziehung, um nur einige Beispiele zu nennen. Meist erfüllen sie für den Seelenhaushalt des Vorurteilsbelasteten die wichtige Funktion einer Entlastung auf Kosten eines anderen.

Nach den interessanten Ausführungen von Siefkes und Schinzel über männliche Logik und Vermeidungsstrategien muß man jedoch sagen, daß ähnliche Strategien auch von Frauen eingeschlagen werden können. Das Kommunikationsangebot, das die Studentin ihrem Professor machte und das er schließlich gezwungenermaßen akzeptierte, lief auch auf ein »schweigendes Hantieren mit Symbolen« hinaus. Auch dafür gab es Vorbilder in der Familie, vor allem das des ältesten Bruders, der sich zeit seines Lebens nur in der unbelebten mathematischen Symbolwelt, unterbrochen allenfalls von ebenfalls hochsymbolischen kriegerischen Auseinandersetzungen mit seinesgleichen beim Schachspiel, wohlgefühlt hatte. Psychoanalytisch ist darin nicht nur eine

[9] Schinzel, Informatik und weibliche Kultur S. 249–275.

Identifikation mit dem Angreifer (wie viele Kommunikationsangebote der kleinen Schwester mag der Bruder, und natürlich auch der autoritäre Vater, ausgeschlagen haben?) zu sehen, sondern auch eine Umkehr der Täter-Opfer-Beziehung. Früher suchte die kleine Schwester eine Beziehung zu den Männern (Vater und Bruder) und wurde enttäuscht, indem ihr abstrakte Gegenstände vorgezogen wurden. Nun schlägt sie, als ein Mann Kontakt zu ihr sucht, die Männer mit ihren eigenen Waffen. Die Sprache des Unbewußten und seine Logik ist präzise und genau, und es registriert sorgfältig alle affektiv bedeutsamen Ereignisse. Aber es gehört auch zur Logik des Bewußtseins, daß wir aus vielfältigen Gründen diese unbewußte Sprache oft weder hören noch verstehen wollen. Insofern ist die Logik des Bewußtseins einäugig, nicht weniger einäugig als die Logik des Unbewußten. Und da es zwischen diesen beiden Seinszuständen – wir leben ständig im bewußten und im unbewußten Zustand – keine Hierarchie, aber Berührungen und Kontakte gibt, produziert das beidäugige Sehen, wenn es gelingt, eine Tiefendimension, die die stereotypen Rollenspiele des »Juden« und »Nichtjuden« aufhebt und statt dessen nach dem Sinn des Spiels fragt, das da gespielt wird.[10]

Welchen Sinn ergibt das Spiel mit der »jüdischen Mathematik« und dem »anderen jüdischen Denken«? Die Interviewee wäre entsetzt gewesen, wenn ich als Sinn einen »Vorlesungsboykott« oder einen »Aufstand gegen den Vater« genannt hätte, weil das mit ihrer bewußten Moral, keinem Juden (und überhaupt keinem Menschen) schaden zu wollen, nicht in Einklang zu bringen gewesen wäre. Dennoch hätte sie sich fragen können, wieviel an bewußtem Antisemitismus aus unbewußten Quellen (und damit aus unbearbeiteten eigenen Konflikten) sie sich weiterhin moralisch leisten kann und will. Denn dieses Spiel ist ein »Haßspiel« im wörtlichen Sinn von »gespieltem Haß«, weil es künstliche Gräben aufreißt und Fronten errichtet, wo keine sind. Gesellschaftlich ist es immer mit relativ machtlosen Gruppen oder Gegnern gespielt worden. Das Märchen ›Der Jude im Dorn‹ liefert dafür ein gutes Beispiel. Zeitweilig hatte es – erzählt oder gespielt – in ganz Europa vom 15. bis zum 17. Jahrhundert einen hohen Unterhaltungswert. Die handelnden Personen waren je-

---

[10] Das Modell der »kleinen Systeme« – jenseits von »zu groß« und »zu klein« –, von denen Siefkes spricht, fehlt diesen Stereotypen; deshalb erweisen sie sich auch als nicht entwicklungsfähig.

doch variabel, anstelle des Dieners, der als Herr die Macht hat, den Juden nach seiner Pfeife tanzen zu lassen (Version der Gebrüder Grimm), konnten weltliche und kirchliche Würdenträger und überhaupt mächtige Männer treten, an die Stelle des Juden Frauen, der niedere Klerus, Arme, Behinderte, Bauern.[11] Macht und das Bedürfnis nach projektiver Identifikation auf der einen Seite und Ohnmacht auf der anderen waren der gemeinsame Nenner für diese Variablen, oder kürzer: Projektionstäter und Projektionsopfer. Die Hauptsache war, daß die Rolle desjenigen, der nach der Pfeife oder der Geige eines anderen zu tanzen hatte, besetzt werden mußte, damit das Spiel der Hierarchie, Klassifizierung, Verachtung und Ausgrenzung der Schwächeren möglich wurde.

Bevor ich die tiefere, unbewußte Erklärungsebene ansteuere, noch einmal einen Exkurs zum Rassismus in der Mathematik: Siefkes beschreibt anschaulich, daß sich Hierarchien nicht in konzentrischen Kreisen anordnen lassen, weil sie ein »oben« und ein »unten« voraussetzen. Die Frage einer Mitarbeiterin, ob man über das Problem der Ausländerfeindlichkeit auch in den theoretischen Grundlagen der Informatik fachlich reden könne, bejaht Siefkes mit dem Hinweis auf »Hierarchien... Klassifizieren. Abgrenzen. Oben und unten«. Er verweist auf ›Die Logik des Schweigens‹. »Reden ist immer ein Wagnis, weil wir uns dabei auf die Partner einlassen, vielleicht etwas lernen und so etwas von uns selbst aufgeben.«[12] Männer hätten die Logik erfunden, um mit Formeln andere zu überzeugen, ohne reden zu müssen, d. h. schweigend mit Symbolen hantierend. Symbole oder formalisierte Sprache haben zudem etwas Zwingendes, Überzeugendes, unabhängig von Geschlecht, Rasse und Kultur, ohne daß ich bewußt den anderen zu mir herüberziehen oder meinen Standpunkt aufgeben muß.

Was wir im Laufe der Entwicklung alle aufgeben müssen, sind unsere kindlichen Größen- und Allmachtsphantasien. Die narzißtische Kränkung, die mit diesem Schrumpfungsprozeß unausweichlich verbunden ist, kann aufgewogen werden durch eine liebevolle Objektbeziehung. Denn wir lieben einen anderen nicht, weil er vollkommen ist, als solchen bewundern wir ihn

[11] Lutz Mackensen (Hrsg.), Handwörterbuch des deutschen Märchens. Berlin 1934/1940.
[12] Käthe Trettin, Die Logik des Schweigens – zur antiken und modernen Epistemotechnik. Weinheim 1991.

vielleicht, sondern wir lieben ihn trotz und in Kenntnis seiner Unvollkommenheit. Wenn ein Kind von seinen Größenphantasien Abschied nehmen muß, fällt es oft in ein tiefes depressives schwarzes Loch, wenn die Selbstliebe noch nicht genug entwickelt ist, um diese enttäuschende Erfahrung mit sich selbst zu verarbeiten. In dem Bemühen zu retten, was zu retten ist, wird oft zum Mittel der Projektion gegriffen und der Fehler nicht bei sich selbst, sondern beim anderen gesucht. Mit Liebe und Verständnis können Eltern die dem Kind zunächst unerträglich erscheinenden Wahrheiten über sich selbst, die es zum Wachsen seiner Persönlichkeit braucht, in einer erträglichen und verarbeitbaren Form zurückgeben. Damit wird ermöglicht, daß das Kind anstatt der durch Projektionen verzerrten bizarren Selbst- und Fremdbilder (Größen- und Kleinheitswahn) zunehmend realistische Bilder von sich selbst entwickelt. Die heilende Kraft der Liebe erreicht, daß der projizierte – meist bitter schmeckende – Selbstanteil als Selbstanteil identifiziert, geschluckt und verdaut werden kann. Damit wird ein Stück Geburtshelfertätigkeit – die Geburt des Selbst – geleistet und ein Gefühl der Ganzheit und Einheit entsteht, wonach sich jeder Mensch, auch diese Antisemitin, unbewußt sehnt und das sie auf einem ungeeigneten Weg zu erreichen sucht. Der Urquell dieses Antisemitismus ist – nach dem theoretischen Konzept von Freud[13] – ein auf die Juden verschobener unbewußter Haß auf den Vater und – nach dem Konzept von Bion – eine unerträgliche Wahrheit oder eine Lüge über sich selbst.

Wie wichtig diese Geburtshelfertätigkeit ist, habe ich selbst erlebt, als ein jüdischer Freund in einer Situation, in der ich von einem Juden projektiv verzerrt wahrgenommen und behandelt wurde, trocken kommentierte: »Da könnte man glatt zum Antisemiten werden«, und mit dieser Bemerkung meine unbewußte Gefühlsregung auf den Kopf traf, die ich mir aus Gründen eines philosemitischen Antisemitismus nicht hatte eingestehen können.

[13] Sigmund Freud, Der Mann Moses und die monotheistische Religion (1939). In: GW XVI, S. 196 ff.

SUSANNE SPÜLBECK

»...da hab' ich gekuttet wie ein Jude.«
Beobachtungen zum Antisemitismus in einem Dorf in
Thüringen

1. Der Jude von Manebach

Im Mai 1991 zog ich in das Dorf Manebach, um dort eine ethno-
logische Feldforschung durchzuführen.[1] Es ging darum, Meinungen und Einstellungen der Einheimischen über die russisch-
jüdischen Flüchtlinge zu untersuchen, die dort seit einigen
Monaten in einem Übergangswohnheim untergebracht waren.
Konfrontiert mit diesen Fremden würden die Manebacher über
etwas reden, das vielleicht ansonsten im Alltagsgespräch eines
ostdeutschen Dorfes kurz nach der Wende nicht unbedingt
Thema war: über Juden.

Was ich zu diesem Zeitpunkt noch nicht wußte, war, daß in
Manebach bereits eine jüdische Familie lebte – allerdings eine
fiktive, eine ausgedachte. Die Familie Heyn[2], die die Rolle der jüdischen Familie nunmehr in der vierten Generation spielt, wurde
mir von meiner Nachbarin folgendermaßen erklärt: »Der einzige
Jud, den ich kenne, war der...«, sie lacht, »war dahinten der (...)
Aber der war kein Jude, der hat bei einem Juden gelernt, und
trotzdem, als... er ist nun als Jud bezeichnet worden, geh' mer
zum Jud, das ist heut' noch der Jud. Aber das hat mit Schimpfworten oder irgendwas gar nichts zu tun! Ja, bloß das nebenbei
jetzt...«[3]

Fritz Heyn, der Urgroßvater, hatte seine Lehre als Einzel-
händler in der nahegelegenen Kleinstadt Ilmenau bei einem jüdischen Lehrherrn gemacht und 1920[4] in Manebach ein kleines
Einzelhandelsgeschäft eröffnet.[5] Schon bald hatte er, wie viele
andere Manebacher auch, einen Spitznamen: »der Jud«.

Die Spitznamen werden vergeben, so erklärte man mir, weil es

[1] Die Feldforschung dauerte insgesamt 16 Monate, von Mai 1991 bis September 1992.
Sie wurde vom Zentrum für Antisemitismusforschung der TU Berlin im Rahmen eines
Dissertationsprojekts finanziert und inhaltlich von Prof. Dr. Thomas Hauschild be-
treut.

[2] Die Personennamen sind codiert.

[3] Katharina Herrmann, 23. 9. 91, Archiv d. Verf. (unveröff.) Bd. 2, Nr. 461 ff.

[4] Nach Auskunft seiner Witwe, Magda Heyn.

[5] Das Geschäft bestand bis 1989.

im Dorf so viele Namensgleichheiten gäbe. Zudem scheint es sich so zu verhalten, daß der Spitzname[6] auch ein Indiz für ein gewisses Maß an Zugehörigkeit ist, denn nicht jeder, der in Manebach wohnt, hat einen Spitznamen. Die Spitznamen werden nicht immer in der direkten Anrede benutzt, sondern oft werden sie nur dann gebraucht, wenn über jemanden in dessen Abwesenheit geredet wird. Sie beziehen sich häufig auf den Beruf (z. B. »Architekts-Heyn«) bzw. den Beruf des Vaters oder Großvaters. Der Sohn des Schusters z. B. bleibt der »Schuster«. Spitznamen können sich auch auf besondere Eigenschaften beziehen, der Säufer ist z. B. der »Brendel« (von Branntwein). In diesem faktischen Bezugssystem (der »Schuster« hat einen Vater, der tatsächlich Schuster war, der »Architekts-Heyn« war tatsächlich Architekt) der Spitznamen bildet der »Jud« eine Ausnahme, denn er ist nicht jüdischer Herkunft. Wie die Manebacher dazu kommen, den Fritz Heyn »Jud« zu nennen, muß demnach Gründe haben, die auf einer anderen Ebene zu finden sind.

Im Gespräch mit seiner Witwe Magda Heyn wird deutlich, wo die Gründe für diese Namensgebung zu finden sind. »Und wissen Sie, wie se zu mei'm Mann gesagt ham, weil er beim Jud gelernt hat? ›Der Jud von Manebach‹«, erzählt sie schmunzelnd. »Das ist der Jud geblieben, das hat sich sogar schon auf meinen Urenkel übertragen, da ham se auch schon gesagt: die Juds Antje. Da muß er wohl mal gesagt habe: Ich bin der Jud von Manebach, weil er nun auch hausiert hat.« Ich frage nach: »Wirkliche Juden gab's hier nicht?« Sie: »Nein, nein, doch Herrmann war ein Jude …). Die sind aber auch tot, ist keiner mehr da, bloß die Enkelkinder leben noch …« – »Dann waren Sie praktisch die einzigen Juden in Manebach, obwohl Sie keine waren?« Sie lacht: »Ja, ach ja, ich sag immer, das ist für uns auch eine Ehre, die Kinder haben ja noch …, die Schwiegertochter ist geschäftstüchtig, ja …«

Zunächst sagte Frau Heyn, ihre Familie hieße »Jud«, weil ihr Mann seine Lehre bei einem Juden machte. Dann aber erklärt sie mir die Bedeutung, die dieser Name hat: die Geschäftstüchtigkeit. Der »Jud« heißt so, weil er ein Geschäft hat, Handel treibt, hausieren geht. Der Name bezieht sich also indirekt auch auf den Beruf des Fritz Heyn, wird aber über das Stereotyp vom »Juden als Händler« konstruiert. Seine Witwe ist stolz auf diesen Spitz-

---

[6] Spitznamen sind keine Hausnamen, wie man sie in anderen ländlichen Gegenden in Deutschland häufig findet, sondern personengebundene Familiennamen.

namen, er ist Teil ihrer Selbstdarstellung mir gegenüber. Sie selbst führt die Rede auf diesen Spitznamen und deutet ihn als Hinweis darauf, daß man ihrer Familie im Dorf besondere Anerkennung als Geschäftsleute beimaß. Sie besetzt das Stereotyp des Juden als Händler positiv, es ist ihr »eine Ehre«.

Betrachtet man das Dorf Manebach als eine soziale Inszenierung[7] gleich einem Bühnenstück, in der jeder Akteur eine bestimmte soziale Rolle einnimmt, so übernahm Fritz Heyn die des jüdischen Händlers und Hausierers. Das Dorf installierte Anfang der 20er Jahre diese Figur des jüdischen Händlers – gleichsam als eine Art Travestie – und zwar mitten in der dörflichen Gemeinschaft, nicht etwa am Rande. Nicht ein Fremder, sondern ein Einheimischer, von dem alle wußten, daß er kein Jude war, spielt diese Rolle. Die Figur des »Jud« gehört ins Repertoire des Vertrauten, des Eigenen, sie ist Bestandteil lokaler Identität. 1920 lebte in Manebach auch kein wirklicher Jude, erst recht kein jüdischer Händler, die Rolle war sozusagen unbesetzt. In Manebach läßt sich auch die Frage nach der Tradierung von Antisemitismus ohne Juden auf den ersten Blick leicht beantworten: Der »jüdische Händler« wurde kurzerhand erfunden. Diese soziale Rolle wurde über mehrere Generationen tradiert und existiert bis heute in der sozialen Szene: »Er ist nun als Jud bezeichnet worden, geh' mer zum Jud, das ist heut' noch der Jud.« Die Erinnerung reicht mühelos, ohne weiteres Nachfragen, an den Anfang der Geschichte zurück: »Aber der war kein Jude, der hat bei einem Juden gelernt.«

Im Gegensatz dazu ist die Erinnerung an den Mann in Manebach, dessen jüdische Identität die Nazis erfunden hatten, in der lokalen Erinnerung nur bruchstückhaft repräsentiert. Der Manebacher Maskenfabrikant Otto Herrmann wurde in den 30er Jahren durch die nationalsozialistischen Rassegesetze als »Halbjude« definiert, zuvor galt er in Manebach nicht als Jude.[8] Er wurde 1944 verhaftet. Nach einem halben Jahr kehrte er krank und geschunden aus dem Arbeitslager Jonastal zu seiner Familie nach Manebach zurück.

[7] Erving Goffman, Interaktionsrituale. Über Verhalten in direkter Kommunikation. Frankfurt a. M., 1986.
[8] Den Berichten seiner Enkeltochter zufolge hatte der Großvater keinen Bezug zum Judentum, er stammte nicht aus einer jüdischen Familie, verstand sich selbst nicht als Jude und wurde von anderen Juden auch nicht als Jude angesehen. Erst die nationalsozialistischen Rassegesetze definierten ihn als »Halbjuden«. Seine jüdische Identität ist demnach genauso fiktiv wie die von Fritz Heyn, aber die Konsequenzen sind existentiell andere, denn die Inszenierung fand auf staatlicher Ebene statt.

Man berichtete mir in Manebach einhellig, daß er das Arbeitslager nicht überlebt habe bzw. daß er kurz darauf gestorben sei. Tatsächlich hatte Otto Herrmann nach seiner Rückkehr in Manebach noch zehn Jahre lang die Maskenfabrik »Heintz und Kühn« geleitet, die bis Anfang der 50er Jahre einer der wichtigsten Betriebe im Dorf war.

Während die Figur des Gemischtwarenhändlers »Jud« im dörflichen Alltag ständig präsent ist, wird Herrmanns Präsenz nach seiner Rückkehr ausgeblendet. Bei beiden ist die jüdische Identität eine Fiktion, die von außen konstruiert wird. Bei der Figur des Fritz Heyn steht Judesein für »Handel treiben«. Die Erinnerung an Otto Herrmann dagegen bedeutet gleichzeitig die Erinnerung an den Holocaust. Nach seiner Rückkehr wurden die Manebacher durch seine Anwesenheit immer wieder an die Verfolgung und Ermordung der Juden erinnert. Damit wurden sie gleichzeitig an ihr eigenes Verhältnis zu dieser Verfolgungspolitik erinnert, das von hilflosem Entsetzen bis zur Beteiligung reichte. Diese Erinnerung ist verwischt. Herrmanns Schicksal ist kaum mehr nachzuzeichnen im dörflichen Erzählrepertoire.

Dieses »Vergessen« kann in zweierlei Zusammenhang mit der staatlichen Geschichtsschreibung der DDR gebracht werden. Erstens wurde die Rolle der Juden als Opfer der nationalsozialistischen Verfolgung in den Hintergrund gestellt, in der öffentlich repräsentierten Erinnerung der DDR stand vielmehr die Verfolgung von kommunistischen und sozialistischen Widerstandskämpfern im Zentrum der Aufmerksamkeit. Zweitens sah sich die DDR nicht in der Rechtsnachfolge des nationalsozialistischen Deutschlands und lehnte das Erbe der Verantwortung für den Holocaust bis 1989 ab. Im Gegenteil, statt einer Auseinandersetzung mit den Verbrechen wurden mit der Gründung des sozialistischen Staates DDR über Nacht alle DDR-Bürger zu Sozialisten erklärt. Sie rückten somit geschlossen auf die Seite der potentiellen Opfer der NS-Verfolgung. Dieses doppelte Angebot der Verdrängung, die die offizielle Geschichtsschreibung der DDR ihren Bürgern machte, findet eine Entsprechung in der Verdrängung von Otto Herrmanns Rückkehr.

Die Rolle des »Jud« von Manebach ist nicht an die Fiktion von »jüdischer Rasse« gebunden, wie sie die Nationalsozialisten mit ihrer Rassentheorie entwarfen, und sie scheint von der Erinnerung an den Holocaust abgekoppelt zu sein. Der »Jud« verkörpert vielmehr die Rolle des Gewerbetreibenden, er übernimmt damit einen festgelegten Part: Seine Rolle ordnet die soziale Inszenierung des Dorfes in »Juden« und »Nichtjuden«, in »Geschäftsleute« und »Arbeitende«. In der Figur des »Jud« wird eine bestimmte Aktivität eingegrenzt und einer sozialen Gruppe zugeschrieben. Diese Gruppe existiert faktisch im Dorf nicht. Also wird sie kurzerhand erfunden. Dadurch wird eine soziale Ordnung gespielt, die behauptet, der Bereich der Juden sei der freie Handel. Dieses Stereotyp hat mindestens zwei wesentliche Konsequenzen: Erstens steckt darin der Versuch, den unübersichtlichen Bereich des freien Handels auf diese Gruppe einzugrenzen und damit überschaubar und kontrollierbar zu machen. Zweitens unterscheidet man sich selbst von den Juden dadurch, daß man nichts mit den negativ bewerteten Konnotationen von freiem Handel zu tun haben will, dem egoistischen Gewinnstreben, dem Betrug und der Ausbeutung.

Der Nachsatz, den meine Nachbarin hinzufügte, als sie mir den »Jud« erklärte, jenes »Aber das hat mit Schimpfworten oder irgendwas gar nichts zu tun!«, deutet nicht nur auf die negative Konnotation des Namens »Jude« hin, von der sie meint, ich könnte sie teilen und man müsse mich demzufolge darauf hinweisen, daß es sich – sozusagen ausnahmsweise – einmal nicht um eine Beschimpfung handle. Er läßt sich auch als Hinweis darauf deuten, daß alle *wissen*, daß der »Jud« nur den Juden spielt. Es sind keine tatsächlichen Ausgrenzungen die Folge, vielmehr wird ein Spiel inszeniert, ein Spiel mit Namen, das doch zugleich auch ein Spiel mit sozialen Plätzen ist. Mit einem Augenzwinkern wird die stereotype Ordnung nachgestellt, auch Manebach hat seinen »Jud«.

2. Das Stereotyp vom »Juden als Händler«

Dabei rekurriert das »Drehbuch« für die Rolle des Manebacher Juden auf den jahrhundertelang währenden Prozeß eines »sozialen Dramas«[9], in dem versucht wurde, den Juden den Umgang mit dem Geld zuzuschieben, sie als Geschäftsleute und Händler zu stigmatisieren. Im Mittelalter wurde den Juden der Geldverleih und Handel als Einnahmequelle zugewiesen, während man sie zugleich aus den Zünften und vom Landbesitzrecht ausgeschlossen hatte. Damit war ein Prozeß sozialer Kategorisierung

---

[9] Zum Begriff soziales Drama vgl. Victor Turner, Dramas, Fields and Metaphors. Symbolic Action in Human Society. Ithaca, London, 1974.

verbunden, der ihnen als sozialer Gruppe vor allem die negativ bewerteten Eigenschaften von Handel und Geldwirtschaft anlastete.[10] Die so konstruierte soziale Ordnung wurde nicht selten geschickt von den Machthabern ausgenutzt. Wirtschaftliche Maßnahmen, die besonders unpopulär waren, z. B. Geldentwertung, ließ man gerne von jüdischen Geschäftsleuten durchführen, so daß das öffentliche Urteil auf die Juden fiel und der Gewinn des Königs verborgen blieb. Derlei Maßnahmen griffen auf bereits bestehende Stereotype zurück und verstärkten sie.[11] Mit der wachsenden Bedeutung des Kapitals in sich verändernden Produktionsverhältnissen verstärkte sich auch zunehmend der mit dieser stereotypisierten Ordnung verbundene soziale Druck. Die Juden wurden immer mehr zu einer Gruppe, der die Verantwortung für die Gewalt dieser Umwälzungsprozesse zugeschrieben wurde. Claussen spricht in diesem Zusammenhang von der Rolle der Juden als »Zirkulationsagenten«[12], die »die einzig Identifizierbaren in der zirkulativen Welt universalen Austausch bleiben«[13]. Dieser Stereotypisierungsprozeß hatte seinen Höhepunkt im nationalsozialistischen Antisemitismus, hier wurden die Juden schlußendlich »als pars pro toto für die Zirkulation gesetzt«.[14]

In der dörflichen Inszenierung von Manebach finden wir diese soziale Ordnung nachgespielt. Die Figur des »Jud« knüpft an eben diese jahrhundertealte Tradition des sozialen Vorurteils an, das den Juden einen Platz in der bedrohlichen Sphäre der Zirkulation, im Kontakt mit dem »schmutzigen« Geld zuweist.

[10] Bereits in den Anfängen dieses Prozesses wurden den jüdischen Händlern Rechte eingeräumt, die sie in Konkurrenz zu den christlichen Münzern setzte und gleichzeitig berechtigte, Geschäfte zu machen, die besonders leicht zu Konflikten führen konnten. So wurde im 11. Jahrhundert den jüdischen Münzern im Gegensatz zu ihren christlichen Konkurrenten erlaubt, »gestohlene Gegenstände oder Waren, die in gutem Glauben erworben oder zu Pfand genommen wurden, nur gegen den bezahlten Preis an den rechtmäßigen Besitzer herausgeben zu müssen«. Dieter Mertens, Christen und Juden zur Zeit der ersten Kreuzzuges. In: Bernd Martin/Ernst Schulin (Hrsg.), Die Juden als Minderheit in der Geschichte. München 1981, S. 59.

[11] Berühmt geworden ist der hierfür exemplarische Fall der beiden Schutzjuden Daniel Itzig und Veitel Heine Ephraim, denen das Geschäft der Münzverschlechterung von Friedrich II. übertragen wurde. Auf dem Höhepunkt der Münzverschlechterung verlieh der König den beiden die Rechte der christlichen Kaufleute und Bankiers. Die beiden Juden wurden zu den Repräsentanten der Finanzpolitik Friedrichs II., die abgewerteten Münzen wurden sogar »Ephraimiten« genannt.

[12] Detlev Claussen, Grenzen der Aufklärung. Zur gesellschaftlichen Geschichte des modernen Antisemitismus. Frankfurt a. M. 1987, S. 99.

[13] Ebenda, S. 23.

[14] Ebenda, S. 39.

Der bedrohliche Charakter, den die Sphäre des Geldes in der Moderne einnimmt, läßt sich ethnologisch mit dem Begriff der Unreinheit beschreiben. Das Konzept von »Reinheit« und »Unreinheit« dient in vielen Kulturen der Orientierung, ordnet die Welt in reine und unreine Bereiche. Die Ethnologin Mary Douglas stellt fest, »daß die Vorstellungen vom Trennen, Reinigen, Abgrenzen und Bestrafen von Überschreitungen vor allem die Funktion haben, eine ihrem Wesen nach ungeordnete Erfahrung zu systematisieren«[15]. Das Konzept der Reinheit leistet demnach das Gleiche wie das soziale Vorurteil: Es ordnet die soziale Welt.[16]

Dem Topos von Reinheit und Unreinheit begegnen wir spätestens seit dem 19. Jahrhundert immer wieder im Zusammenhang mit Beschreibungen von freiem Handel und Finanzwesen. Während z. B. Heine »die einen im tiefsten Kot des Schacherns herumwühlen« sieht[17], beschreibt Hegel einen wesentlichen Aspekt des modernen Staats: »In neueren Zeiten bilden die Finanzen überhaupt einen höchst wichtigen Gegenstand, um den sich das ganze äußere Leben des Staates dreht. Dies sieht im ersten Augenblick *schmutzig* aus.«[18] Der Bereich des Geldes wird von beiden Autoren mit Unreinheit verknüpft. Mit der zunehmenden Industrialisierung verwischten die bisher gültigen Grenzen der sozialen Ordnung. Die Kapitalisierung, die steigende Komplexität der Welt und die zunehmende Verstädterung anonymisierten die Personen und machten die soziale Welt chaotisch. Soziale Ordnung, Status und Statussymbole wurden neu definiert. Identität konnte fortan weniger durch die eigene Biographie konstruiert werden, die dem Gegenüber im urbanen Kontext unbekannt war, vielmehr wurde sie zunehmend über käufliche Symbole produziert. In diesem historischen Kontext beschrieb Karl Marx die nivellierende Wirkung des Geldes: »Wie im Geld aller qualitative Unterschied der Waren ausgelöscht ist, löscht es seinerseits als radikaler Leveller alle Unterschiede aus.«[19] In dieser Welt der Auflösung alter Unterschiede und damit der alten Ordnung wird

---

[15] Mary Douglas, Reinheit und Gefährdung. Eine Studie zu Vorstellungen von Verunreinigung und Tabu. Berlin 1958, S. 11 ff.
[16] Henry Tajfel, Gruppenkonflikt und Vorurteil: Entstehung und Funktion sozialer Stereotypen. Bern, Stuttgart, Wien 1982.
[17] Heinrich Heine, Werke und Briefe. Berlin, Weimar 1980, Bd. 6, S. 201, zit. nach Claussen, Grenzen der Aufklärung, S. 94.
[18] Zit. nach Claussen, Grenzen der Aufklärung, S. 107; Hervorhebung nicht im Original.
[19] Karl Marx, MEW 23, S. 146.

das Geld als »unrein« kategorisiert. Damit wird zumindest wieder klar, was gut und böse ist: Eine grobe Orientierung ist konstruiert und kann als Grundlage für die weitere Etablierung einer geordneten Welt dienen.

Der Bereich der Unreinheit des gewinnorientierten Handels steht in der modernen, industrialisierten Welt dem der Produktion gegenüber. Sie symbolisiert das »Reine«. »Ob man produziert, um zu verkaufen, oder produziert, um zu verteilen, der Prozeß dieser Produktion an sich wird nicht nur von keiner der beiden Seiten angetastet, er wird *verehrt*, und es ist nicht zu viel gesagt, wenn man behauptet, daß er in den Augen der meisten heute etwas Heiliges hat.«[20]

3. Profit und Produktion im Sozialismus

Auf lokaler Ebene treffen wir nicht nur die Figur des Gemischtwarenhändlers Heyn, der im Dorf die Rolle des »jüdischen Händlers« spielt. Auch in der lokalen Erinnerung tauchen Juden vor allem als Händler auf. Der 79jährige Ludwig Heyn erklärt mir »das Wesen« der Juden aus seiner Erinnerung an die jüdischen Ilmenauer aus der Zeit vor 1938: »Es waren viele Verkäuferinnen (in den nichtjüdischen Geschäften), die wußt'n gar nich', daß da 'n Kunde was will... Und die (Juden), *die* stand'n an der Tür und fragt'n, ham Se bekomm', was Se wolln, wenn net, ging'n se mit dir und die kannt'n sich aus in ihr'n Betrieb, Geschäftsleut', das war'n Geschäftsleut', die Juden, nur mit einer Arbeit wollt'n se eben nischt zu tun ham. Ich kenn' kein', der mit einer produktiven Arbeit irgendwie was zu tun hatte...« – Der Manebacher Bürgermeister machte gleich beim ersten Gespräch mit mir keinen Hehl aus seinem »Wissen« über Juden: »Handel und Wandel und das und das und das«, dabei drehte er bedeutungsvoll beide Hände, »bringt doch mehr ein als Arbeit«.[21]

Handel, Geld, Kapital werden von beiden als jüdisch eingeordnet. Während in den nichtjüdischen Geschäften die Verkäuferinnen angeblich kaum wußten, was sie dem Kunden hätten verkaufen können, weil sie nicht einmal seine Wünsche genauer kannten, werden die jüdischen Geschäftsinhaber als besonders engagiert beschrieben. Sie hätten sich mit größtmöglicher Auf-

20 Elias Canetti, Masse und Macht. Frankfurt a. M. 1993, S. 211.
21 Karl-Heinz Kühn, 4. 8. 91, Archiv d. Verf. Bd. 2, Nr. 320.

merksamkeit um jeden Kunden persönlich bemüht. Ludwig Heyn drückt aber auch gleichzeitig in aller Deutlichkeit aus, wovon Juden durch dieses Image ausgeschlossen werden: von einer »produktiven Arbeit«. Damit sind sie gleichzeitig von der Gesellschaft der DDR, dem »wir« der »werktätigen Bürger im Arbeiter- und Bauernstaat« getrennt, die eine Gemeinschaft gerade durch die gemeinsame Arbeit bilden sollten.

Im Zentrum der sozialistischen Gemeinschaft steht nicht die Zirkulation, sondern die Produktion.[22] Normerhöhung, Fleiß und »Arbeit für den Frieden« gehörten zu dem in der DDR propagierten Arbeitsethos. »Eine große und immer stärker werdende Rolle spielen im Sozialismus die ideellen, moralischen Stimuli zur Arbeit, also das bewußte Streben, zum Nutzen der Gesellschaft zu arbeiten, beispielgebend hohe Arbeitsproduktivität zu erreichen, eine bessere Qualität der Erzeugnisse zu produzieren und die Produktionsmittel effektiv zu nutzen. ... *Die Arbeit wird immer mehr zum ersten Lebensbedürfnis werden*, und es wird eine Gewohnheit werden, *zum allgemeinen Nutzen zu arbeiten.*«[23] Hier sollte Gemeinschaft und gemeinsame Identität über Arbeit konstruiert werden. Der »werktätige Bürger« existierte in der offiziellen Diktion ohne gewinnorientierten Handel, er sollte zum »allgemeinen Nutzen« arbeiten, nicht zu seinem eigenen Vorteil. In gerechter Verteilung sollte er mit allem versorgt werden, was er brauchte. Der Proletarier stand im Mittelpunkt der sozialistischen Gesellschaft, aber an seinem Wesen ließen weder der Manebacher Bürgermeister noch Ludwig Heyn die Juden teilnehmen. In ihrer Vorstellung gehören Juden auf die Seite des gewinnorientierten Handels, die sich auf Kosten der Anderen, der Produzierenden, auf undurchsichtige Weise das »mehr« verschaffen, das »Handel und Wandel« einbringen.

Das Bild des Schädlings, des Schmarotzers schwingt in diesem Stereotyp mit, das im sozialistischen »Kult der Produktion«[24] den unreinen Bereich der Zirkulation symbolisiert. Denn wer nicht arbeitet, lebt auf Kosten anderer, ist somit ein Schmarotzer. Er schadet all denen, die mit ehrlicher Arbeit ihren Lebensunterhalt verdienen, und er schadet im sozialistischen Kontext der Allgemeinheit, zu deren Nutzen alle arbeiten sollen.

[22] Klaus von Beyme, Ökonomie und Politik im Sozialismus. Ein Vergleich der Entwicklung in den sozialistischen Ländern. München, Zürich 1975, S. 37.
[23] A. I. Paschkow, Ökonomische Probleme des Sozialismus. Berlin 1974, S. 414 f.; Hervorhebungen nicht im Original.
[24] Canetti, Masse und Macht, S. 212.

Genau dieses Bild vom Schädling und der Unreinheit findet sich in der spätstalinistischen Ära in der offiziellen Diktion der DDR in Hermann Materns[25] Ausführungen zu den »Lehren aus dem Prozeß gegen das Verschwörerzentrum Slansky«[26] wieder.

Die Schrift entstand im Zusammenhang mit der von der UdSSR ausgehenden antisemitischen Verfolgungswelle Anfang der 50er Jahre, die ihren Höhepunkt in den Prozessen gegen den tschechischen Parteisekretär Slansky und eine große Anzahl weiterer unliebsam gewordener Genossen fand. Elf der dreizehn Hauptangeklagten im Slansky-Prozeß waren Juden, und ihre jüdische Herkunft wurde in der Presse Gegenstand heftiger antisemitischer Ausbrüche.[27]

1953 stellte Matern mit seiner Schrift die Position der DDR-Regierung zu der in Osteuropa stattfindenden antisemitischen Verfolgung dar. Dazu zeichnete er das Bild von »Schädlingen«[28], die es um die »Reinheit«[29] und »Sauberkeit der Partei«[30] willen zu vernichten gelte. Der Rekurs auf nationalsozialistische Diktion ist offensichtlich. Zudem findet sich die Gegenüberstellung von »rein« und »unrein« wieder, jenes »duale Schema«[31], das den Bereichen freier Handel versus Produktion in der sozialistischen Ideologie zugeordnet wird. An einer anderen Stelle warf Matern dem Politbüromitglied Paul Merker dessen Forderung nach Wiedergutmachungszahlungen der DDR-Regierung vor, indem er auf die stereotype Verquickung von Juden und Geld zurückgriff: »In Wirklichkeit sind bei der ›Arisierung‹ dieses Kapitals nur die Profite ›jüdischer‹ Monopolkapitalisten in die Hände

---

[25] Matern war seinerzeit Mitglied des Politbüros des ZK der SED und Leiter der zentralen Parteikontrollkommission.

[26] Hermann Matern, Über die Durchführung des Beschlusses des ZK der SED »Lehren aus dem Prozeß gegen das Verschwörungszentrum Slansky«. 13. Tagung des Zentralkomitees der Sozialistischen Einheitspartei Deutschlands. 13.–14. Mai 1953. Berlin 1953, S. 53.

[27] Augenzeugen berichteten, daß die Verhöre und die Prozesse direkt unter sowjetischer Aufsicht standen. Vgl. Paul Lendvai, Antisemitismus ohne Juden. Entwicklungen und Tendenzen in Osteuropa. Wien 1972, S. 232 f.

[28] Matern, Über die Durchführung, S. 6, S. 34 f.

[29] Ebenda, S. 26.

[30] Ebenda, S. 27.

[31] Christhard Hoffmann, Das Judentum als Antithese. Zur Tradition eines kulturellen Wertemusters. In: Werner Bergmann und Rainer Erb (Hrsg.), Antisemitismus in der politischen Kultur nach 1945. Opladen 1990, S. 20–38, siehe auch oben S. 25 ff.

›arischer‹ Monopolkapitalisten übergewechselt.«[32] Die Enteignung der Juden während des Nationalsozialismus wurde demnach als ein Kapitalfluß gedeutet, bei dem sich ausschließlich »Monopolkapitalisten« gegenüberstanden – die ausgemachten Feinde des Sozialismus, der »produktiven Arbeit«, wie Ludwig Heyn es ausdrückte. Juden standen für die profitorientierte Verteilung von Gütern, werden mit dieser Verteilung von Gütern in Zusammenhang gebracht und deshalb ausgegrenzt. So absurd die Beziehung auch sein mag, die zwischen dem stereotypen Muster und den wirklichen Verhältnissen geknüpft wurde, sie wurde konsequent behauptet. So warf Matern dem »American Joint Distribution Committee«, einer der wichtigsten Hilfsorganisationen, die den jüdischen Überlebenden des Holocaust in der DDR half[33], vor, eine »amerikanische Agentenzentrale« zu sein. Die Unterstützung des Joint habe in Wirklichkeit dazu gedient, daß die Empfänger »auf diese Weise dieser imperialistischen Agentur verpflichtet«[34] würden. Diese Anschuldigung beinhaltet zweierlei: Erstens wurden alle Juden in der DDR, die durch den Joint unterstützt wurden, und das waren fast alle, zu potentiellen US-Agenten. Zweitens wurden sie dies mit einem Vorwurf, bei dem wiederum die Güterverteilung im Mittelpunkt der Aufmerksamkeit stand. Denn genau das war die Aufgabe des Joint: die Verteilung von Gütern an die hilfsbedürftigen Juden. Dieser Verteilungsprozeß wird gleichgesetzt mit Korruption, Zirkulation erscheint als jüdische Zirkulation wiederum verknüpft mit Aspekten der Unreinheit: der Käuflichkeit, der Illoyalität dem Staat gegenüber, dem Verrat, der Schädigung der Allgemeinheit.

Infolge dieser antisemitischen Hetze verließen in den ersten Monaten des Jahres 1953 über vierhundert Juden praktisch über

---

[32] Matern, Über die Durchführung, S. 56.

[33] Wie wichtig diese Organisation für die existentielle Versorgung der Überlebenden war, zeigt u. a. die Situation der etwa 80 überlebenden Leipziger Juden im Oktober 1945, die sich damals an den Oberbürgermeister Zeigner wandten und ihn um warme Kleidung für den Winter baten, mit dem Hinweis, daß die Pelzmäntel mit dem gesamten Hausstand wenige Jahre zuvor enteignet worden waren. Dieser begründete seine Ablehnung: »Den Juden wurden diese Pelze nicht aus politischen Gründen weggenommen, sondern weil sie Juden waren … Im Ganzen können die Juden nicht als ›antifaschistisch‹ bezeichnet werden. Sie wurden passive Opfer der NS-Kampfführung … Eine Wiedergutmachung in einzelnen Fällen halten wir für nicht zweckmäßig.« Helmut Eschwege, Die jüdische Bevölkerung der Jahre nach der Kapitulation Hitlerdeutschlands auf dem Gebiet der DDR bis zum Jahre 1953. In: Siegfried Theodor Arndt/Helmut Eschwege/ Peter Honigmann et al., Juden in der DDR. Geschichte – Probleme – Perspektiven. Duisburg 1980, S. 75.

[34] Matern, Über die Durchführung, S. 58.

Nacht die DDR. Ihnen folgten in den Wochen danach Hunderte anderer jüdischer DDR-Bürger. Allein in West-Berlin waren bis zum 30. März 556 Flüchtlinge registriert.[35] Raphael Scharf-Katz, Vorsitzender der Jüdischen Gemeinde Erfurt, berichtete von den damaligen Versuchen des Staatssicherheitsdienstes, die Jüdische Gemeinde zu kontrollieren: »Da wurden wir verhört, nicht hier bei der Stasi, sondern man hat einen neutralen Raum genommen. In Erfurt gab es die VVN (Vereinigung der Verfolgten des Nazi-regimes), die wurde damals auch verboten... Dorthin, zur VVN, hat man uns bestellt, *einzeln.* Man hat da so getan, als ob die, die uns befragt haben, auch im Lager gewesen waren. Ich weiß es nicht, *ich* kannte diese Leute nicht. Die wollten unbedingt, daß man sagen sollte ... ›Warum habt ihr das nicht gewußt, daß der oder der weggegangen ist oder so?!‹ Als ob wir in der Gemeinde nur mit Spitzelei zu tun hätten! Aber *die* waren ja so erzogen, einen gegen den anderen auszuspielen. Man konnte ja nichts erfahren, man konnte ja nicht die Menschen..., daß die gesagt hätten: Hör mal zu, morgen fahr ich weg. Aber in ihrer wirklichen *Dummheit* haben die eben geglaubt, daß man Angriffspunkte hätte gegen die religiöse jüdische Gemeinde! Na ja, man hat Versuche gestartet. Nicht von der Stasi[36], auch nicht hier in der Gemeinde, das hat man nicht gewagt. Aber man hat versucht, ein Gespräch zu führen: ›Sagen Sie mal, warum haben Sie das nicht gewußt und wenn Sie das gewußt haben, hätten Sie es gesagt?‹ Man hat versucht, dann auch...: ›na ja, wir würden uns freuen, wenn Sie uns über alle, eh, Dinge, die da in der Gemeinde zu erkennen sind, Nachricht geben würden...‹ Ich erinnere mich, als unser damaliger Sekretär, der ist 1953 weggegangen. Wir hatten wirklich auch Angst wegen der Stalinschen Geschichten.«[37]

Sowohl wichtige jüdische Altkommunisten wurden verhaftet wie auch jüdische Journalisten und Funktionäre.[38] Einige von ih-

---

[35] Jerry E. Thompson, Jews, Zionism, and Israel: The Story of the Jews in the German Democratic Republic since 1945. Ph.D. Washington 1974, S. 74.

[36] Gemeint ist »nicht in den Räumen des Staatssicherheitsdienstes«.

[37] Raphael Scharf-Katz, 28. 10. 91, Archiv d. Verf. Bd. 1, Nr. 489. Kursivsetzungen geben besondere Betonung in der Rede wieder.

[38] In der DDR spielte bei der Verhaftung von jüdischen Parteifunktionären vor allem der Vorwurf der Spionage in Verbindung mit dem angeblichen US-Agenten Noel H. Field eine wichtige Rolle. Field hatte während des Krieges als KP-Sympathisant in Frankreich und in der Schweiz für christliche Hilfsorganisationen gearbeitet und dadurch Kontakte zu kommunistischen Emigrantengruppen gehabt. Er war 1949 in der Bundesrepublik verhaftet worden, weil man ihm vorwarf, für den amerikanischen Geheimdienst gearbeitet zu haben.

nen, wie der Chefredakteur einer Dresdener Zeitschrift, Bruno Goldhammer, oder SED-Funktionär Leo Bauer kamen erst nach Jahren schwer geschädigt aus Sibirien zurück.[39] Viele Juden, die in der DDR blieben, wurden in der Folgezeit schikaniert, überwacht, entlassen oder aus der Partei ausgeschlossen.[40]

Mit dem Tod Stalins und dem Arbeiteraufstand am 17. Juni 1953 endete die staatliche antisemitische Kampagne und damit auch die fluchtartige Auswanderung der jüdischen DDR-Bürger. Albert Norden, Alexander Abusch oder Hermann Axen, die alle jüdischer Herkunft waren, sich aber gleichzeitig nicht öffentlich mit dem Judentum identifizierten, wurden in hohe Parteiämter befördert.[41]

Mit dem Ende dieser antisemitischen Säuberungswelle verschwand auch der offene Antisemitismus wieder aus dem öffentlichen Diskurs. Doch das Ausbleiben von öffentlichen antisemitischen Äußerungen war nicht identisch mit dem Verschwinden antisemitischer Haltungen. Im Gegenteil, unter dieser staatlich vorgeschriebenen Ausblendung von Antisemitismus konservierten sich antisemitische Stereotype und wurden bis heute tradiert.

Daß das antisemitische Stereotyp vom »reichen Juden« durchgängig tradiert wurde, zeigte die *Bewertung* der Beziehungen Erich Honeckers zur Jüdischen Gemeinde in (Ost-)Berlin. Ende der 80er Jahre bemühte sich die SED-Regierung, der Jüdischen Gemeinde gegenüber eine Reihe von Vergünstigungen und Zugeständnissen zu machen. Im Zusammenhang mit dem 50. Jahrestag der »Reichskristallnacht« und dem bevorstehenden 40. Geburtstag des Staates DDR wurden großzügige Mittel zur Verfügung gestellt, die Berliner Synagoge in der Oranienburgerstraße zu restaurieren. Im September 1987 konnte der amerikanische Rabbiner Isaac Neumann nach Ost-Berlin kommen. Es wurde ihm von der Regierung ein Gehalt und eine Wohnung gestellt, darüber hinaus wurden ihm Telefon und Auto zugestanden, in der DDR seinerzeit symbolträchtige Privilegien.

Im Verlauf der Feldforschung kam in verschiedenen Interviews und Gesprächen die Rede auf diese Annäherungsversuche. Sie wurden stets als der Versuch der DDR-Regierung gedeutet,

---

[39] Lutz Niethammer, Alexander von Plato und Dorothea Wierling, Die volkseigene Erfahrung. Eine Archäologie des Lebens in der Industrieprovinz der DDR. Berlin 1991, S. 284.

[40] Eschwege, Die jüdische Bevölkerung, S. 96.

[41] Lothar Mertens, Schwindende Minorität. Das Judentum in der DDR. In: Arndt/Eschwege/Honigmann u. a., Juden in der DDR, S. 129.

sich »bei den reichen Juden in USA beliebt zu machen, damit die ihm (Honecker) seinen Lebenstraum erfüllen und ihn nach USA einladen«.[42] Es sei dahingestellt, welche Gründe tatsächlich hinter dieser Politik gegenüber der Jüdischen Gemeinde gestanden haben. Interessant ist in diesem Zusammenhang, wie das Verhalten auf lokaler Ebene im Dorf gedeutet wird: wenn der Staatschef Kontakt mit den Juden aufnimmt, unternimmt er dies wegen der »reichen Juden«. Dann kann es nur um Geld gehen.

5. Die Ordnung und die Juden

Den Juden wird ein fester Platz in der sozialen Ordnung zugewiesen: Sie symbolisieren das, was es in der DDR nicht geben dürfte, den profitorientierten Handel, die private Tauschwirtschaft.

Diese Konstruktion von Ordnung bezieht sich in Manebach nicht nur auf Personen, es werden nicht nur soziale Plätze zugeordnet, sondern sie bezieht sich auch auf den Raum. Der »Jud« von Manebach wohnt nämlich an einem der vielen Wege, die sich aufgrund der besonderen sozioökonomischen Geschichte[43] des Dorfes kreuz und quer durch den Ort ziehen. Dieser Weg heißt in der Lokalbezeichnung »Beim Jud hoch«. Einen anderen, offiziellen Namen gibt es nicht. So wurde in Manebach nicht nur ein Jude erfunden, sondern auch das räumliche Äquivalent, die »Judengasse«. Denn die Juden wohnten nicht irgendwo, an einem beliebigen Ort, es wurde ihnen nicht nur ein fester Platz in der Weltordnung zugewiesen, sondern dieser Platz fand eine Entsprechung in der räumlichen Ordnung.

Die Tendenz der Zuweisung eines bekannten Platzes für die Fremden findet sich in Manebach auch im Zusammenhang mit den russischen Juden. Es kann auf einen Ort zurückgegriffen werden, an dem traditionellerweise im Dorf die Fremden, die Armen und die radikalen Kommunisten (letztere vor 1945) wohnten. Dieser Ort heißt »Schacht«. Es handelt sich um eine

---

42 Monika Schramm, 6. 9. 91, Archiv d. Verf. Bd. 2, Nr. 21.
43 Manebach war seit Mitte des 19. Jh. von zwei Karnevalsmaskenfabriken dominiert, die im wesentlichen durch Heimarbeit produzierten. Täglich mußten die MaskenarbeiterInnen mit ihren Tragkörben durch das etwa 4 km lange Dorf zur Fabrik laufen, um Material zu holen und Fertigungen abzuliefern. Diese Arbeitsverhältnisse haben ihren Niederschlag in der Dorfgeographie gefunden: Es gibt zahlreiche Pfade, die jeweils den kürzesten Weg zur Fabrik darstellen.

kleine Straße, am Berghang gelegen, an deren Ende früher der Eingang zu einem der Kohleschächte lag. Dort sollten auch die russischen Juden angesiedelt werden, zumindest plante der Bürgermeister das: »Da, wo es zum Kindergarten hochgeht, das obere Haus, das linke, das haben wir projektiert, da möchten wir 4 Wohnungen ausbauen. Das ist ein Karnickelstall gewesen, also wenn Sie da unten die Tür aufgemacht hätten, da wärn Sie schon rückwärts rausgefallen, der Gestank, nee! Also unter diesen primitiven Verhältnissen haben die Leute gewohnt, und wohnen sie noch oben drin ... Wir haben ein Projekt gemacht, wollten vier Zweiraumwohnungen reinbringen, schöne Wohnungen mit Gasheizung, da ist heute schon Telefon, also Anschluß, alles drin, erdverkabelt usw. Und da wollte ich, daß der Landrat diese Maßnahme bezahlt, wir haben da ein bißchen ökonomisch denken müssen, ja. Der Landrat sollte die ganze Baumaßnahme bezahlen und als Äquivalent dafür, als Gegenleistung, hatte ich ihm angeboten, zwei Wohnungen für die Juden, und zwei Wohnungen für Manebacher.«[44] Der Versuch scheiterte, so sagte man mir später, an der fehlenden Kooperationsbereitschaft des Landrats.

Interessant ist in diesem Zusammenhang, daß das Dorf über einen Ort verfügt, den es Fremden zuweisen kann, daß eine Ordnung hergestellt werden kann, die es den Fremden erlaubt, einen festumrissenen Platz »als Fremde« einzunehmen, und daß dieser Ort auch für die neuankommenden russischen Juden in Betracht gezogen wird.

Gegenüber vom Bahnhof wohnt Frau Kühnlein. Sie ist die Enkeltochter des inzwischen verstorbenen Pfarrers, der seinerzeit hohes Ansehen im Dorf genoß. Er war mit seiner Familie in den 20er Jahren nach Manebach zugezogen. Frau Kühnleins Mutter war ein Kleinkind, als die Großeltern nach Manebach kamen, sie selbst ist in Manebach geboren und lebt mit ihrer Familie im Dorf, hat ihre drei Kinder dort geboren und ist inzwischen selbst schon Großmutter. Sie berichtete mir von ihrer Rolle als Enkelin eines Zugezogenen: »Ich bin ja ein Außenseiter, mir erzählen die das nicht. Mir wollte mal 'ne Frau was sehr Liebes sagen und ... die war auch sonst auch sehr nett zu mir, da sagte se: ›Weißte, du bist ja schon fast ein Manebacher.‹ Und sie hat das wirklich lieb und nett gemeint! Und die Kinder sind hier aufgewachsen, aber die waren auch immer Außenseiter.«[45] Sie bleibt Fremde, sie

[44] Karl-Heinz Kühn, Bürgermeister von Manebach, 4. 6. 91, Archiv d. Verf. Bd. 2, Nr. 350.
[45] Margarete Kühnlein, 24. 4. 92, Archiv d. Verf. Bd. 1, Nr. 167.

bleibt Außenseiterin, die Ordnung wird auch hier aufrechterhalten, Frau Kühnlein hat einen festumrissenen sozialen Platz im Dorf und wird auf diesen Platz hingewiesen. Die Ambivalenz dieser Strategie für die Betroffenen deutet sich in der Äußerung »die hat das ganz lieb und nett gemeint« an. Die tiefe Verletzung, von der hier berichtet wird, das Zurückweisen und Ausgrenzen, der deutliche Hinweis, daß Frau Kühnlein nicht zu dem Dorf gehört, in dem sie aufgewachsen ist, daß sie »immer Außenseiter« ist, wird nicht als Feindseligkeit gedeutet. Im Gegenteil, die Betroffene erlebt sogar die Gutwilligkeit der anderen, die »auch sonst sehr nett« zu ihr war. Die stabile soziale Ordnung, wie sie hier etabliert wurde, bedarf keiner Feindseligkeiten mehr. Die Rollen sind fest zugeordnet, ihre Verteilung wird nicht mehr in Frage gestellt.

Fremde könnten die Ordnung im Dorf gefährden: Sie bringen neue Werthaltungen ins Spiel, zeigen mitunter einen anderen Lebensstil oder brechen ungeniert Tabus. Eine mögliche Bewältigungsstrategie, auf die ich in Manebach traf, war die, den Fremden einen Platz in der sozialen Inszenierung zuzuweisen, einen fest umrissenen Ort, räumlich wie sozial, der für Fremde vorgesehen war, den es bereits vorher gegeben hatte und der somit die bestehende Ordnung nicht gefährdete. Wir treffen hier auf eine Strategie, die nicht mit Ausgrenzung zu verwechseln ist. Vielmehr wird hier eine soziale Wirklichkeit zwischen den beiden Polen Integration und Ausgrenzung konstruiert. Der Fremde kann zur Institution im Dorf werden, seine Rolle als Fremder muß deshalb nicht unumstößlich festgeschrieben sein, aber er hat zumindest einen Platz im Dorf. Er kann dadurch immerhin in der sozialen Inszenierung eingeordnet werden und gefährdet nicht länger die etablierte Ordnung.[46] Der Versuch, auch die russischen Juden im »Schacht« unterzubringen, zeigt, daß man sich auch heute noch auf diese räumlich-soziale Ordnung beziehen kann.

[46] Vgl. hierzu auch Norbert Elias/John L. Scotson, Etablierte und Außenseiter. Frankfurt a. M. 1990.

6. Die totale Ordnung im totalitären Staat

Die Tendenzen, in der sozialen Inszenierung »Dorf« eine klare Ordnung aufrechtzuerhalten, weist gleichzeitig darauf hin, daß das Gegenteil, die »Unordnung«, vermieden werden soll. Mit »Unordnung« ist in diesem Zusammenhang die Möglichkeit gemeint, die dem Einzelnen zugestanden wird, seine Rolle zu gestalten, umzudeuten und wieder neu zu erfinden. Das würde auch beinhalten, die bestehende Ordnung in Frage zu stellen und weiter zu entwickeln. Eine Ordnung etablieren bedeutet immer auch gleichzeitig, ihrer Veränderung entgegenzuwirken. In Manebach treffen wir auf die in dörflichem Kontext nicht untypische Strategie, einen festumrissenen Platz für den »Juden« zu installieren, der ihm die lange tradierte Rolle des Händlers überträgt. Dieser sozialen Ordnung entspricht eine räumliche Ordnung. Die gleiche Strategie wird auf Fremde und andere marginalisierte Dorfbewohner angewendet. Sie werden räumlich zugeordnet, indem man versucht, sie in einem bestimmten Straßenzug unterzubringen, und sozial geordnet, indem man ihnen die Position des Fremden, der nicht »einer von uns« ist, zuweist.

Vergleicht man diese lokale Strategie der Ordnungsbehauptung als *eine* Möglichkeit, einen Diskurs über Juden zu führen, mit dem staatlichen Diskurs über die soziale Ordnung, so fällt auf, daß in der DDR der Versuch unternommen werden sollte, die soziale Ordnung zu revolutionieren. Eine neue Ordnung sollte etabliert werden. Hier interessiert weniger der ideologische Anspruch, mit dem in der DDR diese Ordnung legitimiert wurde, vielmehr geht es um die Umsetzung und Auswirkung in einem System mit totalem Machtanspruch, d. h. dem Anspruch der Kontrolle aller Lebensbereiche.

Ein eindrückliches Beispiel für den Versuch, totale Ordnung zu installieren, stellen die Sozialisationspraktiken in den staatlich kontrollierten Erziehungseinrichtungen dar. Was falsch und richtig, gut und böse, rein und unrein sein sollte, das lernten Kleinkinder in der DDR in einem Gestänge, wo ihnen von hellblau bekittelten Erzieherinnen in gelblich gekachelten Räumen Sauberkeit beigebracht wurde. In diesem niedrigen Gestänge (zwei rechtwinklige zueinanderstehende Bretter, nach vorne begrenzt durch eine Holzstange und an den Seiten durch je ein kleines Brett zusammengehalten) wurden vier bis fünf Töpfchen nebeneinander eingeklemmt, worauf zu regelmäßigen, vorgegebenen Zeiten alle Kinder der nach Alter geordneten Krippengruppe gesetzt wurden, um »ihr Geschäft zu machen«. Das Gestänge hatte den praktischen Effekt, daß die Kinder sich erstens nicht mit ihrem Töpfchen fortbewegen konnten und daß sie somit zweitens nebeneinander sitzen mußten. Die Verdauung wurde zu einem kollektiven Vorgang, der gemeinsam und gleichzeitig verrichtet wurde. Die anderen Kleinkinder mußten möglichst warten, bis jedes irgend etwas ausgeschieden hatte. Je nach Menge und Art der Verdauung gab es mehr oder weniger Lob der Erzieherinnen.[47] Außerhalb der »Topfzeiten« sollte möglichst nichts ausgeschieden werden. Diese Praxis der totalen Kontrolle der Verdauung diente nicht nur der Sauberkeitserziehung, sie wurde auch im Kindergarten aufrechterhalten, auch hier sollten die Kinder nur zu vorgeschriebenen Zeiten alle zusammen zur Toilette gehen.

Damit wurde substantiell Ordnung installiert.[48] Es wurde der Versuch unternommen, den ersten Akt menschlicher Produktion, nämlich die Verdauung, zu kontrollieren und zu kollektivieren, zu unterscheiden zwischen »guter Verdauung« zu vorgeschriebener Zeit an vorgeschriebenem Ort im Kollektiv und »böser Verdauung« alleine, im eigenen Rhythmus, in die Windel und nicht »für die Krippentante«. Die individuelle Verdauung, die Behauptung der eigenen Ordnung, des eigenen Rhythmus führte zu Sanktionen, zur schmutzigen Windel, zu Unreinheit, Gestank, Schimpfe. Es wurde eine Klarheit konstruiert, was normal und nicht normal ist, wer aus dem Rahmen fällt und wer das Richtige tut. Grenzsetzungen, die sich in der Einschränkung von Gestaltungsspielräumen und niedrigen Toleranzschwellen für die Abweichung beim Entwurf des eigenen Lebensplans und der eigenen Rolle von der Normalität fortsetzten.

Dieses Beispiel zeigt eindrücklich, daß der Totalitätsanspruch des repressiven DDR-Staates ernstgemeint war. Die Etablierung einer totalen, d. h. alle Lebensbereiche umfassenden Ordnung setzte so früh wie möglich in der persönlichen Entwicklung ein. »Man kann das Ziel staatlicher Erziehung auf einen Punkt bringen: Die Individualität wurde rücksichtslos auf allen Stufen der

---

[47] Beobachtungen während einer im Rahmen der Feldforschung durchgeführten teilnehmenden Beobachtung in der Krippe »Pörlitzer Höhe« in Ilmenau im August 1992 und im Kindergarten in Manebach im Mai/Juni 1991; vgl. zur Übertragbarkeit auf andere Erziehungseinrichtungen und vor 1989: Hans-Joachim Maaz, Gefühlsstau. Ein Psychogramm der DDR. Berlin 1990, S. 25 ff.

[48] Canetti, Masse und Macht, S. 243, S. 245, zur Bedeutung von Verdauung im Zusammenhang mit Macht.

staatlichen Erziehung unterdrückt... Von klein auf wurde nach dem Prinzip Entweder-Oder erzogen und nach Gut und Böse eingeteilt.«[49]

7. Händler sind die anderen: Juden, Polen, Vietnamesen

Außerhalb der staatlich propagierten und in den staatlichen Erziehungseinrichtungen bereits früh etablierten Ordnung steht der gewinnorientierte Handel, das Verhandeln, Aushandeln oder gar Feilschen. Außerhalb dieser Ordnung steht die Schattenwirtschaft, der private Schwarzmarkt, der doch zugleich ein integraler Bestandteil des Alltags in der DDR war. Die meisten Ostdeutschen, so jedenfalls die gängige Selbstbeschreibung, führten eine zweite, heimliche Existenz neben der des sozialistischen Bürgers. Dieser weitgehend illegale Bereich erfordete Organisationstalent, Beziehungen und Verhandlungsgeschick. Hier ging es um den eigenen Vorteil, die persönliche Versorgung mit Konsumgütern, die die offizielle Versorgung kaum oder gar nicht zu bieten hatte. Hier wurde gehandelt und gefeilscht, bestochen und getauscht und mitunter auch betrogen. Dieser heimliche Handel stand außerhalb der staatlich proklamierten Ordnung.

Während der Feldforschung saß ich im Sommer 1991 abends mit Freunden zusammen in einer Manebacher Gastwirtschaft. Dabei erzählte Bernd (27 J.) von einem Erlebnis auf dem Schwarzmarkt in Berlin. Dort hatte er vor der Wende bei einem polnischen Händler für seine Freundin eine Jeans ergattert: »Viel zu teuer angeboten, da habe ich gekuttet (= gehandelt, getauscht) wie ein Jude, ich kann dir sagen, aber ich hab 'se auch gekriegt, war zwar noch 'n bißchen zu teuer, aber immerhin...«

Hier ist die Rede davon, daß ein Fremder, nämlich ein polnischer Händler, einen etablierten Platz außerhalb der sozialistischen Ordnung einnahm: auf dem Schwarzmarkt. Der Pole also eröffnete das Geschäft und wollte den DDR-Bürger übervorteilen, denn er bot seine Ware viel zu teuer an. Da halfen nur noch »jüdische Methoden«, da mußte man »kutten wie ein Jude«, sich eines Verhaltens bedienen, das eigentlich dem Wesen der Juden eigen ist, nicht dem eigenen.

Die Ordnung, in der »die Arbeit... immer mehr zum ersten

---

[49] Maaz, Gefühlsstau, S. 25 f.

Lebensbedürfnis werden« sollte, wird durch den Schwarzmarkt durchbrochen, doch nur für einen Moment, denn im nächsten Satz wird sie sogleich wieder rekonstruiert. Gehandelt hatte »der Jude« mit dem Polen. Nur kurz hatte man sich seine Handlungskompetenz angeeignet, um gleich darauf wieder eine Ordnung zu behaupten, in der der »unreine« Handel als etwas Jüdisches vorkommt. Damit hat man sich selbst gleich wieder außerhalb dieser Sphäre eingeordnet. Somit wäre (aus der Sicht des Sprechers) alles wieder an seinem richtigen Platz.

Gleichzeitig schwang in der Erzählung von Bernd aber auch Stolz mit, er war stolz darauf, daß er es erfolgreich geschafft hatte, zu »kutten wie ein Jude«. Hier wird ein wichtiger Aspekt der lokalen Besetzung des Stereotyps vom »Juden als Händler« deutlich, der bereits in der Rede der Magda Heyn, der »Juds Magda«, zum Ausdruck kam: Das Stereotyp ist nicht eindeutig negativ besetzt, sondern ambivalent. Damit weicht die dörfliche Stereotypisierung vom historischen öffentlichen antisemitischen Diskurs ab. Die Fähigkeit zu handeln, zu feilschen und dabei zu gewinnen, sein Ziel zu erreichen und die Jeans zu einem angemessenen Preis zu bekommen, wird positiv bewertet. Damit wird auch das eigene Durchbrechen der Ordnung in gewissem Maß positiv bewertet und stolz erzählt.

Schließlich weist die Selbstverständlichkeit, mit der der Erzähler den Topos vom »Juden als Händler« in dieser ambivalenten Bedeutung benutzte, auf seine Annahme hin, daß seine Zuhörer dieses Bild kennen, verstehen und akzeptieren.

An dieser Stelle wird ein Zusammenhang zwischen antisemitischer Tradition und ausländerfeindlichen Stereotypen deutlich.[50] Die Ausgrenzung bestimmter Aspekte der Zirkulationssphäre aus dem von der öffentlichen Ordnung proklamierten Selbstbild des sozialistischen Bürgers geht einher mit der Zuschreibung derselben an die »Anderen«, die Fremden. Das stereotype Bild vom Juden als Händler wird auf Ausländer übertragen. Der im eigenen Leben ständig relevante und zugleich öffentlich verpönte Bereich des freien Handels kann bei Bedarf zumindest teilweise abgespalten werden. Gewinnorientierten Handel treiben in dieser Vorstellung die anderen, die Vietnamesen und die Polen.

Als sich Mitte der 80er Jahre im Zusammenhang mit der zu-

---

[50] Vgl. zu ähnlichen Übertragungsprozessen in Westdeutschland anhand von antisemitischen Witzen über den Holocaust Alan Dundes und Thomas Hauschild, Auschwitz Jokes. In: Western Folklore, 42 (1983), S. 249–260.

nehmenden Bedeutung der Solidarnosc-Opposition die DDR-Regierung von Polen distanzierte, wurden auch verstärkt polnische Bürger in der DDR öffentlich diffamiert. In Gespräch mit einem Manebacher Ehepaar stellten mir beide das Wesen der Polen im Zusammenhang mit dieser Diffamierungspolitik vor. Sie: »Guck mal, als damals die Polengeschichte war, die da Sachen hier verkauft haben, was die da für Geschichten losgelassen haben! Das war doch teilweise auch gesteuert: Die Polen sind dreckig, und die Polen sind faul. Das war ganz bewußt in Arbeitsberatungen, da ham se uns da so'n Zeug erzählt.« Ihr Mann versucht zu relativieren: »Die haben vielleicht auch eine andere Mentalität, den Deutschen wird nachgesagt, sie sind fleißig und so, und die (Polen) handeln vielleicht: Ist der Handel noch so klein, bringt er mehr als Arbeit ein...«[51]

Das Eigene, die »Mentalität der Deutschen« wird in Gegensatz zur »Mentalität der Anderen« gesetzt. Während es dem Wesen der Deutschen eigen sei, zu arbeiten, »fleißig« zu sein, zu produzieren, wird dem Wesen der anderen der Bereich des profitorientierten Handels zugeschrieben. Polen werden nach dem gleichen Muster ausgegrenzt wie zuvor Juden, ihnen wird ein Anteil an der Produktion und an der Arbeitswelt abgesprochen.

Nicht nur Polen, auch Vietnamesen treten inzwischen als Exponenten für jenen Bereich des Handels auf, der »mehr als Arbeit einbringt«. Auf Wochenmärkten oder in der Fußgängerzone stehen sie mit ihren Textilverkaufsständen *neben* einheimischen oder westdeutschen Marktverkäufern. Doch der textile Straßenhandel wird vor allem den Vietnamesen, »Fidjis«, wie sie im Volksmund abwertend genannt werden, zugeschrieben. Wieder treffen wir auf das in der antisemitischen Stereotypenbildung auftauchende Muster von »unsauberem« Handel: Handel hat auch hier die Konnotation von Betrug, schlechter Qualität zu überhöhtem Preis, oder umgekehrt allzu niedrige Preise für unrechtmäßig erworbene Ware.

Der soziale Ort bleibt der gleiche, die den Juden zugewiesene Rolle als verquickt mit den unreinen Aspekten der Zirkulation, dem gewinnorientierten Handeln, wird auf andere Fremde übertragen.

---

[51] Rita Bergmann, 3. 10. 91, Archiv d. Verf. Bd. 4, Nr. 154.

Zusammenfassung:

Bei der Untersuchung von Antisemitismus in der DDR treffen wir auf der Mikroebene auf das tradierte Stereotyp vom Juden als Händler. Damit verbinden sich sowohl positive als auch negative Konnotationen. Da im Dorf keine Juden mehr leben, denen der Platz des »jüdischen Händlers« zugewiesen werden könnte, wird ein Jude erfunden.

Der von den Nationalsozialisten als Jude verfolgte Manebacher hingegen ist aus der lokalen Erinnerung ausgeblendet. Diese Verdrängung ist im Zusammenhang mit den im öffentlichen Diskurs der DDR angebotenen Verdrängungsstrategien zu verstehen. Das Stereotyp vom »Juden als Händler« hat eine historische Dimension und diente zur Etablierung einer bestimmten sozialen Ordnung. Mit zunehmender Industrialisierung wurde der profitorientierte Handel häufig mit der Konnotation von »Unreinheit« versehen und in Gegensatz zur »reinen« Produktion gestellt. Diese Dichotomie spielte eine wichtige Rolle in der sozialistischen Ideologie der DDR, weil hier kollektive Identität durch gemeinsame, uneigennützige Arbeit hergestellt werden sollte. In diesem Zusammenhang bedeutete das Stereotyp vom »Juden als Händler« Ausgrenzung aus der kollektiven Produktionsgemeinschaft. Auf der Mikroebene findet sich die Zuweisung festgeschriebener sozialer Plätze nicht nur für Juden, sondern auch für Zugezogene, Ostvertriebene oder andere Außenseiter. Der sozialen Ordnung im Dorf entspricht eine räumliche Ordnung, es gibt eine Straße, die intern »beim Jud hoch« heißt, und es gibt eine Straße, in der die Außenseiter wohnen sollen. Dort sollten auch die russisch-jüdischen Flüchtlinge untergebracht werden. Das zeigt, daß man sich auch heute noch auf eine räumlich-soziale Ordnung bezieht, die einen festumrissenen Platz für Fremde vorsieht. Diese Strategie ist nicht mit Ausgrenzung zu verwechseln, sie bietet für alle Beteiligten eine Möglichkeit, den bedrohlichen Charakter der Fremdheit zu bewältigen.

Die Konzepte von Reinheit vs. Unreinheit und die stereotype Delegierung sozialer Rollen weisen auf den Versuch hin, eine rigide Ordnung zu etablieren. Dieser Versuch ist im Zusammenhang mit der totalitären staatlichen Ordnung in der DDR zu verstehen. Individuelle Handlungsspielräume wurden durch totale staatliche Kontrolle eingeschränkt. Zugleich wurde versucht, eine eindeutige soziale Ordnung zu behaupten, die verbindlich für alle Bürger bestimmte moralische Ansprüche festschrieb.

In dieser totalen und eindeutigen, staatlich propagierten sozialen Ordnung war gewinnorientierter Handel auf der Seite des Bösen und Unreinen angesiedelt. Zugleich spielte der private, heimliche Tausch- und Schwarzmarkt eine wichtige Rolle in der DDR. Im Zusammenhang mit diesem Zwiespalt zwischen öffentlicher und heimlicher Ordnung findet sich auf der Mikroebene die Tendenz, weiterhin den Schwarzhandel als etwas dem Wesen nach Jüdisches zu bereden. Damit wird die öffentlich propagierte Werthaltung aufrechterhalten, es findet keine Gefährdung der Ordnung statt. Dieses Muster setzt sich bei der Ausgrenzung von Polen und Vietnamesen fort.

RAINER ERB
Gesellschaftliche Reaktionen auf Antisemitismus

Die antisemitische Hetze in der rechtsextremen Publizistik[1], die
seit 1991 ansteigende Zahl militanter Anschläge gegen Juden und
jüdische Einrichtungen, für die überwiegend rechtsextreme Täter verantwortlich sind[2], Motivationsanalysen rechtsextremer
Wähler und Einstellungsuntersuchungen[3] machen sichtbar, in
welch starkem Maß gegenwärtig der Rechtsextremismus mit Antisemitismus verknüpft ist. Mit der Konzentration des zersplit-
terten rechten Spektrums auf zwei, zudem noch in Wahlen er-
folgreiche Parteien, findet auch der Antisemitismus eine neue
Organisationsbasis. Hinzu kommt, daß kollektive Akteure ihre
Meinungen nicht so gut verbergen können wie Individuen, ja politische Parteien müssen sich zur Erfüllung ihrer meinungsbil-
denden Funktion öffentlich äußern. Deshalb ist zu erwarten, daß
mit der dauerhaften Präsenz rechtsextremer Parteien auf der politischen Bühne die Zahl antisemitischer Skandale zunimmt, zumal, wie im Fall der »Republikaner« gezeigt wurde, deren Anhänger die größte Dichte an antisemitischen und rechtsextremen
Einstellungen aufweisen.[4]

Aus diesen Gründen ist es angebracht, die aktuelle Antisemitis-
mus- als Rechtsextremismusforschung anzulegen. Insbesondere
die Parteienforschung hat geklärt, unter welchen sozialen und
politischen Bedingungen eine rechtsextreme Partei Wahlchancen
hat, von welchen Motiven sich ihre Wähler leiten lassen und welche internen Voraussetzungen bei diesen Parteien gegeben sein
müssen, damit eine Prognose über ihre Erfolgsaussichten, die

---

[1] Einen inhaltlichen Schwerpunkt bildet die »Auschwitz-Lüge«. Zur Verbreitung
vgl. Die internationale Revisionismus-Kampagne. In: Durchblicke 3 (1994; Landesamt
für Verfassungsschutz, Berlin) sowie die Beiträge von Wolfgang Benz und Juliane Wetzel in diesem Band.

[2] Vgl. Rainer Erb, Antisemitismus in der rechten Jugendszene. In: Werner Bergmann
und Rainer Erb (Hrsg.), Neonazis und rechte Subkultur. Berlin 1994, S. 31–76.

[3] Vgl. Werner Bergmann und Rainer Erb , Extreme Antisemiten in der Bundesrepublik Deutschland. In: Jahrbuch Extremismus und Demokratie 3 (1991), S. 70–93; dies.,
Antisemitismus in der Bundesrepublik Deutschland. Ergebnisse der empirischen Forschung von 1946 bis 1989. Opladen 1991, S. 87ff.

[4] Elisabeth Noelle-Neumann, Rechtsextremismus in Deutschland (im Auftrag der
FAZ), Allensbach 1993.

Chancen zur Ausschöpfung ihres Wählerpotentials, begründet gegeben werden kann.[5]

Demgegenüber hat die Forschung die gesellschaftlichen Reaktionen auf Antisemitismus und Rechtsextremismus stiefmütterlich behandelt, obwohl der Erfolg des Extremismus in starkem Maße davon abhängt, wie sich die strukturellen Rahmenbedingungen im Zeitablauf ändern und wie die Gesellschaft auf rechte Wahlerfolge und Mobilisierungswellen reagiert. In jeder Phase greifen gesellschaftliche Prozesse in den Aufbau von Bewegungen ein und beeinflussen deren Karriere, Schwung und Richtung.[6] Nur eine Analyse, die gesellschaftliche Reaktionen als konstitutives Element in die Betrachtung integriert, die dynamische Interaktionsbeziehungen zwischen demokratischem Zentrum und extremistischem Rand berücksichtigt, ist in der Lage, den Prozeßcharakter rechtsextremistischer, fremdenfeindlicher und antisemitischer Eskalation adäquat zu erfassen.[7] Vor allem in den ereignisbezogenen Publikationen zum Rechtsextremismus wird die Analyse der gesellschaftlichen Gegenkräfte vernachlässigt. Die jüngsten Buchtitel ›Ruck nach rechts‹, ›Kippt die Republik?‹, ›Druck von rechts‹ u. a. deuten eher eine dynamisch wachsende Radikalisierung in einem aufsteigenden Stufenprozeß an als eine abwägende Betrachtung des gesamten politischen Kräftefeldes.[8]

Es ist deshalb notwendig, den Blick auf den Umgang zentraler politischer und kontrollierender Instanzen mit Antisemitismus und Rechtsextremismus zu lenken. Dies soll im folgenden exemplarisch an den Prestigemedien, am öffentlichen Protest, den demokratischen Parteien und der Justiz geschehen. Im Thema steckt (mindestens) ein soziologisches und ein demokratietheo-

[5] Vgl. Richard Stöss, Rechtsextremismus und Wahlen in der Bundesrepublik. In: Aus Politik und Zeitgeschichte 11 (1993), S. 50–61; Jürgen W. Falter, Wer wählt rechts? Die Wähler und Anhänger rechtsextremistischer Parteien im vereinigten Deutschland. München 1994.

[6] Vgl. Werner Bergmann und Rainer Erb, Kaderpartei, Bewegung, Szene, kollektive Episode oder was? Probleme der soziologischen Kategorisierung des modernen Rechtsextremismus. In: Forschungsjournal Neue Soziale Bewegungen 4 (1994).

[7] Uwe Backes und Eckhard Jesse, Politischer Extremismus in der Bundesrepublik Deutschland. Bonn 1993; Hans-Gerd Jaschke, Streitbare Demokratie und innere Sicherheit. Opladen 1991.

[8] Vgl. in Auswahl: Wolfgang Gessenharter, Kippt die Republik? Die Neue Rechte und ihre Unterstützung durch Politik und Medien. München 1994; Claus Leggewie, Druck von rechts. Wohin treibt die Bundesrepublik? München 1993; M. Sicking und A. Lohe (Hrsg.), Die Bedrohung der Demokratie von rechts. Wiederkehr der Vergangenheit? Köln 1993.

retisches Problem. Um eine normativ-voluntaristische Betrachtung zu vermeiden, wird der Versuch unternommen, gesellschaftliche Reaktionen aus ihrer spezifischen Interaktion heraus zu begreifen. Verhalten soll also nicht entlang der Präferenzstruktur des richtigen (normativ erwarteten) und falschen (enttäuschenden) Handelns interpretiert, sondern aus den sozialen Wechselbeziehungen erklärt werden. Das in der »streitbaren Demokratie« niedergelegte Konzept »keine Freiheit den Feinden der Freiheit« führt vor ein demokratisches Dilemma.[9] Einerseits soll dieses Konzept dafür Sorge tragen, daß in Deutschland nicht wieder extremistische Bestrebungen die Oberhand gewinnen, und andererseits soll sich die Republik dabei nicht so verändern, daß sie ihrerseits repressive Züge annimmt. Die in der Verfassung der Bundesrepublik und in ihren Strafgesetzen enthaltenen Vorkehrungen zum Schutz vor Extremismus sollen die innere Sicherheit stärken, ihre Anwendung muß aber dem Prinzip der Liberalität, dem Gebot der Verhältnismäßigkeit der Mittel und taktischen Erwägungen genügen.

1. Beiträge der Medien

Für die Definition des Antisemitismus als gesellschaftliches Problem sind günstige Thematisierungsbedingungen gegeben und entsprechend ist eine politische Mobilisierung zu erreichen.[10] Für gewöhnlich setzt nach einem antisemitischen Anschlag oder der antisemitischen Äußerung eines Prominenten eine öffentliche Diskussion zum Antisemitismus ein. Politiker können dann kaum umhin, diese Öffentlichkeit als Anstoß für politisches Handeln zu werten. Für die rasche Thematisierung besitzt das Geschichtsbild der Bundesrepublik eine strategische und nicht willkürlich zu verletzende Bedeutung. Es generiert Deutungsschemata, die auf Störungen reagieren. Der weltbildspezifische Rahmen der Erklärung, der Reaktion und Bearbeitung des Antisemitismus ist durch seine Verschränkung und Vergegenwärti-

---

[9] Vgl. Wolfgang Michalka (Hrsg.), Extremismus und streitbare Demokratie. Stuttgart 1987.
[10] Zur Medienwirkung vgl. jetzt: Werner Bergmann, Medienberichterstattung über Rechtsextremismus und Rassismus. In: Jahrbuch für Antisemitismusforschung 3 (1994), S. 13–25 sowie die Fallanalyse zu einer gut gemeinten, aber mißlungenen Talk-Show: Andreas Schröder und Jörg Tykwer, Mit Vorurteilen gegen Vorurteile – wie eine Fernsehsendung gegen Ausländerfeindlichkeit ankämpft; ebenda, S. 26–50.

gung mit dem Nationalsozialismus und dem Holocaust bestimmt.[11] Verstöße gegen diese normative Ordnung werden durch Verlust an Überzeugungskraft und politischer Unterstützung bestraft. In der Regel werden Politiker, die durch antisemitische Äußerungen aus dem »Rahmen fallen«, zu einer Distanzierung oder zum Rücktritt aufgefordert. Im Falle der »Republikaner« und antisemitischer Äußerungen ihres Parteivorsitzenden Franz Schönhuber kommt zur Eigenlogik moralischer Diskurse noch hinzu, daß der Konflikt gesellschaftliche Interessen von Parteien und Gruppen verletzt, die dann ihre Handlungsmöglichkeiten in Bewegung setzen. In diesem Fall wurde aus allen politischen Lagern zur Ächtung der Reps aufgefordert, sowohl deren Einstufung als rechtsextrem (und damit als verfassungsfeindlich) gefordert als auch ein Verbotsverfahren gegen diese Partei vor dem Bundesverfassungsgericht angeregt.

Mit Hilfe etikettierungstheoretischer Modelle kann man beschreiben, wie Parteien, Medien, dominante Gruppen usw. vor dem Hintergrund einer konsensuellen Haltung gegen antisemitische Handlungen diese als »abweichend« einordnen und gemäß dieser Definition mit den Stigmatisierten umgehen.[12] Dabei geschieht das Aushandeln darüber, was im Einzelfall als abweichend gelten soll, unter den verschiedenen Kommunikationspartnern der stigmatisierenden Mehrheit und ohne direkte Beteiligung der betroffenen Antisemiten. Die Definition des sozialen Problems »Antisemitismus« geschieht unter Ausschluß der Antisemiten und verläuft zwischen Definitionskonkurrenten – den jüdischen Repräsentanten, der Publizistik, Politik und Wissenschaft.

[11] Die Beiträge zum Thema Antisemitismus greifen häufig auf die nationalsozialistische Judenverfolgung zurück. Prägnanten Ausdruck findet dieser Bezug in dem Slogan: »Wehret den Anfängen!« Auch die Mehrheit der Bevölkerung identifiziert den Rechtsextremismus mit dem Nationalsozialismus. (Ob diese Fixierung zu Recht besteht, kann in unserem Argumentationskontext dahingestellt bleiben. Sie bildet aber ein starkes Tabu gegen rechts.) Im Mai 1994 stimmten 74% der Bevölkerung der Frage: »Die heutigen Rechtsradikalen in Deutschland wollen das gleiche wie die Nationalsozialisten« ganz oder teilweise zu. Forsa-Umfrage »Die Deutschen und der Nationalsozialismus: Kenntnisse, Einschätzungen, Urteile«, im Auftrag der Woche, Hamburg 1994.
[12] Vgl. Siegfried Lamnek, Neue Theorien abweichenden Verhaltens. München 1994, S. 45 ff.

2. Öffentlicher Protest

Angestoßen durch die fremdenfeindliche Gewaltwelle und die rechtsextremen Wahlerfolge, hatten sich eine Vielzahl von lockeren Gruppen und Aktivitäten gebildet, die gegen Rassismus, für Toleranz und für den Schutz der Flüchtlinge eintraten. Sie setzten eindrucksvolle Signale und zeigten dem rechten Mob, daß er in der Minderheit und politisch chancenlos ist. Dieser Zusammenschluß reichte von den Apothekern, über Kunst, Sport, Wirtschaft zu den Universitäten, von der Deutschen Bank bis zur Deutschen Oper. Als grass-root-Organisationen haben sie ihre Bedeutung im Alltag der Kommunen und Betriebe. Vielfach handelt es sich um stark situationsbezogene, spontane Zusammenschlüsse, die unvermutet aufkamen und sich nach einer kurzen Aktivitätsphase wieder auflösten. Strukturell fällt es modernen, pluralistisch-individualistischen Gesellschaften mit bürgerlichen Privatinteressen, mit ihrer Freiheit von Teilnahmeverpflichtungen und dem Zwang zur Anpassung und Konformität schwer, das Publikum über ein Thema zu organisieren. Auch deshalb setzten die Massenproteste gegen die Gewalt im staatlich geeinten Deutschland erst zeitverzögert ein. Die »Spezialisten«, d. h. die Gruppen, die auf die Gegnerschaft zu Rechtsextremismus und Rassismus spezialisiert sind, – also die »Linke«, Ausländerorganisationen, Teile der Gewerkschaften und der Kirchen, die Antifa, die jüdischen Gemeinden usw. –, haben, vor allem in Großstädten, sofort und wiederholt protestiert. Aber erst als prominente, politisch neutrale Journalisten und Künstler ihr kulturelles Kapital zur Organisation von Protestaktionen einsetzten (Lichterketten, Rock gegen Rechts-Konzerte usw.), konnten große Publikumsmengen gegen »Haß und Gewalt« auf die Straße gebracht werden. Der artikulierte Bürgerwille setzte Signale, die von den sympathisierenden Journalisten (gatekeeper) in den Medien interpretiert und verstärkt worden sind. Wiederum waren es die individuellen Publikumsrollen, die es letztlich verhinderten, daß sich die Demonstranten organisierten und das Protestthema in Form von Verhandlungen mit der Politik durchsetzten. Vor allem ist der Regierung der Vorwurf gemacht worden, daß sie den Bürgerwillen, den vor allem die elektronischen Medien über Monate verbreitet haben, nicht aufgegriffen, gebündelt und in eine handlungsfähige Form gebracht hat. Aber auch die oppositionelle SPD ließ die breite Unterstützung und den günstigen Zeitpunkt verstreichen, um in den Verhandlungen um den »Asylkompromiß« das deutsche Staatsbürgerrecht zu modernisieren, den Rechtsstatus der Ausländer zu verändern und durch ein Antidiskriminierungsgesetz die schwerlich zu leugnende Notwendigkeit des Schutzes von Minderheiten zu verbessern. Ursächlich hängt dieses Zögern damit zusammen, daß die Regierung selbst in den Jahren 1991/92 eine großangelegte und aggressive Kampagne gegen Flüchtlinge und das bestehende Asylrecht geführt hat. In Konkurrenzdemokratien scheint bestehende Fremdenfeindlichkeit eine verläßliche »weapon of last resort« für konservative Parteien zu sein, und Politiker brauchen eine fest verwurzelte moralische Einstellung, um darauf zu verzichten.[13]

Während Fremdenfeindschaft auch von den demokratischen Volksparteien[14] politisch instrumentalisiert wird, ist Antisemitismus bisher nur von rechtsextremen Parteien (mit negativem Erfolg) zum Stimmenfang eingesetzt worden. In bezug auf den Antisemitismus haben die demokratischen Parteien gelernt – er wird nicht geduldet. Sie weigern sich aber beharrlich, diese Einsicht mit gleicher Eindeutigkeit auf andere Minderheiten – hier auf die Zuwanderer und Flüchtlinge – zu übertragen und die Fremdenfeindschaft in ihren eigenen Reihen zu ächten.

Ob staatliche Institutionen, die zum Handeln aufgefordert sind, auch wirklich handlungsfähig sind, ist zu bezweifeln. Das grundlegende Gesellschaftsbild wird in der ein ums andere Mal wiederholten Erklärung der Bundesregierung ausgesprochen: »Deutschland ist kein Einwanderungsland.« Mit dieser kontrafaktischen Beschreibung wird jede Integrationspolitik gegenüber Ausländern unter einen Vorbehalt gestellt. Die Abgrenzung von ausländerfeindlichen Positionen gelingt hier den Demokraten nur zum Preis partieller Übereinstimmung mit deren Forderungen – keine Veränderungen in der Sozial- und Rechtspolitik gegenüber Ausländern. Auch die Debatte um den problematischen Begriff der Nation eignet sich dazu, in einer von zunehmender Mobilität gekennzeichneten Welt die Partizipationsansprüche von Migranten abzuweisen.

Die Art, wie die Politik widersprüchliche Präferenzen setzt –

[13] Vgl. Dietrich Thränhardt, Die Ursprünge von Rassismus und Fremdenfeindlichkeit in der Konkurrenzdemokratie. Ein Vergleich der Entwicklung in England, Frankreich und Deutschland. In: Leviathan 21 (1993), S. 336–357.

[14] Äußerungen wie »Asylanten sind Wohlfahrtsschmarotzer« lassen sich von Vertretern aller demokratischen Parteien nachweisen.

»Deutschland ist kein Einwanderungsland« vs. »Deutschland ist ein ausländerfreundliches Land« –, erzeugt Anlässe und Motive für divergierende Interpretationen und abweichendes Verhalten. Die Entscheidung für einfache Parolen (»Deutschland den Deutschen«) ist ein Versuch, sich den mehrdeutigen Vorgaben anzupassen. Ausländerfeindliches Verhalten wird so u. a. als Folge des inkongruenten Verhaltens der Politik sichtbar, und nicht mehr nur als bedauerliche, auf die Natur des Menschen zurückführende Abweichungsquote.

3. Resonanzeffekte zwischen politischen Parteien

Bundesregierung, Landesregierungen und etablierte Parteien haben sich wiederholt dazu erklärt, offensiv dem Rechtsextremismus, Antisemitismus und der fremdenfeindlichen Gewalt entgegenzutreten.[15] Für die demokratischen Parteien ist die Bekämpfung des Extremismus eine Selbstverpflichtung, aber zugleich eine widersprüchliche Aufgabe. Sie können den politischen Wettbewerber bekämpfen, müssen dabei aber zu einem gewissen Grad Rücksicht auf die eigenen Anhänger nehmen. So bauen die Demokraten mit der Unterscheidung zwischen rechtsextremer Partei und deren »Protest-Wählern« eine Brücke zur Re-Integration der Rechtswähler auf. Deren Wahlverhalten wird zunehmend als Störung der demokratischen Ordnung wahrgenommen. Zur Wiederherstellung dieser Ordnung wird dem Wähler ein freiwilliger Akt abverlangt – er soll wieder für eine demokratische Partei stimmen. Um ihm diese »Heimkehr« zu ermöglichen, die soziale Beziehung mit ihm nicht gänzlich zu gefährden, findet eine argumentative Auseinandersetzung statt, die einerseits zu Positionsübernahmen rechter Themen führt und damit die Grenze zwischen Extremisten und Demokraten porös werden läßt, andererseits es den etablierten Parteien erleichtert, die

---

15 »Den Rechtsextremisten keine Chance im Land Brandenburg! Dies ist der Kurs der Landesregierung« – der Innenminister Alwin Ziel in: Soko ReGa (Ministerium des Innern des Landes Brandenburg), Potsdam 1993, S. 5; »Der Senat der Freien Hansestadt Bremen geht gegen den Rechtsextremismus mit allen rechtsstaatlich verfügbaren Mitteln vor. Er trifft eine Vielzahl von Maßnahmen, um ihn gesellschaftlich zu ächten« – der Innenminister Friedrich von Nispen im Vorwort zu: Rechtsextremismus und Fremdenfeindlichkeit (Senator für Inneres), Bremen 1993. Diese exemplarisch ausgewählten Aussagen sagen selbstverständlich noch nichts über die Differenz zwischen dem Ziel und seiner Realisierung aus. Aber die Selbstbindung der Politik wird zur Frage ihrer Glaubwürdigkeit, und daran kann ihr Handeln gemessen werden.

Wähler der Rechtsextremen nicht auszugrenzen.[16] Die überzeugten Parteimitglieder und die Funktionäre der Rechtsparteien (die »Unbelehrbaren«) sind von dieser Rückgewinnungsstrategie ausgenommen. Ihnen gegenüber setzt die institutionelle Reaktion dosiert ein. Politische Stigmatisierung, administrative Kontrolle[17], Repression und Strafjustiz rücken die Betreffenden an die Peripherie der Gesellschaft. Anstelle der kollektiven Auseinandersetzung mit den Ursachen von Antisemitismus und Rechtsextremismus tritt die professionell-technische Bearbeitung durch den Kontrollapparat. Wir beobachten eine zunehmende Verpolizeilichung der Rechtsextremismusbekämpfung. Dadurch wird sowohl das Problem auf individuelle Handlungen eingegrenzt als auch die Problemlösung: Berufliche Spezialisten kümmern sich stellvertretend um ein gesellschaftliches Problem. Auf diesen zunehmenden Verfolgungsdruck reagieren die Rechtsextremen. Einige der Akteure lassen sich in die politische Unauffälligkeit auseinandertreiben, andere aber solidarisieren sich zur Abwehr der Bedrohung, erklären ihr abweichendes Verhalten zur Tugend, bilden eine alternative Moral und alternative Deutungen aus, die ansatzweise eine Widerstandskampagne aus prinzipiellem Gegenrecht begründen. Die Repression wird von ihrer Seite als Negierung des Rechts angeklagt, als »Scheindemokratie entlarvt«, gegen die Widerstand zur Pflicht wird. Diese Gegenmanöver führen nicht zu einem Themenwechsel, sondern der Antisemitismus gewinnt erneut an Bedeutung: Es sind die externen und unsichtbaren Verschwörer des »Weltjudentums«, die fühlbar Macht auf Politiker und (Fernseh-)Journalisten ausüben und Unheil über die »volksbewußten Deutschen« bringen. Das verschwörungstheoretische Denken bleibt in dem vertrauten Deutungsschema von Bedrohung und Konflikt, erklärt das eigene Verhalten als legitime Notwehr, stilisiert sich als schuldlos und lenkt die Energien ganz nach außen auf das Verschwörerzentrum und seine Helfer. Antisemitische Verschwörungstheo-

---

[16] Vgl. Thomas Herz, Rechtsextreme Parteien und die Reaktion der Gesellschaft. In: Sozialwissenschaftliche Informationen 4 (1991), S. 234–240. Herz kommt zu dem Ergebnis, daß es zwischen den 70er Jahren und 1991 zu einer Lockerung der sozialen Kontrolle gekommen sei.

[17] Für neu gegründete Parteien besteht die Pflicht, eine bestimmte Zahl von Unterstützungsunterschriften bei der Einreichung des Wahlvorschlages vorzulegen, mit denen sie ihre Mindestresonanz in der Bevölkerung nachweisen sollen. Die Kommunalbehörden verweigern ihnen Veranstaltungsräume, die Medien berichten nicht über ihre Aktivitäten usw. Entsenden die Parteien dann doch Abgeordnete in die Landtage, behindert die Festlegung der Fraktionsgröße deren parlamentarische Entfaltung.

rien leisten diese strategische Aufgabe und haben in der rechtsextremen Publizistik eine Konjunktur wie seit Jahren nicht mehr. Je stärker die »Rechte« die politische Ächtung spürt, desto gegenwärtiger sind ihnen die »Juden«!

Ein aktuelles Beispiel: ein rechtsextremes »Pressebüro« in Bingen am Rhein kündigt für den Winter 1994 eine »Aufklärungsschrift« an, die die Spuren »getürkter Anschläge« verfolgt und die »verantwortlichen Drahtzieher in einer Halbwelt findet, in der sich Stasi, Mossad und Verfassungsschutz die Hand reichen (...). Anschläge, die über Jahrzehnte hinweg dem deutschen ›Rechtsradikalismus‹ angelastet wurden, wurden mehr als einmal vom ›antifaschistischen‹ SED-Staat generalstabsmäßig geplant und perfekt in Szene gesetzt. Fernsehanstalten aus aller Welt bezahlen, im Kampf um Einschaltquoten, Bares für Gewalt und ›Sieg-Heil‹-Rufe. ›Ausländische Mitbürger‹ lassen, in Erwartung reicher Versicherungsbeute ihre eigenen Geschäfte hochgehen, orthodoxe Juden beschmieren mosaische Friedhöfe höchstpersönlich, sogenannte Antifaschisten und sonnengegerbte Südländer verzieren in Mußestunden Häuserwände mit Hakenkreuzen.«

Das Handeln der demokratischen Parteien gegen die rechte Konkurrenz ist durch verfassungsrechtliche und demokratische Normen begrenzt und deutlich von taktischen Überlegungen geleitet. So trugen der internationale Protest, die Furcht vor einem Ansehensverlust Deutschlands im Ausland, die Sorge um seine ökonomische Konkurrenzfähigkeit und das Wahljahr 1994 dazu bei, daß gegenüber den »Republikanern« scharfe Unvereinbarkeitsbeschlüsse getroffen wurden, daß sie im Dezember 1992 auch vom Bundesamt für Verfassungsschutz als rechtsextrem eingestuft worden sind,[18] daß letztlich ein Parteienverbot gefordert wurde. In den zurückliegenden Jahren war dies nicht immer so – teilweise wurde die Etablierung der »Republikaner« als »Normalisierung« des Parteienspektrums interpretiert und die Partei als potentieller Koalitionspartner der CDU/CSU angesehen. Auch heute gibt es noch einzelne rechts-konservative

---

[18] Die Folge der Beobachtung durch den Verfassungsschutz ist die Erzeugung eines Verdachts, der als negative Sanktion wirkt. Die latente Drohung eines Parteiverbots signalisiert Entschlossenheit, aktiviert das Sanktionspotential, ohne die Strafe zu verhängen.

CDU-Politiker, die derartige Ideen weiterverfolgen.[19] 1993/94 hat diese Abgrenzung gegenüber den Reps von der Landes- bis zur Kommunalebene autoritative Wirkung gezeigt. Für die Wähler ist die Hemmschwelle, die Reps zu wählen, heraufgesetzt worden, ihren Funktionären aus dem öffentlichen Dienst wurden die Disziplinarnormen verdeutlicht etc. Argumentativ verstärkt werden diese symbolischen Sanktionen durch den Nachweis der politischen Unfähigkeit der Aktivisten, deren Karrieren im rechtsextremen Milieu und die Inkompetenz rechter Parlamentarier im Europaparlament und in den verschiedenen Landesparlamenten. Hinzu kommen Affären bei den Reps und taktische Fehler der Parteiführung, die ihrer Sache Schaden zugefügt haben. Um öffentliche Aufmerksamkeit für sich erzwingen, attackierte einen Tag nach dem Brandanschlag auf die Synagoge in Lübeck am 25. März 1994 Franz Schönhuber den Vorsitzenden des Zentralrats der Juden in Deutschland, Ignatz Bubis und nannte ihn »einen der schlimmsten Volksverhetzer in Deutschland«, der selbst für die Ausbreitung des Antisemitismus sorge. Das mediale und politische Echo auf diesen Angriff war konsonant negativ und in einer Stärke ablehnend, wie es die Bundesrepublik bei ähnlich beleidigenden Angriffen in den vergangenen Jahren nicht erlebt hat.[20] Seit der Jahreswende 1993/94 stellen die Meinungsumfragen einen ständigen Rückgang der Wahlabsicht für die Reps fest (von ca. 3% über 2% bis 1% im August 1994), die nur noch von einem extremistischen Kern geäußert wird. Wohl sind die aggressiven Äußerungen Schönhubers gegen jüdische Repräsentanten sicher nicht der einzige Faktor, der den Sympathieverlust seiner Partei erklären kann, aber ein gewisser Anteil daran ist zu vermuten. Die schwindenden Wahlaussichten der Reps machen sichtbar, daß der Asylkonflikt 1989/92 das zentrale Protestthema war und die Wähler, nachdem die Politik auf diesem Feld wieder Handlungsfähigkeit bewiesen hat, nicht willens sind, den weitergehenden Zielen der Rechtsextremen zu folgen.

[19] Die Unions-Politiker Lummer und Streibl trafen sich zu verschiedenen Gelegenheiten mit Schönhuber. Allerdings mit der Folge, daß beide ihre höheren Parteiämter verloren haben.

[20] Vgl. die aktuelle Debatte über »Antisemitismus als politische Strategie Schönhubers«, beantragt von der Fraktion der CDU. In: Landtag von Baden-Württemberg, 11. Wahlperiode, Plenarprotokoll vom 13. 4. 1994, Sp. 3346–3362.

Gerade die politische Ächtung und der zunehmende staatliche Verfolgungsdruck auf das rechtsextreme Lager haben einen unerwünschten Nebeneffekt ausgelöst und dazu beigetragen, daß die Rechtsextremen ihre Rivalitäten und Animositäten untereinander verringern, Absprachen treffen, defensive Koalitionen schließen und wieder zu Aktionsbündnissen kommen. Selbst Neonazis werden wieder vom »nationalen Lager« akzeptiert. Deren Vernetzung mittels elektronischer Kommunikationsmittel erschwert die Überwachung und macht für die Verhinderung öffentlicher Auftritte (wie den jährlichen Rudolf-Heß-Gedenkmarsch oder das Heldengedenken in Halle) einen immer größeren staatlichen Kraftakt notwendig.

4. Justiz

Antisemitismus wird von der Gesellschaft als Regelverstoß begriffen. Soziale Kontrolle ist in diesem Fall relativ leicht auszuüben, weil es nicht um die Vereinbarung von Regeln geht, sondern um die Durchsetzung schon bestehender, sanktionsgestützter Regeln. Das Konsensbedürfnis mit den negativ Betroffenen ist äußerst gering und die Legitimation der Kontrollorgane ist hoch. In Umfragen zählen Rechtsextremisten und Antisemiten zu denjenigen Personengruppen, die am häufigsten als unsympathisch eingestuft werden.[21] Polizei und Justiz erhalten für die Verfolgung und Bestrafung von rechten Gewalttätern und Antisemiten öffentlichen Zuspruch bzw. werden scharf kritisiert, wenn die Ermittlungen nicht zügig durchgeführt bzw. die Urteile und ihre Begründungen auf Ablehnung stoßen. Die in- und ausländische Öffentlichkeit ist der beteiligte Dritte, der die Verfahren beobachtet, ihre Richtigkeit überprüft, den Ermessensspielraum ausmißt und bekräftigende Akzente setzt.

Daß antisemitisch motivierte Verbrechen deutlich energischer verfolgt und in der Regel umgehend publik gemacht werden, liegt u. a. an der banalen Tatsache, daß Informationen über derartige Vorfälle in der internen Behördenkommunikation mit Priorität behandelt und den Innenministern bzw. Oberbürgermeistern vorgelegt werden. Diese erklären sie zur Chefsache,

---

[21] Im Dezember 1992 wurden auf einer Liste mit sozial stigmatisierten Gruppen (Drogenkranke, Alkoholiker, Immigranten, Linksradikale, Juden u. a.) Rechtsextremisten am stärksten als Nachbarn abgelehnt – in Westdeutschland zu 77%, in Ostdeutschland zu 79%. Institut für Demoskopie Allensbach, Umfrage Nr. 5074, 1992.

weisen die Polizeibehörden an und lassen über ihre Presseabteilungen Erklärungen verbreiten, mit denen sie ihrer Empörung über derartige »Schandtaten« Ausdruck verleihen.

Das politische Strafrecht der Bundesrepublik zielt darauf, das politische Alltagsbild von nationalsozialistischer und antidemokratischer Organisation und Kommunikation frei zu halten. Die Gesetze sind zum einen auf Partei- und Vereinigungsverbote ausgerichtet, einschließlich des Kennzeichen- und Uniformverbots, zum anderen gegen Rassismus, Antisemitismus und Geschichtsrevisionismus. Sie werden allgemein als paßgenau beschrieben.[22]

Die Meinungsbildung über die Qualität der Strafverfolgung in den vergangenen Jahren ist noch nicht abschließend möglich, weil noch keine systematischen Untersuchungen der einschlägigen Strafverfahren vorliegen. Man kann aber annehmen, daß von 1990 bis 1994 der Verfolgung politisch motivierter Gewaltkriminalität Priorität eingeräumt worden ist, daß sie mit steigender Intensität durchgeführt wird und daß die Sanktionen härter ausfallen (die »Tarife« steigen an). 1992 wurden über 12 000 Ermittlungsverfahren eingeleitet, 1993 waren es mehr als 23 000 und im ersten Vierteljahr 1994 bereits 4163.[23]

Vor allem die Ursachen-Zuweisung und die öffentliche Gewichtung von Gewalttaten haben sich verändert. Pogromartige Ausschreitungen werden nicht mehr als Aktion frustrierter oder gelangweilter Jugendlicher »verstanden«, sondern als Verbrechen definiert. Damit ist jetzt die Vorstellung von einem Täter, dem das Verbrechen zuzurechnen ist, verknüpft, dem Schuld vorgeworfen wird und der zur Rechenschaft zu ziehen ist. Wer verantwortlich gemacht wird, gewinnt ein anderes Verhältnis zu seiner Tat, als derjenige, dem man seine Taterrschaft abspricht, z. B. dem alkoholisierten Schläger.

---

[22] Vgl. die derzeit einzig vorhandene gehaltvolle Analyse von Strafverfahren gegen rechts: Harry H. Kalinowsky, Kampfplatz Justiz. Politische Justiz und Rechtsextremismus in der Bundesrepublik Deutschland 1949–1990. Pfaffenweiler 1993. Die empirische Forschungslage zu Polizei und Bundeswehr ist gleichfalls unbefriedigend. Vgl. Hans-Gerd Jaschke, Rechtsextremismus, Fremdenfeindlichkeit und die Polizei. In: Institut für Sozialforschung (Hrsg.), Rechtsextremismus und Fremdenfeindlichkeit. Studien zur aktuellen Entwicklung. Frankfurt a. M. 1994, S. 167–209.
[23] Pressemitteilung Bundesministerium der Justiz, Bonn, Juni 1994; Der Tagesspiegel, 7. 9. 1994.

Die Aktivitäten des Rechtsextremismus sind auch ein Anstoß, das Strafrecht an die neue Entwicklung anzupassen. Die internationale Dimension ist hier herauszugreifen. Das nationale Recht stößt an seine Grenze, wenn sich der Rechtsextremismus international vernetzt und die Unterschiede in der Gesetzgebung der europäischen Staaten für seine Zwecke ausnützt. In der Bundesrepublik ist die rechtsextremistische Propaganda häufig bereits dadurch behindert, daß ihre Urheber keine Druckereien finden. Sie lassen deshalb strafrechtlich relevantes Material zunehmend im Ausland drucken und verlegen ihre Propagandazentralen. So entziehen sie sich der Strafverfolgung und dem Boykott. Moderne Kommunikationstechniken (Mailboxes, Mobiltelefone) können zwar mit erheblichem Aufwand im Inland kontrolliert werden. Es bereitet aber den Betreibern nur wenig Mühe und geringe Kosten, eine Mailbox in Polen oder Dänemark aufzustellen und sie dadurch dem Zugriff der deutschen Justiz zu entziehen. Gegenüber dem international vernetzten Rechtsextremismus ist heute die national ausgerichtete Strafverfolgung ins Hintertreffen geraten.

5. Fazit

Während die Justiz das abweichende Individuum als Quelle der Störung in den Blick nimmt, betrachten die Sozialwissenschaften die Beziehung zwischen Individuum und Gesellschaft so, daß gesellschaftliche Sachverhalte selbst als Ursachen von Störungen der Sozialordnung erscheinen. Entsprechend hat dann auch der problemlösende Eingriff in die gesellschaftliche Ordnung zu erfolgen. Zuletzt zweifelt die Systemkritik auf gesamtgesellschaftlicher Ebene daran, ob die politischen und kontrollierenden Institutionen, denen Reaktionen auf Gewalt, Rechtsextremismus und Antisemitismus abverlangt werden, dazu überhaupt in der Lage sind, weil diese zentralen Institutionen mit den Entstehungsursachen von Gewalt, Rechtsextremismus und Fremdenfeindschaft in Verbindung gebracht werden.[24] Diese Gesellschaftskritik hat den Fokus verändert und dazu beigetragen, daß heute in Deutschland nicht mehr der Extremismus der Ränder kontrovers diskutiert, sondern eine heftige Debatte um den »Ex-

---

[24] Vgl. Wilhelm Heitmeyer (Hrsg.), Das Gewalt-Dilemma. Gesellschaftliche Reaktionen auf fremdenfeindliche Gewalt und Rechtsextremismus. Frankfurt a. M. 1994; ders., Einleitung: Der Blick auf die »Mitte« der Gesellschaft, S. 11.

tremismus der Mitte« geführt wird. Die sozialwissenschaftliche Theorie entläßt die Gesellschaft als Ganzes nicht aus ihrer Verantwortung für diejenigen, die letztlich aus gesellschaftlichen Gründen einen Radikalisierungsprozeß durchlaufen. Aber abgesehen davon, ob die Theorie widerspruchsfrei und empirisch valide ist, fehlt der Gesellschaftskritik die praktische Adresse. Sie kann zwar rekonstruieren, »wie es dazu kam«, aber sie enthält kaum weitere Hinweise darauf, wie die Spannung zwischen Kritik und Pragmatik balanciert werden sollen.

Daher nehmen die Abläufe in der Reaktion auf Antisemitismus einen typischen konflikthaften Verlauf an: Für gewöhnlich ist nicht der Antisemitismus strittig, sondern der Streit entsteht über die Identifizierung seiner Ursachen, über die Beurteilung seiner sozialen Gefahr, über die Angemessenheit von Gegenmaßnahmen. Diese beschränken sich meistens auf pädagogische Empfehlungen und auf Akte symbolischer Politik, mit der die Norm des Anti-Antisemitismus bekräftigt wird. Die oft kritisierte Folgenlosigkeit derartiger Appelle hat u. a. damit zu tun, daß einerseits die Bekämpfung des Antisemitismus keine Privatangelegenheit ist, andererseits aber die Gesellschaft zur Aufklärung und zur Abwehr von Vorurteilen über keine spezifische Institution verfügt, die dazu auch noch ein Mandat haben müßte.[25] Es steht keine Organisation oder Berufsgruppe zur Verfügung, die sich als Problembearbeiter empfiehlt, dazu auf professionelle Lösungsstrategien zurückgreifen kann und als sozialer Advokat, als Ansprech- und Verhandlungspartner für die Betroffenen, für Politik und Ministerialbürokratie auftritt. Deshalb wird das soziale Problem Antisemitismus an etablierte Funktionssysteme wie politische Bildung, Erziehung, Schule und Justiz überwiesen, die es als eine von vielen weiteren Aufgaben im Vollzug ihrer Tätigkeiten mit bearbeiten und erst einmal interne Entscheidungen darüber treffen, was »sozial angemessen« und »sachlich gerechtfertigt« ist. Mangels institutioneller Organisiertheit versickert der Appell, jeder Mann und jede Frau müsse Rechtsextremismus und Antisemitismus widerstehen. Die Medienaufmerksamkeit nimmt wieder ab und das Interesse der sozialen Agenturen kehrt zu funktionsspezifischen Routinen zurück.

---

[25] In der Bundesrepublik existiert keine Organisation, die dem »Verein zur Abwehr des Antisemitismus« in der Weimarer Republik vergleichbar wäre. Diese Aufgabe kann auch nicht die zentrale Tätigkeit der Jüdischen Gemeinden sein, sondern liegt im wohlverstandenen Eigeninteresse der Mehrheitsgesellschaft. Eine Gesellschaft, die ihre Vorurteile zur Grundlage der Politik macht, zerstört sich selbst.

WOLFGANG BENZ, geb. 1941, Historiker, von 1969 bis 1990 Mitarbeiter des Instituts für Zeitgeschichte, seit 1990 Professor an der TU Berlin und Leiter des Zentrums für Antisemitismusforschung. Herausgeber u. a. des Jahrbuchs für Antisemitismusforschung, Mitgründer und Mitherausgeber der Zeitschrift ›Dachauer Hefte. Studien und Dokumente zur Geschichte der nationalsozialistischen Konzentrationslager‹. Zahlreiche Veröffentlichungen, u. a.: Die Juden in Deutschland. Leben unter nationalsozialistischer Herrschaft (Hrsg. 1988); Dimension des Völkermords. Die Zahl der jüdischen Opfer des Nationalsozialismus (Hrsg. 1991); Das Exil der kleinen Leute. Alltagserfahrungen deutscher Juden in der Emigration (Hrsg. 1991); Rechtsextremismus in Deutschland (Hrsg. 1994).

WERNER BERGMANN, geb. 1950, Dr. phil., wiss. Assistent am Zentrum für Antisemitismusforschung der TU Berlin. Arbeitsschwerpunkte: Antisemitismus nach 1945, Theorie sozialer Bewegungen, Soziologie und Psychologie des Vorurteils. Jüngste Publikationen: Antisemitismus in der politischen Kultur nach 1945 (Hrsg. zus. mit R. Erb, 1990); Antisemitismus in der Bundesrepublik Deutschland. Ergebnisse der empirischen Forschung von 1946–1989 (zus. mit R. Erb. 1991).

RAINER ERB, geb. 1945, Studium der Soziologie und Religionswissenschaft an der Freien Universität Berlin, Mitarbeiter am Zentrum für Antisemitismusforschung. Arbeitsgebiete: christlich-jüdische Beziehungen, Geschichte und Soziologie des Antisemitismus, Rechtsextremismus und Gewalt, zahlreiche Aufsätze zu diesen Themen. Letzte Buchveröffentlichung: Die Legende vom Ritualmord. Zur Geschichte der Blutbeschuldigungen gegen Juden (Hrsg., 1993); Neonazismus und rechte Subkultur (Hrsg. zus. mit W. Bergmann, 1994).

DANIEL GERSON, geb. 1963, Studium der Geschichte und Germanistik in Basel und Paris, seit 1991 Doktorand am Zentrum für Antisemitismusforschung, Berlin. Promotionsthema: Deutsche und Juden in Lodz, 1918 bis 1939.

HERMANN GRAML, geb. 1928 in Miltenberg, Historiker, seit 1953 Mitarbeiter des Instituts für Zeitgeschichte in München; bis 1993 Chefredakteur der ›Vierteljahrshefte für Zeitgeschichte‹. Veröffentlichungen u. a.: Die außenpolitischen Vorstellungen des deutschen Widerstands (1966); Europa zwischen den Kriegen (1969); Die Alliierten und die Teilung Deutschlands (1985); Reichskristallnacht. Antisemitismus und Judenverfolgung im Dritten Reich (1988); Europas Weg in den Krieg. Hitler und die Mächte 1939 (1990).

GERTRUD HARDTMANN, geboren 1932, Medizinstudium, Fachärztin für Neurologie und Psychiatrie, Psychoanalytikerin, seit 1977 Professorin für Sozialpädagogik/Sozialtherapie an der TU Berlin. Seit 1978 Zusammenarbeit mit Judith Kestenberg/New York. Zahlreiche Veröffentlichungen über die Auswirkungen des Holocaust auf die erste und zweite Generation der Täter und Opfer, u. a. in H. F. Rathenow und N. H. Weber (Hrsg.): Erziehung nach Auschwitz (1988) und in R. Cogoy, I. Kluge, B. Mekkler (Hrsg.), Erinnerung einer Profession. Erziehungsberatung, Jugendhilfe und Nationalsozialismus (1989). Außerdem Autorin von: Irrenhaus. Eine Einführung in die Psychiatrie und ihre sozialpädagogischen Arbeitsfelder (1991) und Herausgeberin von: Spuren der Verfolgung. Seelische Auswirkungen des Holocaust auf die Opfer und ihre Kinder (1992).

CHRISTHARD HOFFMANN, geb. 1952 in Lüneburg, Dr. phil. Historiker, von 1983 bis 1994 am Zentrum für Antisemitismusforschung, zuletzt als wissenschaftlicher Assistent, tätig, seit August 1994 als DAAD-Gastdozent am History Department der University of California, Berkeley. Veröffentlichungen u. a.: Juden und Judentum im Werk deutscher Althistoriker des 19. und 20. Jahrhunderts (1988); Der Antisemitismus der Gegenwart (Mithrsg. 1990); Die Emigration der Wissenschaften nach 1933. Disziplingeschichtliche Studien (Mithrsg. 1991). Der vorliegende Beitrag wurde zuerst abgedruckt in: Werner Bergmann/Rainer Erb (Hrsg.), Antisemitismus in der politischen Kultur nach 1945, Westdeutscher Verlag, Opladen 1990, S. 20–38, und erscheint hier mit freundlicher Genehmigung des Verlags.

LOTHAR MERTENS, geb. 1959, Dr. rer. soc., Studium der Geschichte, katholischen Theologie und Soziologie in Bochum und Köln, wiss. Mitarbeiter an der Fakultät für Sozialwissenschaft der Ruhr-Universität Bochum. Veröffentlichungen u. a.: Alija. Die Emigration der sowjetischen Juden (1991); Vernachlässigte Töchter der Alma Mater. Ein sozialhistorischer und bildungssoziologischer Beitrag zur strukturellen Entwicklung des Frauenstudiums in Deutschland seit der Jahrhundertwende (1991); Mitherausgeber von: Minderheiten in und Übersiedler aus der DDR (1992).

MARION NEISS, Studium der Geschichte und Judaistik an der TU und der FU Berlin und in Tel Aviv, seit 1983 Mitarbeiterin am Zentrum für Antisemitismusforschung, 1992 Magister, Thema der Arbeit: Jüdische Friedhöfe und Leichenbegängnisse als Ziel antijüdischer und antisemitischer Agitation im Deutschland des 18. und 19. Jahrhunderts.

SUSANNE SPÜLBECK, geb. 1963, Studium der Ethnologie, Päd. Psychologie und Vergleichenden Religionswissenschaft in Köln und Bonn, seit 1991 Doktorandin am Zentrum für Antisemitismusforschung. Thema der Promotion: Reaktionen auf russisch-jüdische Flüchtlinge in einem Dorf in Thüringen.

JULIANE WETZEL, geb. 1957, Dr. phil., Historikerin, 1987 Promotion an der Ludwig-Maximilians-Universität München, von 1987 bis Anfang 1991 wiss. Mitarbeiterin im Institut für Zeitgeschichte, München, und seitdem als wiss. Mitarbeiterin tätig am Zentrum für Antisemitismusforschung der TU Berlin. Veröffentlichungen zum Thema Judenverfolgung während der NS-Zeit, zur jüdischen Nachkriegsgeschichte und zum Rechtsextremismus.

Literaturhinweise

Benz, Wolfgang (Hrsg.), Rechtsextremismus in Deutschland. Voraussetzungen, Zusammenhänge, Wirkungen. Frankfurt a. M. 1994

ders. (Hrsg.), Dimension des Völkermords. Die Zahl der jüdischen Opfer des Nationalsozialismus. München 1991

ders. (Hrsg.), Legenden, Lügen, Vorurteile. Ein Wörterbuch zur Zeitgeschichte. München 1992

Berding, Helmut, Moderner Antisemitismus in Deutschland. Frankfurt a. M. 1988

Bergmann, Werner/Rainer Erb (Hrsg.), Antisemitismus in der politischen Kultur nach 1945. Opladen 1990

dies., Antisemitismus in der Bundesrepublik Deutschland. Ergebnisse der empirischen Forschung von 1946–1989. Opladen 1991

dies., Neonazismus und rechte Subkultur. Berlin 1994

Broder, Henryk M., Der ewige Antisemit. Über Sinn und Funktion eines beständigen Gefühls. Frankfurt a. M. 1986

Christians, Georg, »Die Reihen fest geschlossen«. Die FAP – Zu Anatomie und Umfeld einer militant-neofachistischen Partei in den 80er Jahren. Marburg 1990

Claussen, Detlev, Grenzen der Aufklärung. Zur gesellschaftlichen Geschichte des modernen Antisemitismus. Frankfurt/M. 1987

Dokumentationsarchiv des österreichischen Widerstandes/Bundesministerium für Unterricht und Kunst (Hrsg.), Amoklauf gegen die Wirklichkeit. NS-Verbrechen und »revisionistische« Geschichtsschreibung. Wien 1992

Freyhold, Michaela von, Autoritarismus und politische Apathie. Analyse einer Skala zur Ermittlung autoritätsgebundener Verhaltensweisen. Frankfurt a. M. 1971

Fromm, Rainer, Am rechten Rand. Lexikon des Rechtsradikalismus. Marburg 1993

Fromm, Rainer/Barbara Kernbach, »...und morgen die ganze Welt?« Rechtsextreme Publizistik in Westeuropa. Marburg, Berlin 1994

Greive, Hermann, Geschichte des modernen Antisemitismus in Deutschland. Darmstadt 1983

Heitmeyer, Wilhelm, Rechtsextremistische Orientierungen bei Jugendlichen. Empirische Ergebnisse und Erklärungsmuster einer Untersuchung zur politischen Sozialisation. Weinheim, München 1988

Jahrbuch für Antisemitismusforschung. Hrsg. v. Wolfgang Benz, Berlin 1992 ff.

Klein, Charlotte, Theologie und Anti-Judaismus. Eine Studie zur deutschen theologischen Literatur der Gegenwart. München 1975

Kloke, Martin W., Israel und die deutsche Linke. Zur Geschichte eines schwierigen Verhältnisses. Frankfurt a. M. 1990

Lange, Astrid, Was die Rechten lesen. Fünfzig rechtsextreme Zeitschriften. Ziele, Inhalte, Taktik. München 1993

Lipstadt, Deborah E., Betrifft: Leugnen des Holocaust. Zürich 1994

Otto, Hans-Uwe/Roland Merten (Hrsg.), Rechtsradikale Gewalt im vereinigten Deutschland. Jugend im gesellschaftlichen Umbruch. Bonn 1993

Rürup, Reinhard, Emanzipation und Antisemitismus. Studien zur »Judenfrage« der bürgerlichen Gesellschaft. Göttingen 1975

Sallen, Herbert A., Zum Antisemitismus in der Bundesrepublik Deutschland. Konzepte, Methoden und Ergebnisse der empirischen Antisemitismusforschung. Frankfurt a. M. 1977

Silbermann, Alphons, Sind wir Antisemiten? Ausmaß und Wirkung eines sozialen Vorurteils in der Bundesrepublik Deutschland. Köln 1982

Silbermann, Alphons und Julius H. Schoeps (Hrsg.), Antisemitismus nach dem Holocaust. Bestandsaufnahme und Erscheinungsformen in deutschsprachigen Ländern. Köln 1986

Stern, Frank, Im Anfang war Auschwitz. Antisemitismus und Philosemitismus im deutschen Nachkrieg. Gerlingen 1991

Strauss, Herbert A./Norbert Kampe (Hrsg.), Antisemitismus. Von der Judenfeindschaft zum Holocaust. Bonn bzw. Frankfurt a. M.; New York 1984

Strauss, Herbert A./Werner Bergmann/Christhard Hoffmann (Hrsg.), Der Antisemitismus der Gegenwart. Frankfurt a. M.; New York 1990

Gegen das Vergessen –
Taschenbücher über das
Dritte Reich

Hans Buchheim/
MartinBroszat/Hans-
Adolf Jacobsen/
Helmut Krausnick:
**Anatomie des
SS-Staates**
dtv 4637

Martin Broszat:
Der Staat Hitlers
dtv 4009
Nach Hitler
dtv 4474

Karl Dietrich
Erdmann:
**Deutschland unter
der Herrschaft des
Nationalsozialismus**
dtv 4220
**Der Zweite
Weltkrieg**
dtv 4221
**Das Ende des
Reiches und die
Entstehung der
Republik Öster-
reich, der Bundes-
republik Deutsch-
land und der DDR**
dtv 4222

Lothar Gruchmann:
**Der Zweite
Weltkrieg**
dtv 4010

**Hitlers Macht-
ergreifung 1933**
Hrsg. v. Josef und
Ruth Becker
dtv 2938

Rudolf Höß:
**Kommandant in
Auschwitz**
Autobiographische
Aufzeichnungen
dtv 2908

Ian Kershaw:
Hitlers Macht
dtv 4582

Kurt Meier:
**Kreuz und
Hakenkreuz**
Die evangelische
Kirche im Dritten
Reich
dtv 4590

**Die Rückseite des
Hakenkreuzes**
Absonderliches aus
den Akten des
Dritten Reiches
Hrsg. v. Beatrice und
Helmut Heiber
dtv 2967

Bernd Rüthers:
Entartetes Recht
dtv 4630

**Legenden, Lügen,
Vorurteile**
Ein Wörterbuch
zur Zeitgeschichte
Hrsg. v. Wolfgang
Benz
dtv 3295

Die Dachauer Hefte

Heft 1: **Die
Befreiung**
dtv 4606
Heft 2: **Sklaven-
arbeit im KZ**
dtv 4607
Heft 3: **Frauen.
Verfolgung und
Widerstand**
dtv 4608
Heft 4: **Medizin im
NS-Staat**
dtv 4609
Heft 5: **Die verges-
senen Lager**
dtv 4634
Heft 6: **Erinnern
oder Verweigern**
dtv 4635

Deutsche Geschichte der neuesten Zeit

Gesellschaft
Politik
Wirtschaft

Christoph
Buchheim:
**Industrielle
Revolutionen**
dtv 4622

Ralf Dahrendorf:
**Der moderne
soziale Konflikt**
dtv 4628

Gilberto Freyre:
**Das Land in der
Stadt**
Die Entwicklung
Brasiliens
dtv/Klett-Cotta
4537

Erich Fromm:
**Arbeiter und
Angestellte am
Vorabend des
Dritten Reiches**
dtv 4409

Ernest Gellner:
**Der Islam als Gesell-
schaftsordnung**
dtv 4588

Bronislaw Geremek:
**Geschichte der
Armut**
dtv 4558

Gerd Hardach:
Der Marshall-Plan
Auslandshilfe und
Wiederaufbau in
Westdeutschland
1948-1952
dtv 4636

Indianische Realität
Nordamerikanische
Indianer in der
Gegenwart
Herausgegeben von
Wolfgang Lindig
dtv 4614

**Klassische Texte
der Staatsphilo-
sophie**
Herausgegeben von
Norbert Hoerster
dtv 4455

Hans van der Loo/
Willem van Reijen:
Modernisierung
Projekt und Paradox
dtv 4573

Herbert Marcuse:
**Der eindimen-
sionale Mensch**
Studien zur Ideologie
der fortgeschrittenen
Industriegesellschaft
dtv 4623

Peter Cornelius
Mayer-Tasch:
**Politische Theorie
des Verfassungs-
staates**
dtv 4557

Jörg P. Müller:
**Demokratische
Gerechtigkeit**
dtv 4610

Oskar Weggel:
Die Asiaten
dtv 4629

dtv-dokumente

Die Reihe bietet Materialien zu einem weit
gespannten Spektrum an Themen.
Verfassungsdokumente, Vertragstexte, Reden,
Protokolle, persönliche Berichte, Briefe oder
Tagebuchaufzeichnungen erhellen das jewei-
lige Thema lebendig und facettenreich.
So vereinen die Bände Information und
Anschaulichkeit, bieten spannende Lektüre
und einen reichhaltigen Materialfundus für
Forschung und Lehre, aber auch für alle,
die es genauer wissen wollen.

Kaiser
Friedrich II.
Sein Leben
in zeitgenössischen
Berichten

Herausgegeben von Klaus J. Heinisch

dtv
dokumente

Kaiser Friedrich II.
dtv 2901

**Hexen und Hexen-
prozesse in
Deutschland**
dtv 2957

**Der Prozeß
Jeanne d'Arc**
dtv 2909

Mozart
Dokumente seines
Lebens
dtv 2927

**Hitlers Machter-
greifung 1933**
dtv 2938

**Die Rückseite des
Hakenkreuzes**
Absonderliches aus
den Akten des
Dritten Reiches
dtv 2967

Rudolf Höß:
**Kommandant in
Auschwitz**
Autobiographische
Aufzeichnungen
dtv 2908

Hans Graf von
Lehndorff:
**Ostpreußisches
Tagebuch**
Aufzeichnungen
eines Arztes aus den
Jahren 1945-1947
dtv 2923

Entnazifizierung
1945 – 1949
dtv 2962

**Frauen in der
Nachkriegszeit**
dtv 2952

**Stalins Lager in
Deutschland**
1945 – 1950
dtv 2966

DDR
Dokumente zur
Geschichte der
Deutschen Demo-
kratischen Republik
1945-1985
dtv 2953

**Wann bricht schon
mal ein Staat
zusammen!**
Die Debatte über die
Stasi-Akten auf dem
39. Historikertag
1992
dtv 2965

Die Sowjetunion
Band 1:
Staat und Partei
Band 2:
**Wirtschaft und
Gesellschaft**
dtv 2948/2949

**Die Sowjetmen-
schen 1989 - 1991**
Soziogramm eines
Zerfalls
dtv 2964